Du même auteur :

CARTULAIRE DE L'ÉGLISE COLLÉGIALE DE SAINT-PIERRE DE LILLE. 2 vol. gr. in-8° 1894.

DOCUMENTS LITURGIQUES ET NÉCROLOGIQUES DE L'ÉGLISE COLLÉGIALE DE SAINT-PIERRE DE LILLE. 1 vol. 1895.

HISTOIRE DE L'ÉGLISE COLLÉGIALE ET DU CHAPITRE DE SAINT-PIERRE DE LILLE. 3 vol. 1896-1899.
Ouvrage couronné par l'Institut de France (prix Gobert, Académie des Inscriptions et Belles-Lettres).

HISTOIRE DE NOTRE-DAME DE LA TREILLE, PATRONNE DE LILLE. 1 vol. 1900. Édition de luxe, enrichie d'un grand nombre de gravures et d'une importante annexe : *Iconographie et Bibliographie de Notre-Dame de la Treille*, par M. Quarré-Reybourbon.

HISTOIRE

DE

NOTRE-DAME DE LA TREILLE

LA SAINTE IMAGE

Photographie de Le Blondel.

HISTOIRE

DE

NOTRE-DAME DE LA TREILLE

PATRONNE DE LILLE

PAR

E. HAUTCŒUR

PRÉLAT DE LA MAISON DE SA SAINTETÉ
CHANCELIER DES FACULTÉS CATHOLIQUES DE LILLE

LILLE

IMPRIMERIE LEFEBVRE-DUCROCQ

1900

IMPRIMATUR :

Cameraci, die 8 septembris MCM, in festo Nativitatis B. Mariæ Virginis.

† M. A. Sonnois,
Archiep. Cameracen.

✠
Locus sigilli.

PRÉFACE

Le volume que nous publions est le complément de l'*Histoire de l'Église collégiale et du Chapitre de Saint-Pierre de Lille* [1]. Toutefois il s'adresse à un public plus vaste. Pour cette raison et d'autres encore, nous avons cru devoir reprendre depuis son origine l'histoire de Notre-Dame de la Treille, en coordonnant ce qui se trouve épars dans les volumes antérieurs, en ajoutant diverses choses qui n'avaient pu y trouver place, en élaguant les renvois aux sources et tout l'appareil d'érudition. Ceux qui voudront les preuves les chercheront dans l'*Histoire de Saint-Pierre*.

La partie de beaucoup la plus étendue de cet ouvrage est entièrement neuve. Outre les souvenirs encore vivants et les témoignages faciles à recueillir, nous avons pu consulter les Archives de la Basilique et les nombreux documents réunis dans la maison de l'Œuvre. Non-seulement MM. les chapelains ont tout mis à notre disposition avec une obligeance parfaite, mais l'un d'eux, M. le chanoine Vandame, a bien voulu faire le relevé des inscriptions funéraires de la crypte, et le publier ici comme appendice.

Nous lui offrons tous nos remerciements, ainsi qu'à M. Quarré-Reybourbon, auteur d'un travail beaucoup plus étendu et plus

---

1. Trois vol. gr. in-8, 1896-1899.

compliqué : *Iconographie et Bibliographie de Notre-Dame de la Treille*, qui forme une annexe importante de notre grande édition.

Comme pour l'*Histoire de Saint-Pierre*, nous avons vu s'ouvrir devant nous la riche collection lilloise de cet amateur distingué. A ce titre encore, nous lui devons une reconnaissance particulière.

Puisse notre modeste ouvrage contribuer à maintenir, dans nos temps si agités, les belles traditions de la piété des ancêtres ! Comme autrefois, comme toujours, les Lillois iront chercher dans le sanctuaire de leur patronne un refuge contre les calamités qui menacent d'engloutir l'ordre social. Ils auront à cœur d'achever ce sanctuaire, témoignage de leur foi, centre de leurs espérances. Chaque jour apportera sa pierre, et malgré tout le monument s'achèvera, un peu plus tôt, un peu plus tard. Nous en avons la ferme confiance. Dans tous les cas, ceux qui veulent chasser de ce monde Dieu et son Christ, ne verront point la réalisation de leurs rêves criminels : *Non prævalebunt.*

NOTRE-DAME
DE LA TREILLE

CHAPITRE I.

LES ORIGINES. — LA LÉGENDE ET L'HISTOIRE.

De gracieuses légendes enveloppent le berceau de Lille. Les récits populaires font remonter jusqu'au VIIe siècle l'origine de cette grande cité.

Ermengarde, épouse de Salvart de Dijon, était fille de Gérard de Roussillon, un nom plus tard célèbre dans les poèmes de chevalerie. Obligé de fuir avec sa femme, et voulant se rendre en Angleterre, Salvart est assassiné dans le Bois-sans-Merci, par le tyran Phinart, sorti de son château du Buc. A la faveur de la mêlée, Ermengarde se dissimule dans le bois, où les douleurs de l'enfantement ne tardent pas à se faire sentir : elle était sur le point d'être mère. Seule auprès d'une fontaine, elle voit venir à elle un pieux ermite, qui la réconforte : elle est ensuite consolée par une apparition céleste. La Vierge Marie lui annonce les plus hautes destinées pour l'enfant qui va naître : ce sera un fils qui, par sa vaillance, délivrera le pays, vengera son père, établira lui-même en ce lieu sa domination et deviendra la souche d'une race illustre.

Avant de tomber entre les mains des brigands, Ermengarde peut cacher son trésor. En venant puiser de l'eau à la fontaine, l'ermite, guidé par le chant des oiseaux, découvre dans un buisson le nouveau-né. Il le prend, le baptise, lui donne son propre nom de Lydéric : une biche vient d'elle-même offrir son lait. Quand l'enfant a grandi, son protecteur le fait passer en Angleterre. Il est élevé à la cour du roi et formé au noble métier des armes. Enfin, devenu un guerrier accompli, Lydéric revient en France, paraît à la cour de Dagobert, défie le tyran Phinart et le tue en champ clos. Le roi le crée grand forestier, c'est-à-dire seigneur et gardien du pays boisé qui sera la Flandre : de lui descend la dynastie des comtes qui ont rendu cette contrée illustre et prospère.

Le château du Buc, d'après la tradition, occupait l'emplacement de la Motte-Madame, où s'élève de nos jours la basilique de Notre-Dame de la Treille. Lille, cité de la Vierge, s'est peu à peu développée autour de ce premier noyau, non loin du lieu signalé comme le théâtre de l'apparition. Il y a moins d'un demi-siècle, on montrait encore une source tarie près de laquelle subsistaient quelques vieux saules : c'était la *Fontaine del Saulx*, la fontaine d'Ermengarde. Elle est maintenant recouverte par le Palais-Rameau. Le nom d'une rue conserve ce vieux souvenir lillois [1].

L'existence de la ville est historiquement constatée au dixième siècle. Elle prend son essor au onzième. Près de la vieille forteresse qu'il relève, Baudouin V, dit Baudouin de Lille, établit une enceinte protégée par des murs. Il y fonde, vers 1050, l'église de Saint-

---

[1]. Rue et passage de la Fontaine-del-Saulx. V. Derode, *Histoire de Lille*, tome 1, p. 131.

Pierre, desservie en 1055 par un chapitre de quarante chanoines, et solennellement consacrée le 2 août 1065[1]. Ce sanctuaire, avec le corps illustre qui en a la garde, c'est l'âme de la cité, c'est le centre qui groupe autour de lui une population de plus en plus nombreuse.

A côté de la maison de Dieu, s'élevait l'habitation du prince, le palais de la Salle. La chapelle du palais fut, dans l'enceinte de Lille, le premier lieu de dévotion consacré à la Mère de Dieu.

A quelque distance, en dehors des remparts, s'élevait le sanctuaire de Notre-Dame de Réconciliation. Ici encore nous rencontrons une légende, représentée par de naïves peintures que l'on peut voir appendues aux murs de la chapelle rebâtie par Jeanne de Flandre, au XIIIe siècle. Des bergers, guidés par leurs troupeaux, et avertis par des signes surnaturels, découvrent dans le bois une image de la Reine du Ciel. Du voisinage on accourt en foule : des grâces nombreuses sont obtenues; le comte de Flandre, Baudouin IV, est lui-même guéri d'un mal qu'il portait depuis de longues années. Il fait bâtir en ce lieu, au village d'Esquermes, un modeste sanctuaire, qui s'est appelé et s'appelle encore Notre-Dame de Réconciliation. Dans les guerres incessantes de cette lointaine époque, les ennemis séparés par des haines mortelles se sont plus d'une fois rapprochés devant la douce image de la Madone d'Esquermes.

Une charte de 1222, réglant le culte dans cette chapelle, affirme qu'elle est célèbre *par l'antique dévotion des fidèles*. Ainsi se trouvent appuyées les traditions qui la font remonter à la première partie du onzième siècle, et indiquent la date de 1014. Un chapelain nommé par le prévôt de Saint-Pierre y célébrait la messe : il chantait les vêpres tous les samedis et jours de fête.

---

1. Et non 1066, comme on le dit ordinairement par erreur. V. *Histoire de Saint-Pierre*, tome I, p. 11, 18.

La chapelle de Notre-Dame près la Salle, se rattache d'une façon plus étroite encore à l'histoire de la Collégiale. Il était réglé primitivement que l'on n'y célébrerait point de messes matinales en l'absence du comte de Flandre. On ne pouvait les commencer qu'après le dernier coup de prime à Saint-Pierre. Cette mesure avait pour but de sauvegarder les droits de la collégiale et du prévôt ; par contre, elle amenait une diminution du culte divin et une gêne pour la piété des fidèles, que la dévotion envers la Vierge attirait en grand nombre.

Aussi le comte de Flandre, Philippe d'Alsace, remit la chapelle entre les mains du prévôt pour la faire desservir à son gré, en stipulant que les messes y seraient célébrées à toute heure permise par les lois canoniques (1189).

Le prévôt Gérard de Messines pensa que des inconvénients pourraient se produire encore, si la chapelle de la Salle restait en dehors de la juridiction du chapitre. Par un acte de noble désintéressement, il en fit l'abandon aux chanoines, sous condition qu'après sa mort on célébrerait son anniversaire et celui du comte Philippe, mais il négligea de dresser acte de cette donation, ou peut-être surpris par la mort il n'en eut pas le temps. Toujours est-il que ses intentions n'aboutirent à aucune suite immédiate. Le prévôt Gérard d'Alsace, frère du comte Philippe, les réalisa en 1205. Aux deux anniversaires déjà demandés il ajouta le sien propre. L'acte fut souscrit par son neveu Philippe, comte de Namur, et le pape Innocent III le confirma par une bulle (23 mars 1208).

En faisant la remise du sanctuaire, Gérard d'Alsace recommande au chapitre d'y maintenir la splendeur et la dignité du culte de la Vierge. A cette époque, la Madone de la Salle est désignée sous le nom de Notre-Dame de Lille : Mathilde de Portugal, veuve de Philippe d'Alsace, dépose sur son autel la dotation de deux chapelains, qui consiste en dîmes sur Wazemmes, Sequedin et Lomme. En 1238, la comtesse Jeanne prend, de concert avec le chapitre, des mesures pour accroître le service religieux dans cette chapelle toujours très fréquentée.

Bientôt ce courant de dévotion allait refluer vers la grande église. Notre-Dame de Lille, la patronne et la protectrice de la cité, c'est alors et ce sera toujours depuis Notre-Dame de la Treille.

Il y avait dans l'église de Saint-Pierre une statuette de la Vierge connue sous ce vocable, parce qu'un treillis en fer la protégeait. Un jour, c'était le dimanche après la Trinité, 14 juin 1254, une série de glorieux miracles par lesquels il plut à Dieu d'honorer sa très sainte Mère commença devant cette image. Ce sont les expressions de la comtesse Marguerite et de Raoul de Chevrières, cardinal-évêque d'Albano et légat du Saint-Siège [1]. D'après une autre charte de Marguerite, en 1274 les miracles continuaient toujours, aussi éclatants qu'innombrables.

La confrérie de Notre-Dame de la Treille, établie très anciennement dans l'église de Saint-Pierre, faisait remonter son origine à l'année 1254. On peut croire en effet qu'il se forma dès lors une pieuse union entre ceux qu'une dévotion commune attirait vers l'autel de la Vierge miraculeuse. Quant à des documents précis, il n'en existe pas. Les bulles d'Alexandre IV, souvent alléguées par des auteurs qui ne les avaient point vues, renferment des concessions d'indulgences en faveur de

---

1. *Cartulaire*, p. 432, 433, février 1270. La comtesse Marguerite dit seulement que les miracles commencèrent le dimanche après la Trinité, sans indiquer l'année : « Par teil jour ke nostre sires Deus en l'ouneur sa très chiere meire a commencié nouvelement à faire si glorieuses miracles devant se image ke on apele à Nostre-Dame de la Trelle, en l'église Saint-Pierre devant ditte, ce est à savoir le diemence premier après le jour de la sainte Trinitei. » Les historiens lillois, échos de la tradition, désignent l'année 1254. C'est en se basant là-dessus que l'on a célébré le centenaire de N.-D. de la Treille en 1754 et 1854.

Saint-Pierre de Lille, pour la fête du patron et celle de la dédicace, ainsi que pour les deux solennités secondaires du prince des Apôtres (22 février et 1er août) : elles ne parlent ni de la confrérie, ni même de la sainte Vierge [1].

Toutefois, si la date précise de l'institution n'est indiquée dans aucun document de l'époque, il est certain qu'il faut la faire remonter assez haut dans le cours du XIIIe siècle. Vers 1280, il y avait à Saint-Pierre deux messes célébrées tous les ans pour les membres de la charité ou confrérie de Notre-Dame de la Treille : un anniversaire avait lieu pour les confrères décédés.

Un dominicain hollandais du XVIe siècle, Corneille de Sneeck, affirme avoir vu à Lille un registre ancien qui ferait remonter à l'année 1237 l'origine de cette pieuse association. Il y a rencontré, dit-il, les noms de beaucoup de vierges et de religieuses, qui, ne pouvant offrir un concours matériel pour le luminaire et pour l'ornementation de la chapelle, y suppléaient en récitant le psautier de David, ou le psautier de Notre-Dame, composé de trois rosaires. Il cite plusieurs noms qui appartiennent à des religieuses de l'Abbiette. Or, ce couvent ne fut établi qu'en 1274. Cela suffit déjà pour nous tenir en défiance. Le bon dominicain a dû être victime d'une illusion. Un registre de la confrérie de Notre-Dame de la Treille, reculant son existence jusqu'à 1237, serait à coup sûr un document bien extraordinaire [2]. On ne comprendrait pas que seul un étranger

---

1. Ces bulles sont du 21 octobre 1256, 1er juillet 1258, 25 mars et 1er avril 1259. Elles existent en original et sont transcrites dans un Cartulaire du XIIIe siècle, le *Liber catenatus*.

2. Vincart a connu quatre registres contenant les noms des confrères. Le plus ancien était, selon lui, du XVe siècle. (*Diva Virgo Cancellata*, préface.)

Un seul de ces registres est aujourd'hui conservé dans le fonds de Saint-Pierre. Il est du XVe siècle, à l'époque où la confrérie prit un nouvel essor et comme une nouvelle vie. Nous sommes porté à croire qu'il n'y a jamais eu de registre plus ancien.

de passage à Lille eût vu le précieux codex ; que seul il eût recueilli la date de 1237, antérieure aux miracles qui ont donné l'essor au culte de la Madone lilloise ; que toujours, après comme avant cette prétendue découverte, la tradition locale ait assigné à la confrérie une origine plus récente.

Les premiers prodiges opérés devant l'image de Notre-Dame de la Treille ne restaient point isolés. La puissance de Marie continuait à se montrer les années suivantes, surtout pendant la neuvaine qui commençait le dimanche après la Trinité : il y avait à cette occasion un grand concours de fidèles.

Le 3 septembre 1269, Raoul de Chevrières, cardinal-évêque d'Albano et légat du Saint-Siège, par un rescrit donné à Angers, octroya une indulgence de quarante jours à tous ceux qui, contrits et confessés, visiteraient pieusement pendant cette neuvaine la collégiale de Saint-Pierre de Lille et l'autel érigé en l'honneur de Notre-Dame de la Treille. Dans les anciens temps, l'Église n'ouvrait point ses trésors aussi libéralement qu'elle l'a fait depuis : une pareille indulgence était considérable ; elle dut avoir pour effet d'accroître d'une manière sensible le mouvement déjà si marqué vers le pieux sanctuaire.

L'institution de la grande procession annuelle marque une nouvelle date et des plus importantes dans l'histoire de Notre-Dame de la Treille.

CHAPITRE II.

LA GRANDE PROCESSION. — LE CHEVALIER ROUGE.

La comtesse Marguerite eut une grande pensée, qui devait être éminemment féconde pour l'extension du culte de la Madone lilloise, et qui eut pour résultat d'amener au pied de son autel un concours merveilleux de tous les pays d'alentour. En 1270[1], elle décide que tous les ans une procession solennelle aura lieu autour de la cité, afin de rappeler le souvenir des merveilles opérées par le Seigneur Dieu en l'honneur de sa Mère, devant l'image dite de Notre-Dame de la Treille. Cette procession se fera le dimanche après la Trinité, jour où commencèrent ces prodiges, et se continuera neuf jours consécutifs. En considération des prières, aumônes et bonnes œuvres qui se pratiquent et se pratiqueront en l'honneur de Notre-Seigneur et de sa douce Mère, la Vierge Marie, ceux qui se rendront à Lille pendant les fêtes ne pourront être arrêtés ni pour dettes, ni pour délits ou accusations quelconques. Sont exceptés de ce sauf-conduit général les criminels vulgaires, ceux qui sont coupables de faits honteux.

Le magistrat de Lille donna son assentiment à cette mesure et apposa sur la charte le sceau de la ville, avec ceux de la comtesse et de Gui, son héritier, qu'elle avait

---

1. La charte est de février 1269, *vieux style*, 1270, suivant notre manière actuelle de compter, qui commence l'année au 1er janvier, au lieu de la commencer à Pâques.

associé déjà au gouvernement. La franchise commençait le samedi, veille de la grande solennité, quand sonnait le premier coup de none.

Au moment où le comte Gui promulguait avec sa mère la charte d'institution de la procession de Lille, l'héritier de Flandre se préparait à la croisade qui se termina d'une façon si désastreuse par la mort de saint Louis devant Tunis. Le comte rentra dans son pays vers la fin du mois de mai 1271, après une absence de plus d'une année.

Gui n'était donc pas à Lille, quand eut lieu pour la première fois la grande procession de Notre-Dame de la Treille. Une commission, composée mi-partie de chanoines et mi-partie de notables, fut instituée par la comtesse pour en régler le parcours. Le cortège, sortant par la porte de Saint-Pierre, se déployait dans les prairies voisines, qui appartenaient alors au prévôt de la collégiale. En 1274, le couvent des Dominicaines fut érigé sur cet emplacement : il fallut donc modifier l'itinéraire, ce que les chartes permettaient et ce qui se fit plus d'une fois par accord entre le chapitre et la ville. La procession, désormais, suivit la route jusqu'auprès de Saint-André : de là elle se dirigeait vers la cense du Mez ; laissant à droite le béguinage, elle franchissait un fossé et s'engageait dans les prés de l'hôpital Comtesse jusqu'à la Deûle, « fleuve public ». Tout cela est réglé par une nouvelle charte de Marguerite et par un accord avec les frères et les sœurs de l'hôpital (février 1275).

Le principe de l'indemnité était admis pour tous les héritages que traversait le cortège : les comptes de la procession contiennent un article spécial pour cet objet. Souvent les intéressés refusaient par dévotion toute espèce de dédommagement.

Ce fut un instant solennel quand, le 15 juin 1270, on vit la grande procession de Lille se dérouler pour la première fois autour de la cité. Chaque année depuis ramena le même enthousiasme : chaque année se produisait le même concours.

Le samedi, veille de la procession, la franchise est annoncée par la sonnerie de none. En ce moment, le rewart et deux échevins, précédés d'un héraut d'armes, et accompagnés des ouvriers experts-jurés de la ville, se rendent au cloître à cheval, pour y prendre les maîtres des justices, le maître de la fabrique, le bailli de Saint-Pierre, le greffier, le procureur d'office et les ouvriers du chapitre, qui tous également montent à cheval. On parcourt ainsi l'itinéraire complet de la procession, afin de s'assurer que les chemins sont en bon état, que les ponts jetés par ordre des échevins sur les cours d'eau et sur la rivière offrent une solidité suffisante. Comme tout chez nos bons aïeux se terminait par des festins, le chapitre au retour faisait servir un plantureux souper. Il envoyait à domicile un présent en vin à chacun des membres de l'échevinage.

Les choses continuèrent de la sorte jusqu'en 1769. Il y avait beau temps que la visite des routes et des ponts était sans objet, la procession se faisant à l'intérieur de la ville depuis ses agrandissements successifs : le chapitre enfin jugea bon d'abolir la cavalcade et le banquet.

Pendant cette parade, les vêpres sont célébrées à Saint-Pierre en grande pompe. C'est la fête lilloise qui commence, c'est la *Nouvelle Festivité*, que l'on désigne aussi sous le nom de *Solennité* de la très sainte Vierge.

Le dimanche, dès l'aurore, le son joyeux des cloches annonce l'office de prime. On chante tierce, la messe solennelle, puis sexte, et enfin la procession s'ébranle. Les corps de métiers ouvrent la marche avec leurs enseignes et les statues de leurs patrons. Viennent ensuite les milices bourgeoises, brillamment équipées ; des groupes de pèlerins portant des bannières ; les magistrats et le corps de ville en robes ; les religieux dominicains, franciscains et autres qui s'établirent successivement à Lille ; le clergé des paroisses et celui de la collégiale, parés de leurs riches ornements.

Dans les rangs du clergé sont portés les trésors sacrés des églises, les châsses, les reliquaires les plus insignes. Enfin, sous un splendide pavillon, précédé de trompettes dont les sons ébranlent les airs, s'avance la *Bonne Fierte*, qui contient le précieux lait et les cheveux de la Sainte Vierge. La châsse est d'un grand prix comme valeur intrinsèque et comme travail artistique : elle est en argent doré, à clochetons, ornée de pierres précieuses et garnie de statuettes sur toutes ses faces. A l'intérieur, un cercle d'or laisse voir les cheveux : une colombe renferme le précieux lait. Ce double objet est connu sous le nom de *Joyel Notre-Dame*[1]. Un riche drap d'or, que donne chaque année le magistrat, orne le brancard sur lequel on le pose[2].

Ce trésor, si cher à la piété des Lillois, est entouré d'une garde d'honneur. Dans les temps troublés, quand le pays était en guerre, l'escorte avait aussi pour mission de protéger la châsse, dont la valeur considérable eût pu tenter une cupidité sacrilège. Il arriva même que l'on n'osait la faire sortir de la ville. Le magistrat, pour que la chose ne passât point en coutume, se faisait alors délivrer des lettres de non-préjudice[3]. Une fois, à cause du mauvais temps, on

---

1. Sur ces reliques, v. Durand, *l'Ecrin de la Sainte Vierge* (Lille, 1885), tome I, p. 1-54, 55-97. Le saint lait est une substance crayeuse provenant d'une grotte voisine de Bethléem, où l'on dit que la sainte Vierge allaita le divin enfant, d'où le nom de *Crypta lactea*, et la pieuse vénération que les fidèles attachent à ce souvenir.

2. Ce drap d'or devait avoir quatre aunes et demie. En 1332, il coûte 16 livres 17 sols. (*Comptes* de la ville.) Chaque année, on députait un échevin pour en faire l'acquisition à Tournai, Bruges, Ypres ou Anvers.

3. *Cartulaire*, p. 805, 10 juin 1381. Cette année-là, les chemins accoutumés étaient « empiriés et empeschiés par les inondations de yaues ». Trois ans plus tard (p. 813, 8 juin 1384), on invoque « les périls des guerres qui sont à présent en la conté de Flandres ».

laissa la fierte à l'hôpital de la Trinité, pour achever sans elle le reste du parcours : les échevins, ne pouvant se résoudre à ce que la procession se continuât sans l'insigne relique, firent tirer de la châsse, à l'insu du chapitre, le Joyel de Notre-Dame. Ce fut le tour des chanoines, qui se hâtèrent de réclamer : les échevins reconnurent qu'ils avaient outrepassé leurs droits, et déclarèrent que les choses resteraient en l'état, comme si rien n'avait eu lieu.

La pompe de ce cortège ne se déployait qu'une seule fois, le dimanche de la Festivité. D'après le témoignage des historiens, il y avait pendant les huit jours suivants grande affluence à Saint-Pierre, où les reliques demeuraient exposées : nombre de bourgeois et de pèlerins étrangers parcouraient en priant le circuit de la procession, à l'extérieur de la ville. Une dernière solennité, la Reposition des Fiertes, avait lieu le lundi qui terminait la neuvaine.

Pendant près de trois siècles, le Chevalier rouge figura comme l'un des ornements de la procession de Lille. Sa présence était une expiation : elle rappelait une tragédie qui se déroula, en 1276, dans le cloître et l'église de Saint-Pierre. Un malheureux clerc, Adam Blauwet, fut poursuivi jusque dans l'enceinte sacrée, arraché des autels, couvert de blessures, traîné hors de la ville et pendu au gibet [1]. Ce forfait eut pour auteur principal Hellin de Cysoing, accompagné de plusieurs de ses amis et d'une troupe nombreuse. Indépendamment des autres peines prononcées contre ses complices et contre lui, le seigneur de Cysoing dut s'engager, en sa personne et en celle de ses héritiers, possesseurs de cette terre, à escorter chaque année, pour l'honneur de l'Eglise, la grande procession de Lille, le jour octave de la Trinité : il devait y assister à cheval, en cotte de

---

1. V. *Histoire de Saint-Pierre*, tome I, p. 374-385.

soie de couleur écarlate ou de couleur vermeille, une blanche verge à la main. Il pouvait, toutefois, se faire remplacer par son fils aîné, ou par « un chevalier honeste ». Toute contravention à cette sentence était passible d'une amende de cinq cents livres, encourue chaque fois que le chevalier rouge n'assisterait pas, dans les conditions voulues, à la procession de Notre-Dame de la Treille.

Les anciens documents nous apprennent que ce personnage arrivait au moment du départ, pénétrait à cheval sous le porche de l'église et s'inclinait devant le chapitre pour se mettre à sa disposition. Au retour, il se présentait de même et faisait constater qu'il avait rempli régulièrement son office. Pour faciliter son évolution à cheval, on recouvrait de nattes les dalles de marbre, à l'entrée de l'église.

En 1513, Jean Le Mesre, chevalier, tint la place du jeune Antoine de Werchin, qui possédait la terre de Cysoing sous la tutelle de son père. Pour la première fois, le chevalier rouge ne porta point le chapel de roses que l'on était habitué à lui voir en pareille circonstance. Il était coiffé d'une « barrette d'escarlatte vermeille ». Comme la pluie vint à tomber dans le cours de la marche, il couvrit par intervalles d'un manteau noir son éclatant costume. Enfin, chose plus grave, il refusa de se présenter au chapitre avant et après la cérémonie : il se contenta de proclamer lui-même à la fin de la procession, en portant la main à son couvre-chef, qu'il avait accompli son devoir.

Il y avait là plusieurs infractions au cérémonial traditionnel. Le chapitre protesta immédiatement devant notaire, car on tenait beaucoup alors à ces questions de forme : la gouvernance fut saisie d'une plainte, puis l'affaire passa au grand conseil de Gand. Finalement, il fut décidé que le chapel de roses n'était pas requis : il suffisait, sur tous les points, de s'en rapporter à la sentence arbitrale de 1286, sans tenir compte de ce qu'une pratique toute bénévole pouvait avoir ajouté depuis.

Vers la fin du XVIe siècle, à la suite des agitations causées par les gueux, on réforma plusieurs usages que l'on croyait n'être plus en rapport avec l'esprit du temps. Le chevalier rouge disparut de la grande procession.

CHAPITRE III.

LARGESSES ET LIBÉRALITÉS. — FONDATIONS, CHAPELLENIES, SÉPULTURES A NOTRE-DAME DE LA TREILLE.

En établissant la grande procession de Lille, la comtesse Marguerite se proposait principalement de contribuer à la gloire de Dieu, de développer le culte de la sainte Vierge et de produire dans les âmes des fruits d'édification. Cependant, elle eut encore un autre but, très noble et digne également de sa piété. C'était, elle-même nous le dit, d'attirer des ressources pour la reconstruction de l'église de Saint-Pierre.

Cette œuvre, entreprise depuis longtemps, exigeait des sommes énormes. Elle ne se poursuivait point sans difficulté, malgré les sacrifices considérables que les chanoines s'imposaient personnellement. Une année, en 1258, ils firent l'abandon complet de leurs prébendes, se contentant pour vivre des seules distributions quotidiennes.

Leurs générosités continuèrent. En 1270, la comtesse Marguerite affirme que pour l'œuvre en voie d'exécution, les chanoines, « de leurs rentes dont ils doivent vivre se sont moult durement grevés et blessés de piéça, et le font encore chaque jour ». Elle espère que le mouvement excité par la grande procession amènera des libéralités en faveur de l'église de Saint-Pierre, où la sainte Vierge fait maintenant éclater ses glorieux miracles.

On peut croire que les espérances conçues ne restèrent pas une déception : comme depuis aux XVe et XVIe siècles, la générosité des serviteurs de Notre-Dame de la Treille contribua dans une large mesure à l'avancement des travaux de la collégiale.

Les titres parvenus jusqu'à nous mentionnent diverses donations. Au moment de partir pour la croisade, où il accompagnait son prince, Jean Makiel, chanoine de Saint-Pierre et clerc du comte Gui, veut se concilier en vue de ce lointain voyage la protection de l'auguste patronne de Lille. Il fonde une lampe qui brûlera perpétuellement devant la sainte image. Dans la suite il augmenta la rente qu'il avait donnée pour cette affectation [1].

En 1273, Marie de Courrières fait un legs à l'œuvre de Saint-Pierre de Lille, « en l'honneur de Notre-Dame qu'on nomme à la Treille ».

Parmi les dispositions pieuses que contient le testament de la comtesse Marguerite, il en est une en faveur de Saint-Pierre de Lille. Déjà elle y avait fondé son anniversaire ; maintenant c'est à l'œuvre qu'elle pense, c'est-à-dire aux travaux entrepris de la reconstruction. En 1274, elle donne encore une rente pour la fabrique et pour les ornements du sanctuaire, où Marie, dit-elle, fait éclater ses glorieux et innombrables prodiges.

En 1292 et 1302, le magistrat de Lille, à l'occasion de la procession annuelle, offrit de riches étoffes de soie et de drap d'or. Les Gantois firent des présents analogues en 1300 et 1303. Guiote, châtelaine de Lille, épouse de Wallerand de Luxembourg, signala de même sa munificence et sa piété. Nombre d'autres les suivirent : l'occasion se présentera d'en signaler plusieurs.

---

1. *Cartulaire*, p. 508, testament de Jean Makiel : « vii livres pour rente acater pour une lampe ardant perpetuelement devant Nostre-Dame de le Trelle, avoec les x sols de rente ke jou i ai acquis de pieche a, avant ke on alast en Thunes. » Makiel fonde aussi « à le Magdeleine une lampe ardant perpetuelement devant se ymagene. »

Il n'y eut pas moins de dix-huit chapellenies fondées successivement à l'autel de Notre-Dame de la Treille, en l'honneur de cette auguste patronne. La première en date, sinon la plus importante, est celle de *la Fierte du Précieux lait*. Elle fut établie en mars 1270, un mois après la promulgation de la charte instituant la procession. Gautier Delattre, bourgeois de Lille, donna une somme de trois cents livres, que le chapitre fit passer dans les constructions de l'église : les chanoines s'engageaient à payer chaque année vingt-cinq livres, pour entretenir un prêtre attaché à l'autel nouvellement établi de Notre-Dame de la Treille. Ce chapelain devra, sauf empêchement, célébrer tous les jours, en faisant mémoire de la glorieuse Mère de Dieu, la vierge Marie : il invitera l'assistance à prier pour le donateur et sa femme Mathilde, pour leurs parents défunts, pour le comte Baudouin, fondateur de l'église de Saint-Pierre, pour tous les fidèles défunts, et spécialement pour ceux qui auront contribué à la fondation de ce bénéfice ou favorisé son développement. On dira le *Pater noster* à ces intentions.

Gautier Delattre sollicita la faveur de reposer après sa mort aux pieds de Notre-Dame de la Treille. Sa chapellenie, augmentée en 1354 à l'aide de quelques dons, le fut de nouveau, en 1635, sur les ressources provenant de la succession du chanoine Jacques Dinant.

Il faut très probablement attribuer à Marguerite elle-même une seconde fondation, dont les titres originaux étaient inconnus des chanoines de Saint-Pierre, et qui doit avoir eu pour auteurs les souverains du pays, puisque la dotation est assignée sur le domaine. On l'appelait *de Beata Maria cum nota*, en raison d'une messe que le titulaire devait chanter tous les samedis : on l'appelait également, d'une façon bizarre, chapelle de *Turlurette*, à cause d'une portion de dîmes ainsi dénommée qu'elle recueillait à l'endroit où depuis Vauban construisit la citadelle de Lille.

On ne connaît pas davantage l'origine de la chapellenie dite des *Pommes pourries :* son nom lui venait d'un groupe de maisons faisant partie de sa dotation, et depuis échangé contre une rente.

La chapellenie de Saint-Piat, à l'autel de la Treille, fut fondée vers la fin du XIIIe siècle par Robert Lescripvent, et par Jean de Saint-Amand, curé de Capinghem.

Peu après 1300, on voit surgir en l'honneur de la Madone vénérée les chapellenies dues aux libéralités de divers bienfaiteurs : Jean de Bruges, chantre de Saint-Pierre, mort en 1305 ; Isabelle de Warenghien [1], dont la fondation est de cette même année, ainsi que celle du chanoine Michel de Seclin et de Gérard Lebœuf, curé de Wambrechies. La chapellenie de Warenghien fut augmentée en 1392, sur la succession du chanoine Jacques de Gamans.

En 1322, c'est le tour d'une pieuse veuve, Maghe de Herseaux, avec son fils Jean de Herseaux, prêtre [2]. Puis viennent le chanoine Jean de Gand (1325), et le chapelain Jacques de Gand (1352) [3] ; le doyen Herbert de Blaufossé (1325), et le chapelain Gilles Delvigne (1357) ; le chanoine Guillaume de Maimbeville (1332) ; le chanoine Thierry de Bouillon, ou de Saint-Amand (1337) ; le chanoine Nicaise de la Flamengrie, curé de Saint-Etienne (1344) ; le chanoine Jean Le Ghillebert, dit de Seclin (1363) ; l'écolâtre Jean *de Bosco*, ou du Bos (1429).

Il faut ajouter encore le bénéfice appelé de Saint-Georges, dont on ignore l'origine, et les deux chapel-

---

1. Sœur de l'évêque de Tournai, Michel de Warenghien.
2. Le fief de Herseaux, à Wattignies, fournit en bonne partie la dotation.
3. Le fief d'Espaing appartenait à ce bénéfice, que l'on appelait la chapellenie *Du Mortier.*

lenies royales de Saint-Sébastien et de Saint-Nicaise, instituées en 1366 par arrêt du parlement de Paris, en réparation d'un meurtre, et fixées à l'autel de Notre-Dame de la Treille. Enfin, comme fondation des souverains du pays, deux messes des morts étaient célébrées chaque jour à ce même autel, l'une par un dominicain, l'autre par un franciscain.

Chaque lundi, depuis 1460, une messe solennelle était chantée, par institution du chapitre, à l'autel de Notre-Dame de la Treille. Le chanoine Jean Lambert, en 1480, voulut que l'on célébrât ces mêmes jours une messe pour les bienfaiteurs défunts de la confrérie.

Le trésorier Jean des Fontaines, en 1488, fonda une messe solennelle en musique, la veille des six fêtes de la Vierge, à son autel de la Treille [1].

L'occasion se présentera de relater d'autres fondations et d'autres libéralités pour l'augmentation du culte de la patronne de Lille. Plusieurs la constituaient leur légataire universelle. Les autres lui laissaient au moins une offrande dans leur testament, comme le prouvent les comptes de la confrérie. Plusieurs grands personnages, à commencer par le comte de Flandre Louis de Male, se firent inhumer dans son sanctuaire; ceux qui ne pouvaient prétendre à cet honneur voulaient du moins avoir leur tombe tout auprès, dans la nef, ou mieux encore, dans le passage entre les deux grilles donnant accès à la chapelle.

Dans l'intérieur furent inhumés successivement : Godefroid de Baralle, chanoine et bienfaiteur insigne (1368); Pierre Van der Zippe, gouverneur de Lille (1405); les prévôts Bochart de Champigny (1731) et Jean de Valori (1760); les doyens Ange de Ghistelles (1747) et Antoine de Briois de Sailly (1776); les tréso-

---

1. Jean des Fontaines donna vingt livres de gros pour les travaux de l'église, à condition que l'on achèterait le plus tôt possible une rente de six livres de Flandre pour exécuter sa fondation.

riers Bertrand Verviano (1666) et Raymond de Valori (1741) ; l'écolâtre Gabriel de Garsignies (1786). Dans le passage et près du sanctuaire, on trouve les familles de Gilleman, de Boulogne, Le Blanc, Dubus, de Basserode, de la Truie, d'Hespel, de Stappens, de Velasco, de Preudhomme, L'Hermitte, Le Comte, de Calonne, de Beaufremez, de Garsignies, de Gruson, Obert, du Bosquiel, de Lespaul, etc.

CHAPITRE IV.

CONSTRUCTION D'UN NOUVEAU SANCTUAIRE. — PHILIPPE LE BON ET LE TOMBEAU DE LOUIS DE MALE.

Le 3 mai 1354, l'église de Saint-Pierre fut entièrement détruite par un incendie. Comme au siècle précédent, les chanoines s'imposèrent de grands sacrifices : toutes les distributions des obits furent affectées à la reconstruction. C'était une part considérable de leurs revenus personnels.

Non content de relever l'édifice, le chapitre voulut en élargir le plan. La crypte prenant jour sur le dehors fut aveuglée et comblée ; un déambulatoire et une couronne de chapelles entourèrent le chœur. On les couvrait, en 1368, de toits d'ardoises. Le sanctuaire de Notre-Dame de la Treille s'achevait à la même époque. On le rétablit vers l'endroit où se trouvait primitivement la statue miraculeuse, dans le bras gauche du transept. On l'orna de vitraux de prix qui, comme les verrières du chœur, furent déplacés par mesure de précaution lors des funérailles du comte de Flandre Louis de Male, en 1384.

Cette chapelle n'était sans doute pas indigne de la piété de nos ancêtres. Elle abritait de nouveau la sainte image échappée au péril du feu. A ses pieds les fidèles accouraient en grand nombre : bientôt l'édifice parut insuffisant et trop mesquin ; on résolut d'élever un nouveau sanctuaire à la fois plus vaste et plus magnifique.

Une tradition consignée dans les écrits de Turbelin (1632) et de Vincart (1636), attribue cette grande œuvre à la générosité de Philippe le Bon. Il est possible qu'il en ait conçu le projet : en tout cas il fut pour beaucoup dans sa réalisation ; la chapelle de Notre-Dame de la Treille lui devait ses ornements les plus riches et les plus magnifiques[1]. A part ce concours qu'il faut reconnaître, et dont nous sommes loin de vouloir diminuer l'importance, ce fut en réalité le chapitre qui entreprit la construction et qui sut la mener à bonne fin : la confrérie de Notre-Dame de la Treille y contribua par de nombreux subsides et fit voûter l'édifice.

Commencé vers 1430, il était suffisamment avancé quelques années plus tard pour qu'un bienfaiteur fît un legs spécialement affecté à la toiture. Jean Le Baille, chapelain de Saint-Étienne, laisse en 1432 une somme d'argent à la chapelle de Notre-Dame de la Treille, « pour mettre en couverture d'escaille (d'ardoises), sur le pan et au lez qui est devers le prayel et non ailleurs ». Le toit qui recouvrait la chapelle de Notre-Dame de la Treille fut établi en 1453.

C'est précisément l'époque où Philippe le Bon put exécuter son dessein d'élever une tombe magnifique à Louis de Male, son bisaïeul, inhumé dans cette chapelle avec sa femme, Marguerite de Brabant, et leur fille Marguerite de Flandre, épouse de Philippe le Hardi, duc de Bourgogne.

Un traité fut passé, le 29 octobre 1453, avec un artiste bruxellois, Jacques de Gérines : deux ans après, en 1455, le monument était achevé et mis en place. Plus

---

1. On lit dans les comptes de la confrérie de Notre-Dame de la Treille, pour 1467-1468, à propos d'un tableau exécuté à Bruxelles : « Item est à notter que monseigneur le duc de Bourgongne nommé Philippe, derrenierement trespassé, *apriès pluiseurs dons et edifices fais en la ditte cappelle de Nostre-Dame de la Traille*, ottroya à la requeste d'aulcuns à la ditte cappèlle la ditte table d'autel, et commanda de la faire faire à ses despens, et au plaisir de Dieu sera parfaitte, par quoy s'ensieult que des dites LX livres la ditte carité sera remboursée. »

tard, le duc affecte à son entretien une somme de cent vingt écus d'or.

Le tombeau de Louis de Male passait à juste titre pour une œuvre très remarquable, la plus belle en ce genre de tous les Pays-Bas, et pouvant soutenir la comparaison avec les monuments des rois de France à Saint-Denis[1]. Mabillon l'a fait représenter dans ses *Monuments de la monarchie française*: Millin, dans ses *Antiquités nationales*, lui consacre une longue description accompagnée de plusieurs planches. Mais ce sont surtout les dessins d'Antoine de Succa, exécutés par ordre des archiducs Albert et Isabelle, qui peuvent en donner l'idée la plus complète, en les rapprochant du programme tracé d'avance à l'artiste[2].

La tombe a douze pieds de longueur, sur neuf en largeur et huit en hauteur. Au-dessus sont couchées les statues de Louis de Male, en armure complète de chevalier, et des deux princesses, sa femme et sa fille. La statue du comte, au milieu, a sept pieds de long, les deux autres six pieds et demi. Au chef, deux anges à genoux tiennent chacun d'une main le heaume avec son cimier, un lion dans un vol; de l'autre main, ils portent à droite et à gauche les armoiries des deux princesses. L'écusson de Flandre, d'or au lion de sable, est figuré au côté de Louis de Male. Ses pieds posent aussi sur un lion.

Dans le bas de la tombe, sur ses diverses faces, se

---

1. Turbelin affirme (p. 42) que cette tombe est « si solide et si magnifique, que ny la Flandre ni le Brabant n'en ont jamais veu de pareille. »

« Superbe mausolée, dit à son tour Ignace Delfosse (*Description de Loos*, p. 293, 294), qui est tout de bronze, si grand et si magnifique que l'on en voit peu de pareils à Saint-Denis en France, où est la sépulture de nos rois. »

2. *Les Mémoriaux d'Antoine de Succa*, par L. Quarré-Reybourbon (1888), p. 12-15. Antoine de Succa, gentilhomme attaché au service des archiducs Albert et Isabelle, reçut d'eux, par lettre du 25 décembre 1600, la mission de décrire et d'inventorier les richesses d'art contenues dans les villes et les abbayes des Pays-Bas. En février 1602, il était à Lille. Les dessins des tombeaux de Baudouin V et de Louis de Male occupent huit feuillets dans son recueil. Ils sont certifiés exacts par deux chanoines de Saint-Pierre.

voient vingt-quatre arcatures ogivales, contenant des statues en bronze qui représentent la descendance des trois défunts : Philippe le Bon, Jean sans Peur, Charles le Téméraire ; les ducs de Brabant, Philippe, Jean et Antoine ; Marguerite, duchesse de Bavière et comtesse de Hainaut ; Marie de Savoie, duchesse de Milan ; Marguerite de Savoie, reine de Sicile ; Philippe, comte de Genève ; Louis, duc de Savoie ; Agnès, duchesse de Bourbon ; Anne, duchesse de Bedford ; Isabelle, comtesse de Penthièvre ; Marie, duchesse de Clèves ; Marguerite, duchesse de Guyenne, et plusieurs autres.

Aux quatre angles, des arcatures plus petites renferment les figures des quatre évangélistes.

Toutes les statues sont en bronze, ainsi que divers ornements. La tombe est en pierre d'Antoing. Les matériaux, cela va sans dire, sont de tout premier choix [1]. Une inscription fort simple indique les personnages qui reposent sous le fastueux mausolée.

L'artiste reçut deux mille couronnes d'or pour ce travail, qui fut regardé comme son chef-d'œuvre [2].

La chapelle ainsi achevée, Philippe le Bon voulut lui faire présent d'un autel en rapport avec le monument. Voici la description que fournit Vincart.

Au sommet se voit l'image de Notre-Dame de la Treille, dans un habitacle en pierre blanche, orné de colonnettes et de clochetons gothiques. Des statues de saints artistement polychromées s'échelonnent à droite et à gauche. Au-dessous de la Vierge à la Treille, dans un enfoncement, est assise la Mère de douleurs tenant sur ses genoux son fils inanimé. Ce groupe rappelle une dévotion chère à Philippe le Bon, dévotion qui se

---

1. « Et est assavoir, dit le texte du traité, que cet ouvrage de laton doit estre de bon, fin et excellent laton, quy doit estre trois fois purgié au fu, et la quatriesme fois jetté en molle. » Quant à la pierre, elle doit être « saine et entière, et bien sonant comme saine piere doit soner. »

2. M. Pinchart lui a consacré une monographie : *Jacques de Gérines, batteur de cuivre du XVe siècle, et ses œuvres*. Bruxelles, 1866.

propagea dans nos contrées, et dont Saint-Pierre de Lille fut un des centres principaux [1].

Plus bas sont représentés en relief les principaux mystères de la Vierge, le tout richement doré. Sur les feuillets de ce retable sont peints d'un côté le duc Philippe, portant le collier de la Toison d'or, et de l'autre Isabelle de Portugal, sa troisième femme. Ces personnages sont représentés à genoux, comme donateurs.

Un autre souvenir du même prince se rencontrait dans la collégiale. On voyait adossée à l'un des piliers de la nef, près du chœur, une statue de saint Philippe, son patron : le duc était représenté à genoux dans l'attitude de la prière, devant l'apôtre qui semblait le soutenir de ses mains.

Quand son propre sanctuaire fut terminé, la confrérie de Notre-Dame de la Treille, devenue riche et puissante, contribua par des dons plusieurs fois renouvelés aux travaux qui se poursuivaient dans l'église. Les comptes de 1483, 1489, 1491, 1492, 1494, mentionnent des libéralités de ce genre.

Il était bien permis après cela de songer encore à l'embellissement de la chapelle. Les confrères résolurent, en 1499, de la doter d'un nouvel orgue, dont l'exécution fut confiée au facteur Victor de Langdulf, sous la direction du chanoine Wallerand de Crudenare.

On discuta, vers la même époque, un autre projet. Le sanctuaire élevé sous Philippe le Bon n'avait point de voûte, mais un lambris en bois comme beaucoup d'églises et de chapelles au moyen âge. On songeait à le voûter en pierre. Les murs seraient-ils capables de porter cette surcharge ? C'est la question qu'il fallait résoudre au préalable. On fit venir, de diverses villes de Flandre et de Brabant, quatre architectes qui n'hésitèrent point à se prononcer pour l'affirmative : cepen-

---

[1]. Nous aurons occasion d'en parler plus loin. La *Mater dolorosa* dont il est parlé ici se trouve maintenant dans l'église de Sainte-Catherine.

dant, pour plus de sûreté, ils conseillèrent l'emploi du fer comme moyen de consolidation, en donnant pour exemple le portique de Saint-Étienne.

Ceci se passait en 1504 ou 1505. On ne se mit à l'œuvre que beaucoup plus tard, en 1538. Jean Pasquier, maître des œuvres de la ville, dressa le plan et le devis; Jacques Caron, maître des œuvres de Saint-Étienne, traça les dessins et les modèles en vue de l'exécution. Maître Hellin Waymel, que le chapitre employait d'ordinaire à ses travaux de maçonnerie, se chargea de l'entreprise moyennant un prix convenu de deux mille livres. Toutes les précautions furent prises pour la préservation des verrières et du tombeau de Louis de Male.

Le 12 juillet 1540, on posa la dernière pierre de la voûte. Il ne restait que quelques réparations à faire, et des travaux de peinture que l'on acheva cette année même.

Le chanoine Gilles de Lespierre compléta par une clôture en bronze l'ornementation du sanctuaire.

Ainsi se terminèrent les travaux commencés et continués avec diverses interruptions depuis presque deux siècles. La chapelle de Notre-Dame de la Treille ainsi complétée, dans sa riche ornementation, était une des œuvres les plus remarquables de l'architecture chrétienne aux Pays-Bas.

CHAPITRE V.

LA PROCESSION DE LILLE AU XVe SIÈCLE.
GROUPES ET SCÈNES HISTORIQUES.

Dans les grandes églises, au moyen âge, le personnel du bas chœur célébrait chaque année une fête burlesque, la fête des fous, et choisissait pour la circonstance un évêque des fous. A Saint-Pierre, le chapitre essaya plus d'une fois de supprimer cet usage, sans y parvenir d'une manière complète. On s'efforça du moins de restreindre les abus.

C'est le jour de l'Epiphanie, à partir des premières vêpres, que la fête avait lieu. Mais l'évêque travesti n'exerçait pas seulement l'éphémère royauté d'un jour de gaîté bruyante. Il y joignait une mission plus durable, et aussi plus sérieuse : celle de présider à certains spectacles, à des représentations graves et pieuses, dont on empruntait le sujet à l'ancien et au nouveau testament, ou bien à la vie des saints et même à l'histoire profane. On appelait cela des histoires ou des mystères. Ces représentations avaient lieu surtout le jour de la grande procession de Lille.

Parfois aussi, l'évêque des fous, et ceux dont il s'assurait le concours, contribuaient aux réjouissances profanes par des spectacles et par des chants. Au commencement de l'année 1430, Philippe le Bon, ayant épousé à Bruges Isabelle de Portugal, vint la présenter à son peuple de Lille. A l'occasion de la joyeuse entrée de la duchesse, le chapitre accorda un subside au maître des enfants de chœur Raymond, évêque des fous, pour le concours prêté aux réjouissances publiques.

L'année suivante, 1431, l'évêque des fous et sa société reçoivent encore une somme d'une certaine importance, pour les joyaux donnés lors de la procession de Lille : ces joyaux, ou objets précieux, étaient les récompenses distribuées à ceux qui représentaient les mystères, comme cela se trouve indiqué dans les comptes.

En 1447, 1457, 1463, l'évêque des fous reçoit une subvention de douze livres pour contribuer à la splendeur de la procession de la ville, c'est-à-dire de la grande procession de Notre-Dame de la Treille.

En 1433, 1434, 1438, les échevins décernent des prix à ceux qui, le jour de la procession, représentent les plus belles histoires.

Le concours de la ville est accordé maintes fois pour cet objet sous forme de subside à l'évêque des fous. Un chanoine grand seigneur, Hector de Mailly, ne dédaigna point d'accepter ce titre facétieux et d'en subir les charges. Il offrit de ses deniers des prix à ceux « qui feroient meilleures histoires de la Sainte Escripture », et la ville à son tour y contribua par une subvention. Après lui, Nicaise Béselaire, « prestre et évesque des folz », obtint une somme importante. Il nourrissait de vastes projets : avec le concours de ses associés, il voulait donner de notables prix d'argent, non-seulement aux compagnies lilloises, mais à celles du dehors qui représenteraient sur des chars, à la procession, les plus belles histoires de l'ancien et du nouveau testament.

Deux ans après (1448), Philippe le Bon assiste à la fête : on donne en son honneur des joyaux comme prix aux sociétés de Lille et de Tournai qui s'étaient le plus distinguées, en représentant « par signes et autrement plusieurs histoires pour la décoration de ladite procession ».

En 1453, le duc est de nouveau présent avec la duchesse et le comte de Charolais, leur fils [1]. Messire Jacques Lamant [2] « prestre, évesque des folz », distribue des prix. En 1465, ce sont les maçons de l'hôtel du prince qui obtiennent une récompense enviée, preuve que le goût des arts et une certaine culture se rencontraient chez les hommes exerçant une profession manuelle.

Un curieux document de 1463 fait connaître les conditions du concours : c'est un mandement de l'évêque des fous, qui promet de donner des prix et joyaux aux groupes qui voudront bien rehausser par des représentations l'éclat de la fête annuelle de Lille [3]. Chacune des sociétés concurrentes doit se borner à ses propres ressources, sans aucun appoint étranger. Le matin, les diverses troupes seront échelonnées sur leurs chars ou sur des estrades mobiles le long du parcours suivi par le cortège religieux : la représentation sera simplement mimée. L'après-midi a lieu le spectacle proprement dit, avec les paroles. Chaque pièce tirée

---

1. Le futur Charles le Téméraire.

2. Jacques Lamant était chapelain de Saint-Pierre et curé de Templeuve-en-Pevèle.

3. « A l'ouneur de Dieu et de la très glorieuse vierge Marie, sa très benoîte mère, et meismement à la décoration et exauchement de la procession de ceste bonne ville de Lille, nous prélat des folz, meu de bonne volenté, par la délibération de nostre conseil, avons intention, à l'aide de Dieu, de donner les pris et joieulx cy dessoubz déclariez, à ceulx qui tous d'une place, sans nullui emprunter, vendront au jour de ladite procession sur cars, carettes, esclans ou escaffaulx portatifs, remoustrer au matin par signes, tandis que ladite procession passera, ès places par nous ou noz commis à eulz ordonnés ; et le après dîsner devant nous, et là où il nous plaira, aucunes histoires de la Bible, tant du viel testament comme du nouvel, vie ou passion de saint ou de sainte approuvée par nostre mère sainte Eglise, ou aultres histoires romaines contenues en anchiennes croniques. » Le mot *esclan* appartient au dialecte lillois et signifie traîneau.

Le prélat des fols était en 1463 le chanoine Jean Waterlos.

de la Bible ou de la vie des saints, ou de l'histoire romaine, doit avoir trois cents lignes au moins, et plus à volonté, « en bonne et vraie rhétorique » : il faut qu'elle n'ait pas été jouée à Lille depuis seize ans. Le premier prix décerné sera « une image de la glorieuse vierge Marie, environnée du soleil, ayant la lune sous ses pieds et couronnée de douze étoiles » : il aura une valeur de douze livres, monnaie de Flandre. Le second prix sera une lune d'argent valant six livres. A la « charetée ou compaignie mieux et plus richement hourdée et parée », une couronne et douze étoiles d'argent du prix de quarante sols.

Le soir après souper, ou le lendemain, si on le juge plus à propos, auront lieu les représentations comiques. Chaque bande se présentera sur un char lui servant de théâtre. Le premier prix est attribué à celle qui exhibe « le plus joieux et le plus plaisant jeu de folie, non joué en ceste ville depuis quatre-vingt-dix-neuf ans ». Ce prix consiste en un duc d'argent d'une valeur de soixante sols ; pour le second « prix de folie », on donne une pie d'argent de trente sols.

Les concurrents doivent se présenter d'avance, le jour « du Sacrement », entre trois et quatre heures de l'après-midi « en nostre palais des clers [1] », dit la proclamation, pour donner et recevoir les indications nécessaires, et aussi pour communiquer le texte des pièces à jouer. Suit une exhortation finale, afin que les « bons et loyaux suppôts » déploient tout leur zèle, chacun dans son rôle et dans sa sphère [2].

Cette proclamation ou ce mandement, donné sous le « seel de fatuité », porte la date de 1463. Quelques années plus tard, on se trouve en face d'une situation nouvelle. En 1469, la ville seule et sans intermédiaire

---

1. C'est la maison ou hospice des clercs de Saint-Pierre.
2. Le document se termine ainsi : « Donné en nostre dit palaix, soubz nostre seel de fatuité, le xe jour du mois du mois de may, l'an LXIII. »

donne des récompenses à ceux qui, lors de la procession, « jouèrent histoires et jeux de folie », devant la halle et ailleurs. Auparavant ces prix, fait observer le comptable, étaient dus à la générosité « de l'évesque des folz, qui à présent est rué jus », c'est-à-dire aboli.

Que s'est-il donc passé ? L'année précédente encore, le chapitre avait accordé pour la procession au prélat des fous, c'est la désignation employée, un subside de dix livres. C'était même un chanoine de distinction, Valentin de Bersées, qui exerçait alors cette surintendance des jeux et récréations dramatiques. Après 1468, les comptes ne mentionnent plus rien pour cet objet. Les représentations de mystères avaient perdu le cachet grave et pieux des anciens temps. Il s'y mêlait des intermèdes d'un goût douteux : on y ajoutait des « jeux de folie », où la décence ne régnait pas toujours. Le chapitre ne pouvait plus leur accorder son patronage, même indirect.

En dépit des prohibitions, l'antique usage se relève encore une fois : en 1485, une somme est allouée à Jean de Vic, évêque des fous, qui par des représentations scéniques et par des prix donnés aux acteurs, a rehaussé la procession de Lille. On a soin de dire que le don est fait par faveur spéciale, et pour une fois seulement. En 1491 et 1492, un subside plus important est voté avec la même affectation : cette fois il est alloué à la compagnie de la maison des clercs, sans aucune mention de l'évêque des fous. Avait-il disparu ? Les comptes de Saint-Pierre n'en parlent plus ; ceux de la ville ont cessé de le mentionner depuis 1479. Enfin, une ordonnance capitulaire prononce de nouveau, en 1531, une suppression qui est cette fois définitive. Toutefois, jusqu'au XVIIIe siècle, la procession de Lille comprit encore des éléments plus ou moins profanes qui en altéraient le caractère, et qui s'y mêlaient d'une façon choquante au point de vue de nos idées [1]. Mais cela était dans les mœurs du temps : le peuple ne se scandalisait pas, et il eût été difficile de lui faire accepter une réforme qui ne se fit qu'avec bien de la peine au siècle des philosophes.

---

1. Une ancienne relation raconte qu'en 1565 on supprima certaines exhibitions qui avaient lieu sous le couvert du magistrat. « A la procession de Lille, on représenta pour la dernière fois les histoires des vieux et nouveau Testament, que les corps de mestiers représentoient à l'envie sur un théâtre devant les Halles, après en avoir fait marcher les personnages à la procession. Le jeudy, le magistrat distribuoit des prix à ceux qui avoient mieux fait. On voyoit dans le corps de mestier des Rotisseuz un géant et une géante de la hauteur de soixante pieds. » L'approche des hérétiques fit abolir cette coutume. Toutefois les mêmes abus, ou d'autres semblables, reparurent encore.

CHAPITRE VI.

ESSOR IMPRIMÉ AU CULTE DE NOTRE-DAME DE LA TREILLE.
FÊTE ET STATIONS DE NOTRE-DAME DES SEPT-DOULEURS.

Le XVe siècle, malgré les défaillances qui le caractérisent, est signalé par un réveil, ou, si l'on veut, par un essor plus marqué de la piété des Lillois envers leur auguste patronne.

Les faveurs accordées par le Saint-Siège contribuèrent à développer le mouvement Le premier acte que nous ayons à citer émane du cardinal de Sainte-Croix, pendant une de ses trois légations en France. Ce personnage, qui joua un rôle considérable dans les affaires de l'Eglise, était Nicolas Albergati, de l'ordre des chartreux : l'Eglise l'a placé sur ses autels en qualité de bienheureux, et la ville de Bologne, dont il fut évêque, l'honore comme l'un de ses patrons.

C'est sans doute à la requête de Philippe le Bon, ou du chapitre de Saint-Pierre, peut-être à la fois de l'un et de l'autre, que fut accordé le rescrit suivant. Il est à remarquer que sa date coïncide, à quelques jours près, avec celle du premier chapitre de la Toison d'Or, tenu du 29 novembre au 4 décembre 1431, dans l'église de Saint-Pierre, à Lille [1]. Le choix de notre collégiale, pour la solennelle inauguration de cet ordre illustre, était un hommage rendu à la Madone lilloise. Le rescrit

---

1. V. *Histoire de Saint-Pierre*, tome II, p. 136-147.

sollicité du légat accentue cette signification. Voici le texte du document :

A tous les fidèles du Christ qui les présentes lettres verront, Nicolas, par la miséricorde divine cardinal-prêtre de l'Eglise Romaine, du titre de Sainte-Croix-en-Jérusalem, légat du Siége Apostolique dans le royaume de France et les contrées adjacentes, salut dans le Seigneur.

Bien que les mérites soient le chemin des récompenses, néanmoins pour que les fidèles soient amenés à ces mérites, nous tâchons de les porter vers le distributeur des récompenses éternelles, en leur offrant comme attrait immédiat des indulgences et des rémissions qui les rendent plus aptes à la grâce divine.

En conséquence, à tous ceux qui, vraiment contrits et confessés, visiteront dévotement l'église de Saint-Pierre de Lille, diocèse de Tournai, dans laquelle est édifiée une chapelle en l'honneur de Notre-Dame de la Treille ; et cela le dimanche octave de la Trinité, où l'on célèbre pieusement, à travers les faubourgs de la ville, une procession annuelle, en l'honneur de Dieu tout puissant et de la Vierge Marie, pour l'accroissement du culte sacré, et en perpétuelle mémoire des saints miracles que Dieu opère alors surtout, comme nous l'avons appris, en vue des mérites glorieux de la sainte Vierge ;

Sous condition qu'ils prennent part à la procession, et que des biens à eux départis par le Ciel, ils contribuent à l'achèvement de la même église ; appuyé sur la miséricorde du Dieu tout puissant, sur les mérites et l'autorité des saints apôtres Pierre et Paul, nous accordons cent jours d'indulgence.

A ceux qui, les huit jours suivants, ou l'un des jours quelconque de la neuvaine, feront processionnellement le tour de l'église, et contribueront à l'œuvre indiquée, pour chacun de ces jours, nous relâchons à jamais, dans la miséricorde du Seigneur, quarante jours des pénitences par eux encourues.

Donné à Rouen, sous notre scel authentique, l'an de la Nativité de Notre-Seigneur quatorze cent trente-un, le V décembre, en la première année du pontificat de notre très-saint père et seigneur Eugène IV.

Cette indulgence de cent jours, qui nous paraîtrait maintenant minime, était au contraire considérable à une époque où l'Eglise n'avait point ouvert ses trésors aussi largement qu'elle l'a fait depuis, en des temps de moindre ferveur.

Deux ans plus tard, à la demande de Philippe le Bon, le pape Eugène IV fit une concession plus large, bien que fort inférieure encore à celles qui ont été obtenues depuis le XVIIe siècle :

Eugène, évêque, serviteur des serviteurs de Dieu, à tous les fidèles du Christ qui les présentes lettres verront, salut et bénédiction apostolique.

Notre intention et nos efforts les plus vifs tendent à ce que les chrétiens célèbrent la fête de la sainte et indivisible Trinité, avec d'autant plus d'éclat, de dévotion et de ferveur que, par son action incessante, cette glorieuse et ineffable Trinité dirige leurs prières, et les prépare bénignement à la faveur d'être exaucés. De même, par des soins infatigables, nous tâchons d'exciter la dévotion envers l'auguste Mère de Dieu la Vierge Marie, pour que les fidèles, par ses mérites et son intercession, obtiennent avec plus d'abondance les grâces du salut.

Ayant appris que, dans l'église de Saint-Pierre de Lille, au diocèse de Tournai, il existe une chapelle fondée en l'honneur de la sainte Vierge, à laquelle notre cher et très noble fils Philippe, duc de Bourgogne, seigneur temporel du pays, est attaché par les liens d'une dévotion spéciale ; sachant en outre qu'une procession solennelle, célébrée le dimanche qui suit la fête de la très sainte Trinité et les huit jours suivants, attire une multitude considérable de peuple chrétien ; nous, mu par une pieuse et fidèle dévotion envers cette même auguste Trinité, désirant aussi et très vivement développer, dans tous les cœurs chrétiens, le culte de la Vierge qui prie pour le peuple, intercède pour le clergé et pour le sexe pieux ; voulant que l'église déjà nommée soit visitée dévotement, chaque année, par les fidèles qui viendront, le dimanche et jours susdits offrir leurs prières, en procession ou autrement, et aussi désirant que la structure matérielle de l'édifice soit entretenue et conservée en bon état ;

Afin que les fidèles s'y portent avec d'autant plus de dévotion, et contribuent à l'œuvre de restauration et d'entretien avec d'autant plus d'empressement, qu'ils auront l'espoir d'être secourus par de plus amples indulgences ;

Appuyé sur la miséricorde de Dieu tout puissant, et l'autorité des saints apôtres Pierre et Paul, à tous ceux qui, vraiment contrits et confessés, visiteront pieusement cette église, le dimanche et autres jours susdits, soit en procession, soit autrement, et qui feront une charitable offrande pour la réparation et l'entretien de l'édifice, nous accordons : le dimanche, sept ans et sept quarantaines ; les autres jours où ils rempliront, comme ci-dessus, la double condition de la prière et de l'offrande, cent jours que, sur les pénitences encourues, nous remettons par une concession valable à perpétuité.

Notre intention est que, si pour la visite de cette église et les offrandes en sa faveur, ou les pieuses aumônes qui y seront déposées, quelque autre indulgence avait été déjà concédée par nous, soit à perpétuité, soit pour un laps de temps non encore écoulé, les présentes lettres soient considérées comme nulles et de nulle valeur.

Donné à Rome, près de Saint-Laurent *in Damaso*, l'an de l'Incarnation du Seigneur mil quatre cent trente-trois, en la troisième année de notre pontificat.

Ce n'étaient pas seulement les pompes de la procession qui réunissaient les foules et qui attiraient les pèlerins en masses compactes ; dans sa majestueuse ampleur, avec sa riche ornementation, ses cérémonies spéciales et ses fondations sans nombre, la chapelle exerçait une attraction de plus en plus constante. Les grâces reçues par les pieux visiteurs récompensaient leur zèle, en augmentant celui des autres.

En 1460, on fit revivre la confrérie de Notre-Dame de la Treille, qui avait langui depuis un certain temps. On ouvrit un nouveau registre où les principaux dignitaires du chapitre, le doyen Jean de Carnin, et le chantre Nicaise Du Puis, premier chapelain du duc de Bourgogne, s'empressèrent d'inscrire leurs noms. Ils eurent de nombreux imitateurs, dans les rangs du clergé, de la noblesse et de la bourgeoisie. Aussi l'association fut bientôt très florissante. Trois chanoines en étaient les administrateurs [1] : par la suite elle eut aussi des laïques à sa tête.

---

1. « Comptes de confraternité de la benoitte vierge Marie de la Traille, de nouvel restaurée par honnourables seigneurs doyen et chappitre de l'eglise S. Pierre de Lille, fais par maistres Jacques Tournemine, escolastre, Nicolle Palencq et Nicolle Floret, de la dite église canones, pour l'an commenchant le darrain jour de juing en l'an de Nostre Seigneur mil IIII^c LX, jusques au darrain jour de juing en l'an LXI. » On a conservé les comptes des années suivantes, jusqu'à l'exercice 1468-1469. Une autre série les donne de 1480 à 1545. Il en existe aussi quelques-uns pour le XVIIe et le XVIIIe siècles.

Le volume des comptes de 1460 à 1469 (registre n° 91 bis), renferme une liste

A cette époque, la confrérie fait prêcher un sermon chaque année, le lundi de la Trinité, pour inviter les fidèles à la procession et proclamer les indulgences. On l'appelait le sermon doctoral. D'ordinaire on le confiait à un religieux, maître ou docteur en théologie [1].

Les évêques de Tournai, Jean Chevrot, en 1460, Guillaume Fillastre, en 1463, et Ferry de Clugny, en 1480, favorisèrent la confrérie, en s'y faisant inscrire eux-mêmes, et en accordant de nouvelles indulgences, tant pour la procession, que pour les diverses solennités de la Vierge [2]. Jean Chevrot, chef du conseil de Philippe le Bon, résidait souvent à Lille, dans le magnifique hôtel qu'il s'était fait construire, rue d'Angleterre, à quelques pas de la Collégiale. C'est là qu'il mourut le 22 septembre 1460. Ce prélat fit à Saint-Pierre diverses fondations [3].

En 1463, les peintres Jean Pillot et Jean de la Couture exécutent de petites bannières pour les pèlerins. Depuis, un article analogue se rencontre chaque année dans les comptes. Le nombre des « baniérètes » demandées est de 500 à 600 d'abord, puis de 1.500 à 2.000 ; enfin, il s'élève jusqu'à 4.000 et 4.500 [4]. C'est un indice du nombre croissant de ceux qui se rendaient à la procession, et qui voulaient emporter un souvenir.

La confrérie, devenue riche et puissante, se vit en état de contribuer aux travaux de reconstruction de

---

des confrères et consœurs. On pourrait la compléter au moyen des autres comptes : les décès y sont mentionnés à l'occasion d'une offrande qu'il était d'usage de laisser à la confrérie.

1. En 1481, le sermon fut donné par un dominicain bien connu, André Boucher, qui fut mêlé aux controverses du temps, et aux affaires importantes de son ordre.

2. Turbelin, *Origine de la confrairie de Nostre-Dame de la Treille*, p. 48, décret du 11 juin 1460 ; p. 58 (3 juin 1463) ; p. 60 (8 novembre 1480).

3. *Histoire de Saint-Pierre*, tome II, p. 202, 320.

4. Comptes de la confrérie. En 1488, le chiffre fut de 1.500. Il atteignit 1.800 en 1497, 2.000 en 1507, 4.500 en 1520. C'est le chiffre le plus élevé. On en demande 3.900 en 1534, 3.550 en 1535, 3.300 en 1542, et 4.000 en 1546.

l'église. Elle voûta sa propre chapelle, y établit des orgues et fit à ses frais de nombreux embellissements. C'est elle encore qui, en 1533, couvrit la dépense nécessitée par l'impression du bréviaire de la collégiale.

Déjà, sous Philippe le Bon, le culte de la Mère de Douleurs fut associé à celui de Notre-Dame de la Treille dans son sanctuaire. Cette dévotion, depuis si répandue et si chère à la piété chrétienne, ne faisait alors que commencer. Elle eut son origine en Flandre [1]. Saint-Pierre de Lille fut, dans ces temps anciens, l'une des premières églises où elle prit forme et se développa.

En 1547, « damoiselle Magdeleine de le Fortrie », dame de Ruytoire, veuve d'Alexandre de Flers, seigneur d'Ayette et de Tenquette, et procureur général d'Artois, conçut le pieux dessein de fonder, en la collégiale de Saint-Pierre, l'office de Notre-Dame des Sept-Douleurs. Elle offrit, dans ce but, une rente annuelle de dix-neuf florins carolus. La fondation fut acceptée. L'acte dressé par le chapitre [2] porte que la fête sera « un grand double », pareil à celui du Saint Nom de

---

1. V. l'intéressante étude, *la Vierge aux Sept Glaives*, dans les *Analecta Bollandiana*, tome XII, 1893, p. 333-352. L'établissement des stations des Sept-Douleurs, dans quelques églises, remonte à la fin du XV⁰ siècle. La confrérie alors instituée reçut l'approbation pontificale en 1495. Le dominicain Michel François, évêque de Selimbria et confesseur de Philippe le Beau, composa le plus ancien traité qui existe sur cette dévotion : *Quodlibetica decisio perpulchra et devota de septem doloribus christifere virginis Marie, ac communi et saluberrima confraternitate desuper instituta.* L'ouvrage, imprimé chez Thierry Martens, à Anvers, ne porte point de date; il parut en 1495. L'auteur était né à Templemars, près Lille.

Un exemplaire sur vélin de cet ouvrage très rare existe à la bibliothèque de Lille. A la suite se trouvent l'office *Tuam ipsius animam*, et la messe *Veni in altitudinem maris*, composés pour la fête par le pieux évêque, et terminés à Lille, le 15 juin 1494.

L'office rédigé par Michel François était en usage à la collégiale de Saint-Pierre. On le trouve dans le Propre de 1731, p. 32-41.

2. Orig., fonds de Saint-Pierre, 3 juin 1547. La fondatrice avait déjà, le 16 février précédent, passé obligation devant la gouvernance, et versé l'argent pour toutes les dépenses nécessaires à la première fête. Le chapitre fit imprimer l'office.

La fête des Sept-Douleurs ne passa dans le calendrier de l'Eglise universelle que sous le pape Benoît XIII, par décret du 22 août 1727.

Jésus, « fondé par feu messire Wallerand de Crudenare, prêtre et chanoine ». Elle sera célébrée « le vendredy devant Pasques des Rameaulx », avec faculté de la transférer, « anticiper ou postposer d'aucuns jours, se besoing est, et si l'Ordinaire de ladite église le requiert ». La dame de Ruytoire voulut que cette fête commençât dès l'année 1547 : elle en couvrit les frais, pour cette fois, par un don spécial, la première annuité de la rente ne devant échoir que l'année suivante.

Pour satisfaire à la piété des fidèles, nos chanoines firent ériger dans leur église les sept stations douloureuses de la Vierge, que l'on parcourait comme celles du chemin de la croix. Les deux dernières, la déposition de la croix et la mise au tombeau, se trouvaient dans la chapelle même de Notre-Dame de la Treille [1]. On publia un manuel de cette dévotion [2], à laquelle Maximilien de Gand, évêque de Tournai, attacha des indulgences.

Enfin, un pieux dignitaire du chapitre, le chantre Imbert, fonda une messe hebdomadaire en l'honneur des Sept-Douleurs de Notre-Dame : elle devait être chantée en musique, tous les vendredis, dans le sanctuaire de la Treille. Sept pauvres, après avoir assisté à cette messe, recevaient chacun une aumône de sept patars.

---

1. Vincart, éd. française, pp. 112, 113. Les stations furent posées en 1635.

2. Les PP. jésuites firent imprimer en 1635 un opuscule qui parut à la fois en français et en latin : *La façon de bien faire les sept stations douloureuses de la Sainte Vierge, érigées dans la principale église de S. Pierre*. Lille; P. de Rache, 1635. — *Modus rite obeundi stationes septem Deiparæ doloribus erectas in æde primaria D. Petri*. Insulis, typis Petri de Rache, 1635.

Quelques années après, parut la *Practique des sept douleurs de la très saincte Vierge Marie, représentées ès sept stations dressées en l'église collégiale de S. Pierre à Lille*. Lille, Pierre de Rache, 1639. L'ouvrage est orné d'une belle gravure.

CHAPITRE VII.

MIRACLES DU XVIe SIÈCLE. — WALLERAND DE CRUDENARE.

Depuis l'an 1254, il est souvent fait allusion aux miracles opérés par l'intercession de Notre-Dame de la Treille. Il n'est presque pas de document relatif à cette dévotion qui ne les mentionne en termes généraux, mais personne ne les avait recueillis dans une relation détaillée. Wallerand de Crudenare, chantre et chanoine de Saint-Pierre, fut le premier qui prit ce soin pieux. Il était administrateur de la confrérie à une époque précisément où la Madone lilloise fit éclater sa puissance par des faits nombreux. Cette série coïncide, de 1519 à 1527, avec les premières années qui suivirent l'avènement de Charles-Quint à la couronne impériale. On ne manqua pas d'en tirer des présages heureux pour le nouveau règne.

Le mémoire du chantre de Saint-Pierre n'a mentionné que des faits constatés par l'auteur lui-même et par d'autres témoins autorisés. En 1617, alors qu'il s'agissait de livrer ce document à l'impression, Maximilien de Gand, évêque de Tournai, le revêtit de son approbation spéciale [1]. Le texte semble aujourd'hui perdu, mais Turbelin, Martin L'hermite et Vincart nous en ont transmis le contenu, ce dernier surtout d'une façon très

---

1. L'ordonnance dans Turbelin, p. 109. Elle est datée du 8 mai 1617, et contresignée par N. Catulle, secrétaire.

complète, dans ses deux éditions, latine et française. C'est son récit que nous allons suivre.

La Vierge à la Treille est, nous dit-il, particulièrement redoutable aux démons. Beaucoup d'âmes possédées et torturées par l'esprit malin ont trouvé leur délivrance dans son béni sanctuaire.

Les faits rapportés, il est permis de le croire, ne présentent pas tous le caractère d'une possession démoniaque. On attribuait jadis à cette cause certaines maladies qui relèvent exclusivement de la médecine. Même pour les cas de ce genre, la guérison instantanée, la disparition complète de symptômes affectant l'organisme et ses fonctions essentielles, ne rentrent pas dans l'action ordinaire des causes secondes. Le surnaturel peut y être constaté par des signes indubitables, bien qu'il faille se tenir en garde contre des conclusions trop hâtives. L'Eglise, dans ses jugements, observe avec soin cette règle de prudence.

S'il est des cas de possession qui restent ambigus, il en est d'autres qui sont nettement caractérisés. L'Evangile, l'histoire, les observations et les témoignages soigneusement recueillis, les dépositions juridiques, en fournissent de nombreux exemples. La négation *a priori*, pour des causes arbitraires et purement subjectives, est autant et plus répréhensible que l'excessive crédulité. C'est le renversement de l'histoire et de la science.

Sous le bénéfice de ces remarques, nous allons parcourir rapidement les faits relatés par les historiens de Notre-Dame de la Treille.

Le premier concerne Barbe Waymel, femme de Jacques Leroy, maçon au faubourg de la Madeleine. Longtemps maltraitée par l'esprit infernal, elle fut délivrée de cet hôte malencontreux, à la suite d'une neuvaine accomplie devant l'autel de Notre-Dame, en la collégiale de Saint-Pierre.

Ceci se passait au commencement de l'année 1519. De janvier à décembre, il y eut vingt-neuf guérisons semblables. On vit paraître à la grande procession, un cierge à la main, devant la Bonne-Fierte, les personnes qui en avaient bénéficié. Ces heureux clients de Notre-Dame de la Treille habitaient pour la plupart Lille et ses environs : certains étaient venus de Douai, d'Orchies, de Béthune, de Saint-Omer, de Bruges, de Corbie, et d'autres localités de la Flandre et de l'Artois [1].

Ces faits merveilleux se renouvelèrent les années suivantes. On cite l'histoire de Jacqueline Dubois, paroissienne de Saint-Sauveur : réduite à un état de lamentable infirmité que l'on attribuait à la présence de l'esprit malin, elle fut guérie devant la sainte image et put retourner chez elle sans le secours de ses béquilles.

Catherine Devos, fille d'un bourgeois de Lille, était religieuse à Maubeuge, chez les sœurs de saint Augustin qu'on nomme les sœurs-noires. Torturée depuis dix-huit ans par le mal mystérieux, elle eut la pensée, suggérée par son père, de venir demander à Notre-Dame de la Treille un soulagement que jusqu'alors elle avait vainement espéré. Dès qu'elle se trouva en vue des clochers de la ville, et que la silhouette imposante de la collégiale apparut dans le lointain, un tremblement convulsif s'empara de sa personne, des cris et des

---

[1]. Etaient de Lille : Barbe Waymel, Isabeau Fresang, Marquette Fontaine, Isabeau Behaghel, Jeanne d'Etaires, Isabeau Delevallée, Catherine Bréhade, Jeanne Bernard, François de Froment, Jeanne Darras, Berghe Ruffaut. De Douai : Pierre Dupire, Marc de Plommier, Marie Valenne, Pasquette Philippe, Antoinette Lefebvre. Des environs de Lille étaient venus : Jeanne Roussel (Gondecourt), Josse Nombroit (Roncq), Pasquette Flamen (Quesnoy-sur-Deûle), Jacqueline Delécluse (Roubaix), Gillette Honoré (Tourcoing), Isabeau Deledeule (Armentières), Isabeau Tibreman (Wazemmes). Et de plus loin : Colette Longuille (Corbie), Jeanne Legrand (Béthune), Pasquette Donnée (Ourton, près Béthune), François Gilbilliart (Beuvry), Willelmine Louvet (Fresnoy), Marie Delemotte (Sailly), Sainte Lepape (Saint-Omer), Colette Jonville (Bellaing, près Valenciennes). Plusieurs religieuses vinrent aussi trouver leur guérison près de Notre-Dame de la Treille : Sœur Guiote Dumont, de l'hôpital de Théomolin, près Orchies ; sœur Marguerite de Vasquel, et sœur Barbe Vandestrate, l'une et l'autre du couvent de Sarepta, près Bruges.

hurlements présagèrent ce qui allait arriver, la fuite du bourreau infernal en présence de l'image miraculeuse.

Vincart rapporte que, prêchant la station à Saint-Pierre, en 1635 et 1636, il avait coutume d'assister chaque lundi à la messe chantée dans la chapelle de Notre-Dame. Un jour il mit sur une possédée, sans qu'elle pût s'en apercevoir, un fragment minuscule de la sainte image. Aussitôt, elle s'écria : « Qu'on m'ôte la pierre de moulin que j'ai sur l'épaule. Je ne puis la supporter ». Une autre fois, une malade reçut du même religieux un anneau, passé préalablement au doigt de la statue de Notre-Dame de la Treille. D'un coup violent, le démon aplatit cet anneau dans la chair de la patiente. Il fallut l'intervention d'un homme de métier pour le rétablir en sa forme et le dégager. Ceci se passait devant le doyen de Saint-Pierre, Philippe de Sion, le chapelain Jean Huart et d'autres personnes.

Des hernies, qui semblaient incurables, disparurent tout-à-coup, une fois même au moment où les chirurgiens avaient leurs instruments tout préparés pour une douloureuse opération [1].

Un enfant fut ramené des portes du tombeau, quand déjà il se trouvait en agonie [2]. Un autre, mort avant de paraître au jour, fut placé sur l'autel de Notre-Dame pendant qu'on y célébrait la messe : sa pauvre mère, qui se désolait de le voir mort sans baptême, eut la consolation d'obtenir qu'il revînt à la vie assez de temps pour jouir de cette grâce [3].

---

1. Michelle Prévost, affligée depuis vingt ans d'une double hernie. Le jeune enfant de Catherine Mortaigne et Pierre Ledrut. Un autre dont la mère, pour obtenir la guérison d'un cas désespéré, fit vœu de suivre, pieds-nus, la Bonne-Fierte dans tout le parcours de la procession. En rentrant au logis, elle constata joyeusement que son enfant était guéri, et elle remplit sa promesse.

2. Le fils d'Elie Desplanques.

3. Cette mère se nommait Jeanne Duforest. L'enfant vécut encore deux heures après son baptême. « Il eut le bonheur de laisser son petit corps en la chapelle de Nostre-Dame de la Treille, où il fut inhumé, tandis que son âme fut emportée au Ciel par les Anges. » (Vincart, ch. XIII.)

Une femme, frappée de cécité, eut l'inspiration de se faire conduire à Notre-Dame de la Treille. Pendant qu'elle y entendait la messe, au moment de l'élévation, il lui sembla voir un nuage se dégager de ses yeux, et subitement elle recouvra l'usage de la vue [1]. Une autre, à qui des tumeurs avaient rendu la marche extrêmement difficile, se traîna comme elle put jusqu'à Saint-Pierre, en s'aidant de ses béquilles. A peine eut-elle achevé sa prière devant la sainte image, qu'elle put, sans soutien et toute alerte, regagner sa maison [2].

Le chanoine Gérard du Château, privé de la parole par suite d'apoplexie, avait épuisé en vain les ressources de la médecine. Le trésorier du chapitre, Gilles au Patin, lui conseilla d'abandonner l'emploi des remèdes, pour recourir à la douce Reine qui, de son treillis, répand sur tous les effets de sa miséricordieuse bonté. Le bon chanoine se laissa aisément persuader. Il fit brûler un cierge de deux livres sur l'autel de Notre-Dame, pendant qu'on y célébrait la messe à son intention. A peine le saint sacrifice était-il achevé, que sa langue se délia : le premier usage qu'il fit de la parole fut de célébrer les louanges de sa bienfaitrice.

La peste au XVIe siècle faisait encore de fréquents ravages dans nos contrées. La relation que nous résumons cite plusieurs cas de guérison, notamment dans la paroisse de Saint-Sauveur, où l'étroitesse des rues et les mauvaises conditions du logement rendaient le fléau plus contagieux. Des cas bien déclarés disparurent comme par enchantement, en 1519, devant les prières dites et les messes célébrées à l'autel de Notre-Dame de la Treille [3].

---

1. Barbe Carpentier, femme d'Antoine Pollet, « cousturier ».

2 Agnès Pollet, de la paroisse de Saint-Sauveur.

3. Catherine Monnier, et son époux Jean Lestoquier ; Robert Bloucq, Hugues Caulier. Une femme, fille de Gillette Wurone ; un de ses quatre enfants fut guéri et les autres préservés du péril de contagion que l'étroitesse du logement rendait trop certain.

La guérison qui fit le plus de bruit fut celle du chanoine Hugues de la Cambre. Dès qu'il se vit touché par le terrible fléau, abandonné de ses domestiques et resté seul avec une garde, il invoqua pieusement la Mère de miséricorde. Recueillant toutes ses forces dans un suprême effort, il se lève, se traîne, appuyé sur des béquilles, et parvient jusqu'au sanctuaire où s'accomplissent tant de merveilles. A sa vue, on s'écarte, on le blâme de sa témérité, mais lui ne perd rien de sa confiance, qu'il affirme hautement. Il prie avec ferveur devant la Madone, et sur-le-champ les bubons s'évanouissent, les forces reviennent : celui qui n'était tout à l'heure qu'un cadavre ambulant, rentre chez lui sain et dispos.

Nos historiens racontent un fait d'un genre différent, qui remonte à une date quelque peu antérieure. Vers la fin du XVe siècle, Jean Noblet, qui mourut chanoine de Lille en 1504, fit partie de la chapelle pontificale en qualité de chantre-chapelain, sous Sixte IV (1471-1484), et Innocent VIII (1484-1492). Pendant qu'il revenait de Rome à travers les Alpes, par la route du Grand-Saint-Bernard, il tomba dans un précipice avec son cheval. A cette vue, ses compagnons poussent des cris d'épouvante : ils croyaient bien ne relever qu'un cadavre. En ce pressant danger, le chanoine invoqua Notre-Dame de la Treille et, comme si une main secourable l'eût transporté mollement par-dessus les saillies de la roche, il se retrouva sain et sauf au fond de l'abîme. Sa monture elle-même ne fut point blessée. On devine quels accents de louanges partirent de son cœur reconnaissant.

Le narrateur des miracles de Notre-Dame de la Treille, Wallerand de Crudenare, fut lui-même l'objet d'une protection visible dans une circonstance des plus critiques. Un jour, ce chanoine se rendait à Arras pour affaires. Arrivé près de Lens, il aperçut des hommes en armes qui semblaient le guetter pour lui faire un mauvais parti. Sa première pensée fut de rebrousser chemin, mais il se dit que ce serait manquer de confiance en la Vierge dont la Treille est comme une barrière protectrice pour ses dévots serviteurs. Il se remit donc entre les mains de cette puissante Reine et continua sa marche. Le soir était venu quand il atteignit les faubourgs d'Arras. Crudenare s'arrêta pour loger dans une auberge. A peine était-il installé, qu'une grande rumeur se fait entendre. Les bandits heurtent violemment la porte, ils se montrent aux fenêtres, passent leurs dagues à travers les barreaux : l'un d'eux décharge son arquebuse dans la direction du chanoine. La balle frisa sa chevelure et alla se fixer dans la muraille. Les malandrins se retirèrent sans pousser plus loin leur attaque. Wallerand put rentrer à Lille, pour y proclamer une fois de plus les louanges et la grandeur de sa bienfaitrice, l'auguste patronne de la cité.

CHAPITRE VIII.

Après les troubles. — Nouvelles faveurs pontificales.

Les troubles religieux qui, pendant la seconde moitié du XVIe siècle, bouleversèrent si profondément les Pays-Bas, n'eurent point pour effet de faire pénétrer à Lille les idées nouvelles, ni d'ébranler la dévotion des habitants envers leur céleste Reine.

Les gueux furent maîtres de Bruxelles, Gand, Bruges, Courtrai, Tournai, Valenciennes. A diverses reprises, ils s'approchèrent de la cité lilloise, portèrent le ravage et l'incendie jusque sous ses remparts, essayèrent plus d'un coup de main pour y pénétrer, recoururent même à la trahison, mais virent constamment déjoués leurs plans et leurs efforts. La sage vigilance du magistrat, l'énergie et la vaillance du gouverneur, le baron de Rassenghien, furent pour beaucoup dans ce résultat. Le peuple voulut y voir la miséricordieuse intervention de Notre-Dame de la Treille[1].

Après cette bourrasque, le règne des archiducs Albert et Isabelle ouvrit une ère de réparation. La grande confrérie lilloise ne resta point en arrière de ce mouve-

---

1. « Les armes de l'hérésie ont toujours menacé la ville de près, sans y pouvoir ampiéter ni jetter un dard, à cause que la Vierge est son rempart et son escusson. Elle a mesme borné les courses de l'impiété par le circuit d'une procession ancienne, qui se faisoit hors des murailles, et a servy de retranchement aux faubourgs contre les furies d'enfer. » (Martin L'hermite, *Histoire des Saints de la province de Lille, Douai, Orchies*, p. 508.)

ment] de renaissance religieuse. Au lieu d'un seul chanoine administrateur, on résolut d'en nommer quatre, en leur adjoignant deux laïques choisis parmi les membres les plus distingués de la bourgeoisie. Les élus furent, au sein du chapitre, le doyen Guillaume Gifford, devenu par la suite archevêque de Reims, le chantre Jacques Manare, les chanoines Philippe Froidure et Jean Dilénus. Parmi les bourgeois, Pierre de Croix, seigneur du Bus, et Jean de Warenghien, trésorier des finances, obtinrent cet honneur envié.

Afin de donner une plus grande solennité à la messe chantée le lundi dans le sanctuaire de Notre-Dame de la Treille, le chapitre décida que le célébrant, le diacre et le sous-diacre seraient désormais des chanoines.

On sollicita de Clément VIII quelques nouvelles faveurs. Le pape se montra généreux : il octroya des indulgences à la fois plus nombreuses et plus importantes que toutes celles obtenues jusqu'alors. Voici le texte de son bref :

Clément VIII, pape, pour mémoire perpétuelle.

Ayant su que dans l'église collégiale de Saint-Pierre à Lille, diocèse de Tournai, il existe une confrérie de fidèles de l'un et de l'autre sexe, canoniquement établie sous l'invocation de Notre-Dame de la Treille, et s'occupant de diverses œuvres de piété et de charité ; afin que cette confrérie prenne de jour en jour de nouveaux accroissements, appuyé sur la miséricorde de Dieu et sur l'autorité des saints apôtres Pierre et Paul, nous accordons à tous ceux et celles qui entreront dans l'association une indulgence plénière au jour de leur réception, pourvu que vraiment contrits et confessés ils aient reçu le très saint sacrement de l'Eucharistie. De même, tant à eux qu'aux autres confrères qui seront inscrits dans la suite, ou qui l'ont été déjà, une indulgence plénière à l'article de la mort, pourvu que, munis des sacrements comme ci-dessus, ou tout au moins contrits s'ils ne peuvent se confesser et communier, ils invoquent dévotement de bouche, si c'est possible, ou autrement de cœur le nom de Jésus.

A tous les fidèles des deux sexes qui, vraiment contrits, confessés et munis de la sainte communion, visiteront dévotement l'église ou chapelle de la confrérie le dimanche dans l'octave du Très-Saint-Sacrement, depuis les premières vêpres jusqu'au coucher du soleil, ou qui suivront du moins en partie la procession que font alors les confrères, en priant avec ferveur pour la concorde entre les princes chrétiens, l'extirpation des hérésies et l'exaltation de notre mère la sainte Église, Nous accordons : s'ils sont membres de la confrérie, une indulgence plénière de tous leurs péchés; s'ils ne le sont point, dix ans et autant de quarantaines sur les pénitences imposées ou autrement dues, en la forme ordinaire de l'Église.

Pareillement, à tous les confrères contrits, confessés et munis de la sainte communion, qui visiteront pieusement ladite église ou chapelle de la confrérie, aux fêtes de l'Annonciation, de l'Assomption, de la Nativité et de la Purification de la bienheureuse Vierge Marie, et prieront comme ci-dessus, pour chacun de ces jours, dix ans et autant de quarantaines.

Chaque fois que les confrères, au moins contrits, assisteront aux messes et offices célébrés dans ladite église ou chapelle; quand ils assisteront aux assemblées publiques et particulières de la confrérie, en quelque lieu qu'elles se tiennent; quand ils exerceront l'hospitalité envers les pauvres, quand ils rétabliront la paix entre ennemis ou travailleront à la rétablir; quand ils accompagneront à leur sépulture les corps des défunts, confrères et autres, ou suivront les processions de la confrérie faites avec licence de l'ordinaire, en escortant le saint sacrement de l'Eucharistie porté processionnellement aux malades et autres, ou transporté pour n'importe quel motif (en cas d'empêchement, même faveur si l'on récite au son de la cloche ou autre signal une fois l'oraison dominicale et la salutation angélique pour les défunts de la confrérie); quand ils ramèneront les égarés dans la bonne voie, instruiront les ignorants de ce qui est nécessaire au salut, ou enfin quand ils exerceront une œuvre quelconque de piété et de charité, nous accordons chaque fois, pour l'une quelconque des choses susdites, la rémission de soixante jours de pénitences imposées, ou autrement dues, en la forme accoutumée de l'Église.

Les présentes devant valoir, pour les confrères à perpétuité, pour les autres pendant dix années. Nous voulons en outre que si déjà pour les œuvres énumérées ci-dessus, nous avons accordé une indulgence perpétuelle, ou pour un laps de temps non encore écoulé, les présentes soient nulles.

Donné à Rome, auprès de Saint-Marc, sous l'anneau du pêcheur, le 27 septembre mil six cent deux, en la onzième année de notre pontificat.

A la suite de ces faveurs signalées, il y eut un tel concours d'aspirants pour la confrérie qu'on suffisait à peine à les inscrire. Vincart dit qu'en peu de mois il y eut seize cent quatre-vingts noms nouveaux portés sur les registres.

Peu après, Paul V accorde cinquante jours d'indulgence à ceux qui, dans la ville de Lille, au signal que donnent les cloches le matin, à midi et le soir, réciteront quelque prière. Cette dévotion était déjà ancienne chez nous. Quant à la formule de prière maintenant usitée, l'*Angelus*, elle se rencontre pour la première fois dans le petit office de la sainte Vierge révisé et publié par ordre de saint Pie V. L'usage n'en était pas encore généralisé à l'époque où nous sommes, en 1616; l'indulgence est attribuée à la récitation d'une prière quelconque. Le même pontife accorde cent jours à ceux qui, au signal de la cloche que l'on donnera le soir, prieront pour les fidèles trépassés[1].

---

1. « Pour augmenter la dévotion des fidels catholiques, nostre saint père le pape Paul V octroye a tous ceulx et celles qui feront quelque prière au matin, à midi et au soir, quand on sonnera la cloche des pardons en quelque église que ce soit de la ville de Lille, à chaque fois cinquante jours d'indulgence. Et monseigneur le Révérendissime de Tournay quarante jours aussi à chaque fois.

» Item, le dict Saint Père, à ceux qui feront quelque prière pour les fidels treppassez, au son de la cloche qu'on donnera au soir à cest effect par les mesmes églises, octroye cent jours d'indulgences ; et le dict monseigneur le Révérendissime quarante jours. La quelle dévotion commencera et désormais continuera depuis ce dimanche après l'Ascension de Nostre Seigneur de l'an 1616. »
(Orig. sur papier. Note pour une publication faite en l'église de Saint-Pierre, et sans doute aussi dans les autres églises de Lille.)

A Saint-Pierre, la sonnerie pour les trépassés était fondée depuis près d'un siècle.

Le 17 mars 1521-1522, le chapitre de Saint-Pierre accepte une fondation de « Monsieur maistre Jehan Baillet, prebstre, chanonne, » lequel « meu de dévotion et désirant faire euvre agréable à Dieu le créateur, il avoit promis fonder perpétuellement et à tousjours de faire sonner par le clocqueman de nostre dicte église par chascun jour, incontinent après le *Salve* chanté en ycelle église et durant le *De profundis* qui se dit par les enfans de cuer après ledit *Salve*, l'une des cloches de nostre dicte église par neuf cops que vulgairement on appelle pardon, afin que ceulx qui sont présens et assistent audit *Salve* et aultres oyans ledit pardon sonner, ayent mémoire de pryer Dieu pour les trespassés. » Le clocqueman aura pour son salaire ordinaire vingt-cinq gros, et le trésorier pour livrer les cordes cinq gros. La rente est assignée sur une maison sise rue d'Angleterre. (Orig.)

A la demande de notre chapitre, Paul V attacha des faveurs particulières aux médailles bénites de Notre-Dame de la Treille. L'une de ces grâces est bien extraordinaire et bien rare. Tout porteur de l'une de ces médailles, après s'être confessé et avoir communié, ou célébré s'il est prêtre, peut gagner une indulgence plénière en récitant une fois l'oraison dominicale et la salutation angélique aux intentions du Souverain Pontife. L'examen de conscience, certaines pratiques de piété et de dévotion, sont récompensées par des remises considérables de la peine due au péché [1].

Le parcours ancien de la grande procession de Notre-Dame de la Treille était fort étendu. On ne rentrait à Saint-Pierre que vers les trois heures de l'après-midi. En 1603, le chapitre, d'accord avec le magistrat, résolut

---

1. Sommaire sur papier, fonds de Saint-Pierre.
La plus ancienne mention de médailles se trouve dans les comptes de la confrérie rendus par le chanoine Denis Potteau pour une période de neuf ans, depuis la S. Jean 1656 jusqu'à la même fête en 1664. (N° 192, Eustache de Froidmont, trésorier, Albert Imbert, écuyer, seigneur de Fromez, Séraphin du Chambge, chevalier, seigneur de Liessart, étant maîtres de la confrérie.) On paya 13 livres 4 sols à Jacques Ricart pour deux douzaines de médailles d'argent, « une douzaine estampé, et une douzaine jetté en mol ». Antoine Baillet reçut trois livres « pour avoir fait des modèles et patrons » des médailles de Notre-Dame. Allard Le Riche obtint 39 livres pour « la façon des nouvelles fourmes pour faire des médailles ».

Dans le compte suivant pour trois années, 1664-1666 (portefeuille 26), nous voyons qu'il fut payé 264 livres 4 sols à Étienne Bernard pour 200 médailles d'argent à 13 patars, et 24 médailles de cuivre à 7 liards. Simon Gérard, orfèvre, et Jacques Ricart reçurent l'un 22 livres, l'autre 33 livres 12 sols, encore pour un objet semblable.

On vendait au buffet de la confrérie des images, des livrets, des banderoles. Celles-ci étaient confectionnées par les Sœurs Grises, à raison de 18 livres le mille. Guillaume Morel reçut 70 livres 10 sols pour mille « banderolles grandes » à 36 patars le cent, 500 petites à 18 patars le cent, et pour avoir « illuminé » 300 grandes banderoles, à raison de 25 patars le cent (1656-1664). Il reçut encore, pendant la période 1664-1666, 305 livres 10 sols, pour livraison de banderoles « illuminées » et autres.

Antoine Baillet obtint 4 livres 10 sols « pour avoir fait le dessein de l'image Nostre-Dame de la Treille, pour faire des images ». M. Tesson reçut, à titre de remerciement, quatre lots de vin « à raison d'un plange (sic) d'image de Nostre-Dame de la Treille, qu'il a fait et donné gratis » (1656-1664).

Ce même compte se termine par une mention qui n'est pas ordinaire : « Au receveur, pour avoir exercé l'espace de nœuf ans la dicte recepte et escript l'un des comptes, in honorem B. Mariæ Virginis, *gratis* ».

de modifier l'itinéraire. La procession continua de franchir les portes, mais elle se tenait plus rapprochée des murs, et pouvait se terminer vers midi [1]. Après l'agrandissement de 1670, qui recula l'enceinte vers le nord et engloba le faubourg de Saint-Pierre, le pieux cortège ne sortit plus de la ville.

L'affluence du peuple et des étrangers restait toujours considérable. Il n'était point de bourgeois qui ne tînt à faire par dévotion le tour extérieur pendant l'octave, quand il n'avait pu suivre la procession elle-même [2]. Beaucoup voulaient s'approcher des sacrements et mettre ordre à leur conscience. Afin de leur offrir les facilités désirables, le chapitre obtint du nonce de Bruxelles le pouvoir de députer autant de confesseurs

---

1. Turbelin (p. 82) atteste que, de son temps, par suite de cette réforme, la procession rentrait « avant les douze heures du midy, à la grande consolation, dit-il, des confrères et autres personnes, qui sont soulagez par le racourchissement du chemin et du jeusne, joint qu'il ne se voit tel désordre parmi les bourgeois, mais plustost davantage de dévotion, estant le nombre des confrères et de ceux qui font le tour grandement augmenté. »
Les choses ne continuèrent point ainsi. Nous verrons qu'en 1769 il fallut de nouveau prendre des mesures pour que la procession fût rentrée à une heure au plus tard.

2. Un témoin oculaire, membre du clergé de la collégiale, écrivait en 1632 : « Durant les octaves de la Procession, se void en l'église de S. Pierre un peuple lequel est presque impossible d'estre nombré, pour la grande affluence et multitude, tant d'hommes que de femmes, y venans soir et matin. Et pour le soir, estant d'ordinaire la saison au milieu des beaux jours d'esté, l'on void le peuple de Lille, tout en corps de famille, après le repas y venir et rendre ses dévotions au-devant des Reliques sacrées, y allumant des cierges, et faisant ses offrandes, tellement qu'aucunes fois il semble que la nef de l'église soit remplie de peuple faisant ses prières, et continue ceste dévotion jusques sur les unze heures de la nuict. Et le matin à l'aube du jour, l'on en void d'autres qui viennent encommencer leur tour, faisans premièrement le sacré laict de la Vierge Mère, et sont en si grand nombre, que pour un jour de l'octave on a observé que ceux qui avoient faict le tour et circuit de la ville, surpassoient le nombre de cinq mille, et que depuis l'église de S. Pierre jusques à la porte, et depuis la porte jusques au retour, ne se pouvoit jetter pierre sans qu'elle ait tombé sur quelqu'un de ceux qui marchoient en dévotion, ce qui donna beaucoup d'édification à quelques estrangers, lesquels admirans telle dévotion, louoient grandement le peuple de Lille de l'affection qu'il portoit à la bonne Dame, et de la piété qu'il montroit en chemin. Et ceste dévotion est si particulière à ce peuple de faire une fois au moins le tour de la ville, durant l'octave de la Procession, que plusieurs tiendroient avoir faict faute de bon bourgeois d'y manquer. » (Turbelin, p. 90-92.)

qu'il le jugerait utile : une commission, composée du doyen, du théologal et de deux ou trois docteurs ou licenciés, avait charge de procéder à l'examen. Les pouvoirs étaient ensuite conférés par le prévôt ou par le chapitre [1].

---

1. Orig., fonds de Saint-Pierre, carton 26. Le décret du nonce Octave Mirto Frangipani, évêque de Tricarico, est daté de Bruxelles, 26 mai 1603. Il est complété par un autre décret du 2 juin.

CHAPITRE IX.

CONSÉCRATION DE LILLE A NOTRE-DAME DE LA TREILLE. DONATIONS, EX-VOTO.

En 1630, le bureau de la confrérie fut renouvelé. On choisit comme administrateurs, parmi les membres du chapitre : Philippe de Sion, doyen, Robert Imbert, chantre, Bertrand Verviano, trésorier, et Philippe Willems, chanoine. Ce dernier fut établi trésorier de la chapelle. L'élément laïque était représenté par François Grenu et Gilles Cardon, deux marchands des plus notables et des plus vertueux.

De grands travaux furent alors entrepris. On érigea dans la chapelle de Notre-Dame de la Treille un autel à sainte Anne, mère de la sainte Vierge. Cet autel fut consacré le 8 août 1633, par l'évêque de Tournai, Maximilien de Gand.

Une sacristie spéciale fut construite pour le sanctuaire de la Vierge. Le développement du culte et la multiplication des offices nécessitaient cette adjonction.

L'ornementation des murs et de la voûte fut renouvelée. On couronna celle-ci par une lanterne ornée de vitraux coloriés. « La chapelle, dit un auteur contemporain [1], est gentiment couronnée au milieu d'une tourelle de verrière par où les rayons du soleil coulent

---

1. Martin L'hermite, *Histoire des Saints*, etc., p. 510.

doucement. Le haut de l'autel à l'entour de l'image vient à estre orné de couleurs et estoillé d'or, comme un petit firmament de dévotion. De tout côté pendent les tableaux votifs, les cierges, les anneaux, les chaînes d'or et d'argent. »

Cette transformation intérieure amenait la nécessité de refaire aussi les peintures polychrômes de l'autel, du retable, des statues et de leurs clochetons ; sur tout cela, les siècles avaient déposé leur empreinte.

Une pieuse demoiselle, Jeanne Ricart, ambitionna l'honneur, ou plutôt le mérite de cette restauration. Elle sollicita du chapitre l'autorisation d'en faire la dépense. Et cependant, messieurs de Saint-Pierre hésitaient : le respect de l'antiquité d'une part, de l'autre la vénération pour la sainte image, que l'on n'osait toucher et déplacer, les tenaient en suspens.

Enfin, la décision fut prise. Les ouvriers se mirent à l'œuvre. On descendit les statues une à une. L'opération se fit sans accident, sauf dans sa partie la plus délicate : un pied de la statue miraculeuse fut endommagé ; le soulier d'argent qui le recouvrait se détacha.

Tout involontaire qu'elle fût, cette sorte de profanation affecta d'une manière pénible la piété des enfants de la Vierge. Aussi, comme réparation, le chapitre résolut de préparer un triomphe à l'auguste Reine, avant de la replacer sur son trône rajeuni. Le jour de la Pentecôte (1634), après vêpres, une procession solennelle fut organisée. Le magistrat y assistait en robes, ainsi que les corps de métiers et les ordres religieux. Tout le parcours était orné de riches tentures, de feuillage et de fleurs. La sainte image s'avança, portée par quatre chanoines, toute couverte d'or et de pierreries. Jamais les rues de la cité n'avaient vu se déployer une pareille pompe. En face de la maison de ville se dressait un reposoir, où se fit la première station : de là on apercevait une multitude telle, dit le narrateur contemporain, que l'on eût cru voir la vallée de Josaphat au jour du jugement. Un second reposoir, plus riche encore que le premier, se trouvait dans la rue Esquermoise, devant le palais de la Chambre des comptes. La cérémonie se termina au sein de l'allégresse et des transports de tout le peuple.

Depuis le XIIIe siècle, Notre-Dame de la Treille était vénérée comme la reine et la patronne de Lille. Ce qui était gravé dans le cœur de tous, proclamé par des actes incessants de dévotion, reconnu par des manifestations grandioses, on pensa qu'il serait bon de le déclarer d'une manière officielle. Le magistrat, représentant la cité, devait la vouer à la Vierge dans un acte solennel et public. Quelques chanoines eurent cette pensée, à l'occasion de la marche triomphale de 1634. Ils communiquèrent leurs vues : elles furent agréées par le chapitre, et l'on chargea le P. Vincart de sonder les dispositions des échevins. Ce religieux était un enfant de Lille. Dès son enfance, il eut la plus tendre dévotion pour Notre-Dame de la Treille : depuis, chargé de prêcher des stations à Saint-Pierre, il contribua plus que tout autre à entretenir et à développer ce sentiment dans le cœur des Lillois. Il y travailla encore en publiant un livre, le plus important de ceux qui ont été consacrés à raconter son histoire [1] : enfin, il employa son talent à célébrer les louanges de la Madone lilloise, en des vers qui peuvent soutenir la comparaison avec ce que la muse latine a produit de meilleur et de plus parfait chez les modernes [2].

---

1. *Jo. Vincartii Insulani e Soc. Jesu B. Virgo Cancellata, in insigni ecclesia collegiata D. Petri Insulæ culta et miraculis celebris.* Lille. Derache, 1636. Une réimpression a été faite chez Lefort en 1859. Le P. Vincart a publié une édition française remaniée et augmentée : *Histoire de Notre-Dame de la Treille, patrone de la ville de Lille.* Tournay, A. Quinqué, 1671. Réimprimé à Lille, Leleu, 1874.

2. Seize élégies en l'honneur de Notre-Dame de la Treille sont jointes à l'histoire latine, sous ce titre : *De Deiparæ Cancellatæ laudibus et cultu elegiacon.* En outre, Vincart a publié : *De Cultu Deiparæ libri tres, carmine*

On ne pouvait choisir un avocat plus influent et plus convaincu. Il faut dire aussi que la cause, facile à plaider, était en quelque sorte gagnée d'avance. A peine le corps de ville, réuni dans la salle du conclave, eut-il entendu l'exposé de la proposition, que les avis se prononcèrent favorablement : Jean Levasseur[1], qui présidait la délibération en qualité de maïeur, donna la réponse espérée.

Le jour choisi pour cette consécration fut la fête de saint Simon et saint Jude, 28 octobre 1634. La veille au soir, le son des cloches annonça la solennité. Dès huit heures du matin, le cortège se mit en marche pour se rendre à Saint-Pierre. En tête s'avançait une troupe de jeunes gens, portant de riches écussons sur lesquels étaient peints les titres donnés à la sainte Vierge dans les litanies. Le magistrat suivait en robes. Un héraut d'armes tenait le *Labarum* exécuté pour la circonstance. La Vierge à la Treille y était représentée dans les nues : au-dessous, le panorama de Lille avec cette inscription :

DICET HABITATOR INSULÆ HUJUS : HÆC EST SPES NOSTRA [2].

Sur l'autre face de la bannière, on voyait deux anges, dont l'un tenait les armoiries de Lille, un lis d'argent sur champ de gueules; l'autre, un livre ouvert où on lisait :

IN LIBRO TUO OMNES SCRIBENTUR [3].

---

elegiaco. (Lille, Nicolas de Rache, 1648.) Un autre recueil qui eut du succès, est celui qu'il fit imprimer en 1639, à l'occasion du centenaire de la compagnie de Jésus : *R. P. Joannis Vincartii, Gallobelgæ Insulani, e Societate Jesu, Sacrarum heroidum epistolæ*. Nous avons sous les yeux la sixième édition, imprimée à Munich en 1723. Il y en a une autre de Mayence, 1737. C'est cet ouvrage qui inspira l'anagramme :

JOANNES VINCARTIUS, — NASONI ARTE VICINUS.

1. La pierre tumulaire de Jean Levasseur, mort en odeur de sainteté, le 19 avril 1644, se trouve aujourd'hui dans la crypte de Notre-Dame de la Treille. On a publié chez Lefort, à Lille, en 1854, des *Mémoires* sur sa vie, par D. Michel Cuvelier, religieux de la Chartreuse de la Boutillerie, qu'il avait fondée, et où il fut inhumé.

2. « L'habitant de cette Ile dira : Celle-ci est notre espérance. » *Is.*, xx, 6.

3. « Tous seront inscrits dans votre livre. »

C'était le registre de la confrérie, où les magistrats se firent porter tous ensemble, suivant leur rang.

Au bas était ce chronogramme :

B. VIrgInI CanCeLLatæ
senatVs popVLVsqVe InsVLaM
ConseCrabant [1].

A la messe, célébrée dans la chapelle de Notre-Dame de la Treille, le doyen Philippe de Sion officiait, avec l'assistance du chapitre. Quand fut venu le moment de l'offrande, les magistrats municipaux allèrent présenter le *Labarum*. Les clefs de la ville étaient déposées sur l'autel, pour reconnaître la royauté de Marie. Un immense lis d'argent, en forme de candélabre, portait plus de deux cents cierges, autant qu'il y avait de rues et de places dans la ville.

Le soir, il y eut sermon ; la fête se termina par le chant solennel des litanies. Le lis d'argent figurait encore avec ses flammes symboliques. En avant de la grande nef, sur le jubé, une brillante illumination faisait ressortir ces mots tracés en lettres immenses :

INSULA CIVITAS VIRGINIS [2].

A cette période se rattachent plusieurs donations et fondations.

Une dévote de Notre-Dame, Marguerite de Méteren, trouva que dans son parcours extérieur, une fois sortie des remparts, la procession n'avait plus la solennité désirable. Pour combler cette lacune, elle donna une rente sur la maison du Veau d'or, située rue Esquermoise, afin que le cortège fût accompagné de huit musiciens qui, dans les faubourgs et aux portes de la ville, chanteraient des psaumes, des hymnes et des

---

1. « A Notre-Dame de la Treille, le Sénat et le Peuple ont consacré Lille. »
2. « Lille, cité de la Vierge. »

cantiques, avec collectes appropriées. En outre, deux clercs portant des torches devaient suivre la sainte fierte depuis sa sortie de la collégiale jusqu'à la fin de la procession.

Plusieurs ecclésiastiques s'unirent en 1628 pour établir la solennité de la Reposition des saintes reliques, le lundi après l'octave de la procession. L'office avait lieu comme au jour même de la fête, avec premières vêpres, matines, messe et secondes vêpres. Une bulle d'Urbain VIII accorda pour ce jour des indulgences particulières [1].

Le chantre Jacques Manare donna en 1627 un capital pour la fondation d'une messe, dite de *Missus*, qui serait chantée en musique chaque mercredi, après matines, dans la chapelle de Notre-Dame de la Treille, *ad instar missæ de Domina in sabbato*. Cette clause signifie que la solennité devait se régler sur celle de la messe de la sainte Vierge, célébrée le samedi au grand chœur. La nouvelle fondation est appelée de *Missus*, parce qu'elle est comme une continuation, un renouvellement hebdomadaire du rit usité dans nos églises et conservé de nos jours encore en beaucoup d'endroits le mercredi des quatre-temps qui précède Noël.

Le chanoine Louis Fernandez de Velasco partagea son héritage entre la fabrique et la chapelle de Notre-Dame. Bertrand de Verviano, trésorier de Saint-Pierre, fit mieux encore [2]. « Je soussigné, testateur, me souvenant des grandes et singulières grâces reçues par l'intercession et protection de Nostre-Dame de la Treille, et désirant témoigner les infinies obligations que je luy dois, je la déclare héritière de tout ce que son fils unique

---

[1]. Turbelin, p. 93-98. La bulle d'Urbain VIII, dont Turbelin donne la traduction, est du 18 mars 1628.

[2]. Son testament a été publié par Vincart, éd. française, p. 134-136. L'épitaphe de Verviano (*Documents*, p. 374) en reproduit la clause principale : « Qui recolens varia et singularia patrocinio Divæ Virginis impetrata beneficia, eam hæredem ex asse instituit. »

m'a donné en ce monde. » Le trésorier mourut le 12 octobre 1666, et fut inhumé dans la chapelle de Notre-Dame de la Treille. Il laissait un riche mobilier qui fut vendu suivant ses intentions. Le produit net, avec l'argent qu'il laissait, passa aux mains des administrateurs de la confrérie, qui le placèrent en rentes. Chaque année on célébrait pour l'âme du trésorier un obit après lequel on distribuait aux pauvres quarante pains blancs de deux patars [1].

Nombreuses étaient les donations, les offrandes faites quotidiennement par les confrères et les bourgeois. Aussi le sanctuaire éblouissait les yeux par sa richesse. Rien n'y manquait, dit Vincart [2], ni reliquaires, ni tableaux d'argent, ni lampes, ni chandeliers, ni treille d'argent, ni diadème de fin or, ni perles, ni rubis, ni diamants. Le zèle des administrateurs [3] ne contribua pas peu à entretenir ce mouvement, qui se traduisit par des effets encore bien plus précieux, de véritables et sincères conversions.

---

1. Le compte d'exécution testamentaire est aux archives (fonds de Saint-Pierre, liasse 26), avec une copie du testament. A la vente qui eut lieu les 16 et 17 novembre 1666, figurent des livres, de droit canon surtout, de l'argenterie en assez grande quantité, assiettes d'argent, bénitier, chandeliers, etc. La vente produisit net 6.482 livres 2 sols. Avec d'autres recettes, la confrérie obtint 8.973 l. 10 s. 4 d. C'était pour l'époque une somme importante.

2. Ed. française, p. 132.

3. Vincart, *loco cit.*, nomme les successeurs de ceux qui ont été désignés ci-dessus (p. 48 et 54) : Josse de Lyon, doyen de Saint-Pierre ; Jean de Lannoy, écolâtre ; Pierre Deschamps et Toussaint Gilles, chanoines, décédés. Pierre Hannekaert, chanoine, receveur, sorti de charge. Les séculiers défunts : Josse de Flandres, avocat ; Romain Ramery, marchand ; Antoine du Foretz, écuyer, seigneur des Passez.

Les administrateurs alors en charge (1671) étaient : Eustache de Froidmond, trésorier de la collégiale ; Denis Potteau et Hugues de Lobel, chanoines. Pris parmi les laïques : Albert Imbert, écuyer, seigneur de Fromez ; Séraphin du Chambge, chevalier, seigneur de Liessart.

CHAPITRE X.

MIRACLES JURIDIQUEMENT CONSTATÉS EN 1634 ET 1638.

Les faveurs et les grâces extraordinaires qui ont si souvent récompensé la dévotion à Notre-Dame de la Treille, se répandirent dans une large mesure lors des belles solennités dont nous venons de retracer le tableau, et par suite de l'élan qu'elles provoquèrent.

Deux faits plus marqués appelèrent l'attention de l'évêque de Tournai, Maximilien de Gand. Chaque fois, il y eut une enquête confiée à des hommes graves et doctes, et, à la suite, une sentence rendue dans des conditions qui sont de nature à satisfaire tout esprit sérieux. Le récit des faits et le texte des actes officiels ont été consignés dans une relation publiée à Lille, en 1639, par un témoin oculaire, le savant et pieux Vincart [1].

Une personne de vingt-sept ans, Marie de l'Escurie, dont les parents habitaient la paroisse de Saint-Etienne, était profondément atteinte dans sa santé. Victime de maux étranges et mystérieux, elle défiait toutes les

---

1. *Miracles arrivez par l'intercession de Nostre-Dame de la Treille, en l'église collégiale de S. Pierre, à Lille, l'an 1634 et 1638. Approuvez par Monseigneur l'Illust. et Révér. évesque de Tournai, Maximilien de Gand à Vilain, l'an 1639.* Lille, Pierre de Rache, 1639 (Coll. Quarré).

Ce récit se trouve également dans l'*Histoire de Nostre-Dame de la Treille*, par le même auteur (Tournai, 1671), p. 89-110.

ressources de la médecine. Après sept à huit ans d'efforts infructueux, on pensa que l'origine du mal devait être cherchée en dehors des causes naturelles, et attribuée aux puissances mauvaises. L'évêque de Tournai permit de recourir aux exorcismes. Plusieurs signes de possession furent constatés : l'application des reliques et des objets pieux déterminait des crises, des soubresauts, des mouvements extraordinaires ; la fille avait connaissance de choses lointaines et inconnues ; enfin, elle s'exprimait en latin, et même parfois en hébreu. Inutile de dire qu'elle n'avait aucune notion de ces langues. Et cependant, les interrogations étaient faites publiquement en latin, et la possédée répondait de même dans cet idiome.

Les exorcismes répétés en divers lieux saints par plusieurs prêtres demeuraient sans résultat. Enfin, l'intervention de Notre-Dame de la Treille amena le succès vainement espéré jusqu'alors. Voici comment la chose se produisit.

Le prêtre Alard Lambelin, délégué par l'évêque, procédait aux exorcismes dans la chapelle d'Esquermes. Survinrent deux religieux de la compagnie de Jésus, les pères Jean Vincart et Théodore de Bourlers. Le premier s'était muni d'une image en papier de Notre-Dame de la Treille, qu'il présenta pour être appliquée sur la patiente, persuadé que sa guérison serait opérée par l'invocation de cette mère de miséricorde. De fait, on reconnut aussitôt combien son intervention était redoutée des puissances infernales : le diable tourmenta horriblement sa proie, la jetant par terre avec violence, lui faisant proférer d'horribles cris et d'affreux blasphèmes. Ces scènes se reproduisirent dans la maison de Jacques de l'Escurie, père de la jeune fille. On fit promettre à celle-ci d'accomplir une neuvaine à Notre-Dame de la Treille, avec les exorcismes de l'Eglise ; et, sa guérison obtenue, de paraître avec un cierge de cire blanche, devant la Bonne-Fierte, lors de la grande procession, en témoignage de reconnaissance.

La neuvaine commença le 6 juin 1634, mardi de la Pentecôte. Les pères Vincart et de Bourlers, sur la demande du doyen Philippe de Sion, assistèrent à tous les exorcismes, qui avaient lieu dans la sacristie de la chapelle de Notre-Dame : par la porte ouverte, on apercevait la sainte image.

Dès le premier jour, et plusieurs fois dans le cours de la neuvaine, on commanda au sujet de dire, en l'honneur de Notre-Dame de la Treille, une oraison approuvée pour l'usage de la confrérie. Le démon n'arrivait qu'après beaucoup de résistance à en faire la lecture. On constata qu'il était particulièrement tourmenté au passage suivant : *Très sainte Vierge Marie, par les mérites du précieux sang de mon Seigneur Jésus, votre très cher fils, et par la douceur de votre lait virginal...* Et à ces autres mots : *De me défendre, sous la protection de votre Treille, contre les assauts de l'ennemi.* L'acte de contrition qui termine ne lui était pas moins antipathique.

Plusieurs esprits étaient entrés dans le corps de la malheureuse. On fit déclarer à leur chef que Dieu avait permis cette possession pour l'honneur de Notre-Dame de la Treille. L'esprit mauvais le répéta deux fois le lendemain, en écumant de rage et proférant d'horribles clameurs. Il ajoutait avec force : *Ita, ita, ita. Oui, oui, oui.*

Il voulait empêcher sa victime d'aller à Saint-Pierre, et il fallait l'y forcer par des exorcismes. A la suite d'un blasphème qu'il proféra contre la Vierge, son éternelle ennemie, le démon fut contraint à une réparation immédiate. L'exorciste lui fit répéter vingt fois : *Benedicta Maria Cancellata*, bénie soit Notre-Dame de la Treille.

On s'efforça d'obtenir, par des sommations réitérées, que

le diable fît connaître le jour de sa sortie. Il avoua tout de suite qu'il serait vaincu. Les esprits se retirèrent, à l'exception d'un seul, le 11 juin, fête de la Trinité. Ce jour-là, Marie de l'Escurie fut agitée de contorsions si violentes, qu'à peine quatre hommes robustes pouvaient la maintenir : elle poussait des cris tellement horribles et stridents, que toute la vaste église en était remplie.

La fin de la lutte s'annonçait. *Il faut, il faut, il faut*, répétait l'ennemi. Le 13, comme on appliquait une relique des chaînes de saint Pierre, que possédait la Collégiale, l'esprit s'écria : *Tout est dit. Il y a aujourd'hui huit ans.* Puis il cherchait à jeter la défiance dans le cœur de sa victime, en criant qu'elle était damnée.

Le 14, veille du Saint-Sacrement, marquait l'achèvement de la neuvaine. L'exorciste célébra la sainte messe, à laquelle la patiente assista : elle reçut la sainte communion, ainsi qu'elle avait fait les jours précédents. Les pères déjà nommés, qui étaient présents avec les chapelains Baudouin Le Boucq et Philippe Héreng, commencèrent à réciter le *Te Deum*. Le cantique d'actions de grâces, en provoquant une dernière et violente crise, détermina l'issue favorable : on vit s'échapper de la bouche de la fille comme un nuage de fumée, répandant une odeur infecte. L'épreuve était terminée. Marie de l'Escurie, se sentant libre, laisse échapper un cri de reconnaissance : *Deo gratias ! O bon Jésus ! O benoîte Vierge !* Puis elle continua les louanges de Dieu et de sa très sainte Mère, n'éprouvant plus ni peine, ni difficulté aucune. La guérison était complète.

A la suite de ces faits, une information juridique fut ordonnée par l'évêque de Tournai. Elle eut lieu « pardevant Illustre Seigneur Messire François de Gand à Villain, baron de Rassenghien et prévost de l'église collégiale de Saint-Pierre, à Lille » ; Philippe de Sion, doyen, et Bertrand Verviano, trésorier de la même église ; Thomas Massin, docteur en droit, chanoine de

Notre-Dame de Tournai. Les témoins qui déposèrent furent Jean Huchon, docteur en théologie, curé de Saint-Sauveur, à Lille ; Nicolas Lambert, licencié en théologie, doyen de chrétienté et curé de Saint-Maurice ; Maximilien Montaigne, curé de Saint-Etienne ; les pères Jean Vincart et Théodore de Bourlers, prêtres et prédicateurs de la compagnie de Jésus ; Alard Lambelin, prêtre député pour les exorcismes ; Antoine de Sailly, docteur en médecine ; Jacques de l'Escurie et Jeanne de la Fosse, père et mère de la miraculée ; Jeanne Scelpin, et autres encore.

Sur le vu de ces témoignages, le prélat diocésain rendit l'ordonnance dont la teneur suit :

MAXIMILIEN de Gand à Villain, par la grâce de Dieu et du Saint-Siège apostolique, évêque de Tournay.

A tous ceux qui ces présentes lettres verront, salut en Nostre Seigneur.

Nous faisons sçavoir à tous, qu'ayant meurement examiné en nostre Vicariat les dépositions des témoins juridiquement interrogez et ouys suivant nostre mandement, touchant l'estat, guérison et délivrance de Marie de l'Escurie, jeune fille à marier, paroissienne de Saint-Estienne, en la ville de Lille, de nostre diocèse, énergumène et possédée du diable ; nous déclarons, par ces présentes, sa délivrance estre véritable et miraculeuse, à l'invocation et l'intervention de la très heureuse Vierge Marie, qui est révérée en l'insigne église collégiale de Saint-Pierre de Lille, sous le titre de *Nostre-Dame de la* TREILLE ; et permettons que cette délivrance soit publiée pour telle par tout nostre dit diocèse, suivant le narré contenu plus haut, tiré des informations faites là dessus, ausquelles il est conforme.

Donné à Tournay, en nostre palais épiscopal, sous nostre signe manuel, et sous le sceel de nostre Chambre, ce vingt-huitiesme d'avril 1639.

MAXIMILIEN, *évesque de Tournay.*
P. MASUREEL, *secrét.*

L'année précédente, le 6 septembre 1638, un autre fait miraculeux avait reçu déjà, bien que postérieur en date, l'approbation et la sanction de la même autorité.

Les commissaires enquêteurs furent Philippe de Sion, doyen de Saint-Pierre, et son chapelain Jean Huart ; les pères Philippe de Rassenghien et Jean Vincart, de la compagnie de Jésus. Les témoins entendus par-devant deux notaires apostoliques furent Jacques Ghys, maître de l'hôpital Comtesse, et Jean Hermès, chapelain ; Jean Preudhomme, écuyer et docteur en médecine ; Martin Hannegrave, chirurgien ; sœur Antoinette Baillet et sœur Catherine Montaigne, religieuses dudit hôpital.

Les faits que l'ordonnance atteste et déclare miraculeux, peuvent se résumer comme suit :

Jean Thauler, peintre, Liégeois d'origine, étant tombé malade à Lille, fut par charité reçu à l'hôpital Comtesse. C'était au courant de l'hiver, en 1637. Une première crise d'épilepsie, très violente, fut suivie de plusieurs autres séparées par un intervalle d'un mois ou six semaines. Pendant l'accès, le malade perdait connaissance. Toutes les fonctions de la vie semblaient interrompues.

Vers la fête de l'Assomption 1638, ces accidents se renouvelaient deux et trois fois par jour, chaque fois l'espace d'une heure. Survint la paralysie du bras droit, puis de l'autre également. Thauler se trouvait, depuis cinq jours, réduit à cet état lamentable d'impuissance, quand il résolut de recourir à Notre-Dame de la Treille, dans son sanctuaire voisin de l'hôpital.

Il promit de faire une neuvaine, et, en cas de guérison, d'exécuter en l'honneur de la Vierge quelque œuvre de peinture.

Après avoir fait cette promesse, le paralytique sentit comme un mouvement dans le bras droit. Le lendemain, vers le soir, s'étant transporté dans la chapelle de Notre-Dame de la Treille pour y satisfaire sa dévotion et commencer la neuvaine, il eut une sorte de faiblesse, accompagnée de douleurs extraordinaires dans le bras droit, l'espace d'un *Miserere*. Quand il eut repris l'usage de ses sens, levant les yeux vers la sainte image, il dit à Jean Hermès, chapelain de l'hôpital, qui se tenait près de lui : *Prenez mon bras droit, et tirez-le.* Cela fait, Thauler constata qu'il pouvait se servir de ce membre, avec la même force, la même souplesse et la même agilité qu'auparavant. Ayant rendu grâces à Dieu et à sa très sainte Mère, il rentra tout rempli de joie et de confiance.

Marie ne pouvait laisser son œuvre incomplète. Le lendemain, en se mettant au lit, le peintre eut encore une pâmoison. Pendant qu'il était sans connaissance, il crut se trouver dans le sanctuaire de Notre-Dame de la Treille. A côté de lui, vers la muraille, il voyait la Madone telle qu'elle est dans cette chapelle : des fantômes voltigeaient autour de lui et semblaient vouloir le tirer de l'enceinte sacrée, mais Notre-Dame descendit de son trône, et le malade étendit son bras gauche pour s'accrocher à sa tunique. Trois sœurs de l'hôpital le virent étendre ainsi son bras vers le mur. Quand il revint à lui, le bras paralysé était rétabli complètement. Jean Thauler s'empressa de proclamer ce qu'il croyait fermement, à savoir que sa guérison était due à Notre-Dame de la Treille. C'est ce qu'il attesta, tout le premier, devant les commissaires établis pour l'examen du fait.

CHAPITRE XI.

CONSÉCRATION DE L'ÉVÊQUE ET DU DIOCÈSE DE TOURNAI. — HOMMAGE DE L'EMPEREUR FERDINAND ET DE LA FAMILLE IMPÉRIALE.

Mêlé aux évènements pieux qui se déroulaient dans la cité la plus importante de son diocèse, témoin de la puissance et des triomphes de Notre-Dame de la Treille, Maximilien de Gand voulut lui consacrer sa personne et son troupeau. Comme témoignage public de cette consécration, il offrit un parchemin richement enluminé d'or et de couleurs. En tête on voyait ses armoiries, avec la devise : VIGILATE ET ORATE. Puis ces mots tracés de sa propre main :

MARIA
DEI MATER ET VIRGO
GEDEONIS VELLERE APUD OMNES
APUD INSULENSES IN INSIGNI ÆDE
D. PETRI CANCELLORUM
APPELLATIONE CELEBRIS.

Sicut olim PHILIPPUS BONUS, Burgundiæ dux, se primosque aurati Velleris Equites patrocinio tuo in dicta Æde nobilitavit : ita ego Pastor vigilandi studiosus, me, gregemque meum tibi votum, tutis CANCELLORUM tuorum septis ibidem concludo, nosque ut serves, oro.

USU ET POSSESSIONE TUUS
MAXIMILIANUS
EPISCOPUS TORNACENSIS
ANNO M.D.C.XXXV
MENSE SEPTEMBRI.

Marie, Vierge et Mère de Dieu, toison mystérieuse de Gédéon, célèbre à Lille dans l'insigne église de Saint-Pierre sous le vocable de la Treille.

Comme autrefois Philippe le Bon, duc de Bourgogne, avec les premiers chevaliers de la Toison d'or, rechercha dans ce temple votre glorieux patronage : ainsi moi, désirant me montrer pasteur vigilant, avec le troupeau que je vous consacre, je me renferme dans le sûr abri de votre treille, et vous supplie de nous garder.

Tout à vous par le don et l'emploi de ma vie, Maximilien, évêque de Tournai. En l'année 1635, au mois de septembre.

Le bruit des grandes manifestations de Lille arriva jusqu'à la cour de l'empereur. Ferdinand II se plut à entendre les détails transmis par le père Florent de Montmorency, qu'il avait connu jadis à Vienne comme visiteur des maisons de la compagnie de Jésus. Fidèle aux traditions de l'auguste maison d'Autriche, le monarque s'intéressait aux choses de la piété : il avait une dévotion spéciale envers la très sainte Vierge ; il connaissait le vieux sanctuaire lillois, où tour à tour Charles-Quint, Philippe II, Albert et Isabelle, tant d'autres princes, ses ancêtres ou ses proches, vinrent offrir leurs hommages et leurs vœux.

Les circonstances ne permettaient point à l'empereur d'exécuter en personne ce pèlerinage. Il voulut tout au moins l'accomplir par représentation, et se faire inscrire sur les rôles de la confrérie de Notre-Dame de la Treille. Son auguste épouse et les princes leurs enfants s'associèrent à ce pieux hommage.

Trois feuilles de vélin, richement ornées de peintures symboliques, furent préparées pour recevoir leurs noms, qu'ils tracèrent de leurs propres mains. Sur l'un des feuillets on lisait cette formule votive :

AD GLORIAM
MAXIMÆ CŒLORUM TERRARUMQUE IMPERATRICIS
MARIÆ
FERDINANDUS II SACRATISSIMUS IMPERATOR
FERDINANDUS III HUNGARIÆ ET BOHEMIÆ
APOSTOLICUS REX
CUM CONJUGIBUS AUGUSTISSIMAQUE FAMILIA
IMPERATRICE, REGINA
ARCHIDUCE FILIO CÆSARIS
EJUSDEMQUE SERENISSIMIS FILIABUS
Veneranda Orbi sua nomina atque symbola
LIBRO
CONGREGATIONIS B. VIRGINIS
A CANCELLIS
INSERENDA PROPRIIS MANIBUS INSCRIPSERE
Pietatis ergo
Viennæ Austriæ in Curia Imperiali
VI NONAS MAIAS ANNI M.DC.XXXV.

A la gloire de Marie, la très grande impératrice du ciel et de la terre, Ferdinand II, empereur très sacré, Ferdinand III, roi apostolique de Hongrie et de Bohême, avec leurs épouses et leur très auguste famille : l'impératrice, la reine, l'archiduc, fils, et les sérénissimes filles de l'empereur, ont écrit eux-mêmes leurs noms que révère le monde entier, pour être avec ces symboles insérés au livre de la confrérie de Notre-Dame de la Treille.

Hommage de piété, rendu à Vienne, en la cour impériale, le VI des nones de mai MDCXXXV [1].

---

1. 2 mai 1635. — Le P. Vincart a donné dans son édition latine la gravure en noir de ces trois feuilles. Les noms qui s'y trouvent sont ceux de l'empereur Ferdinand II et de sa femme Éléonore de Mantoue ; de leur fils, Ferdinand III, roi de Hongrie et de Bohême, depuis empereur, et de sa femme Marie, fille de Philippe III d'Espagne ; de l'archiduc Léopold-Guillaume, depuis gouverneur des Pays-Bas ; des archiduchesses Marie-Anne, femme de l'électeur Maximilien de Bavière, et Cécile-Renée, femme du roi de Pologne Ladislas. Chacun de ces noms est accompagné d'une devise.

Ces tables votives n'arrivèrent à Lille que vers la fin du mois d'octobre. C'est que pendant la guerre de trente ans les communications étaient difficiles et les chemins peu sûrs. On ne voulut confier qu'à bon escient un objet dont la perte eût été vivement sentie et peut-être irréparable. Il fallut attendre quelques mois l'occasion désirée.

Ce fut le père Florent de Montmorency, pour lors recteur du collège de la compagnie à Lille, qui reçut les précieux vélins. Il s'empressa de les communiquer aux ministres de la confrérie ; ensuite il les fit présenter au chapitre par le doyen Philippe de Sion. Tous montrèrent une vive joie de cet hommage rendu à leur patronne.

La saison n'était point favorable pour une de ces marches triomphales à travers les rues, que nos aïeux savaient si bien organiser dans les grandes circonstances. Les cérémonies devant se renfermer dans l'intérieur de l'église, on s'efforça de leur donner tout l'éclat et toute la solennité possibles.

Le jour choisi fut le 30 novembre, fête de saint André, qui rappelait le premier chapitre de la Toison d'or, tenu à Saint-Pierre de Lille par Philippe le Bon, l'un des plus glorieux ancêtres de la famille impériale.

La veille, deux chanoines furent députés pour inviter au nom de leurs collègues le Magistrat, la Chambre des Comptes, le Gouverneur et les autres corps constitués. On invita aussi d'une façon spéciale les pères Florent de Montmorency et Jean Héreng, l'un recteur du collège, l'autre visiteur de la province, tous deux entourés de la plus haute considération à cause de leur mérite et des services rendus. Cette distinction était aussi de la part du chapitre un hommage à l'ordre religieux qui, depuis un demi-siècle, occupait d'une façon brillante et fructueuse la chaire de l'église collégiale.

Dès le soir du 29, la grosse cloche municipale annonça joyeusement au peuple la fête du lendemain. La solennité offrait une double attraction pour les Lillois, si dévots envers Notre-Dame de la Treille et si attachés à leurs princes, dont l'antique sanctuaire avait connu et célébré toutes les gloires.

L'église de Saint-Pierre prit ce jour-là sa plus riche parure. Sous un dôme richement garni de pourpre, en avant de la chapelle de Notre-Dame, étaient placées les inscriptions votives, que surmontaient les armes impériales. Des deux côtés, à droite et à gauche, on disposa tout ce que la collégiale possédait comme châsses, reliquaires, objets précieux, chandeliers et statues d'argent.

Tel était le coup d'œil quand du portique on pénétrait dans la nef. A l'intérieur de la chapelle, les parois étaient magnifiquement ornées de tentures et de tapisseries. Des sièges furent préparés pour les autorités et pour les invités de marque. L'autel resplendissait de l'éclat de l'or et de la lumière des cierges.

Le doyen Philippe de Sion célébra la messe, avec l'assistance de tout le chapitre. Les chants furent brillamment exécutés par la musique de Saint-Pierre, dont la renommée s'étendait au loin, et qui passait pour l'une des plus remarquables, la plus remarquable peut-être de toutes les maîtrises et musiques d'église des Pays-Bas. Le vaste temple était rempli d'une assistance émue autant que recueillie.

L'après-midi, on célébra les vêpres, avec la même pompe et la même solennité. Un orateur de la compagnie de Jésus, sans doute le père Vincart, prononça un discours éloquent, sur ces paroles de Jésus-Christ rapportées dans Saint Luc (x, 20) : « *Gaudete quod nomina vestra scripta sunt in cœlis.* Réjouissez-vous de ce que vos noms sont inscrits dans le ciel. »

Il fit l'application de ce texte à la confrérie. Se faire porter sur les tablettes de la sainte Vierge, c'est s'inscrire pour le ciel, puisque l'on obtient ainsi la plus puissante des protections, et l'on entre dans la voie qui conduit au terme désiré des récompenses éternelles.

Le religieux exemple de l'empereur Ferdinand fut imité par beaucoup de membres de la noblesse de Flandre, d'Artois et de Tournaisis. Nous citerons :

Charles-Philippe d'Oignies, gouverneur des ville, château et bailliage d'Aire, avec sa femme Éléonore-Hippolyte, comtesse d'Estrées, et leurs quatre enfants.

Marguerite de Noyelle, veuve de Robert d'Estourmel, chevalier, baron de Doulieu, maréchal héréditaire de Flandre, et ses filles, dont deux appartenaient aux chapitres nobles de Nivelle et de Mons.

François de Récourt, chevalier, châtelain héréditaire de Lens, et Isabelle-Claire d'Estourmel, baronne de Doulieu, sa femme.

Philippe de Récourt, seigneur de Wallon-Cappel, capitaine au service du roi d'Espagne.

Paul de Wignacourt, fils d'Antoine, seigneur de Wignacourt, Ourton, etc., et de Claire de Hornes, chanoine des premières prébendes à Aire, et membre de l'illustre chapitre de Sainte-Waudru, à Mons.

Marie de Zomberghe, baronne de Liettre, veuve de Nicolas de Catrice, seigneur de Huroville, colonel d'un régiment wallon au service de l'Espagne ; Florence de Catrice, dame de Beaumé, et Albertine de Catrice, leurs filles.

Robert de Catrice, baron de Liettre, seigneur de Lambres, officier au service de l'Espagne ; Marie-Lucrèce d'Orcq, sa femme, et leurs enfants.

Gilles de Fiennes, chevalier, seigneur de Regnauville, Hestrud, etc,

Gilles de la Cornhuse, chevalier, seigneur de Berquigny, et les enfants issus de son mariage avec défunte Marguerite du Bosc.

Je ne puis oublier, dit Vincart, le sérénissime Ferdinand, cardinal, infant d'Espagne, qui visita le sanctuaire de la Treille et se fit inscrire dans la confrérie. De même encore don Francisco de Mello, gouverneur des Pays-Bas ; Charles Spinola, comte de Bruay, gouverneur de la province de Lille ; Michel de Robles, comte d'Annappes.

Le même historien rapporte que Thomas, patriarche d'Antioche, étant venu à Lille, fit ses dévotions dans la chapelle de Notre-Dame de la Treille, et inscrivît son nom, avec son grand sceau, sur les registres de la confrérie.

On a gardé encore le souvenir de la solennelle cérémonie que voulut accomplir, lors de son entrée dans la pieuse association, François Vilain de Gand, baron de Rassenghien, chapelain majeur ou premier dignitaire de la chapelle royale de Bruxelles, prévôt de Saint-Pierre de Lille, et depuis évêque de Tournai, en 1647, après son oncle, Maximilien de Gand. Créé prévôt en 1630, le baron de Rassenghien, que ses fonctions retenaient à la cour, ne put se rendre à Lille et prendre personnellement possession que deux ans plus tard, le 15 février 1632. Il célébra la messe dans le sanctuaire de Notre-Dame de la Treille, au milieu d'un grand concours de peuple.

CHAPITRE XII.

PÈLERINAGES COLLECTIFS. — LA VILLE DE TOURNAI.

L'historien de Notre-Dame de la Treille, Vincart, constate que non-seulement de toutes les villes et les contrées avoisinantes on visitait le sanctuaire lillois, que non-seulement des personnalités marquantes y venaient rendre leurs hommages à la Dame de ce lieu, mais qu'il y avait aussi des pèlerinages collectifs, organisés par des villes comme Aire-sur-la-Lys, comme Douai et son université.

La plus célèbre de ces marches pieuses est celle qu'accomplit la cité épiscopale, en 1659. Les négociations qui amenèrent le traité des Pyrénées faisaient luire l'espérance certaine d'une paix si désirable après vingt-cinq années de guerre ; le mariage de Louis XIV avec Marie-Thérèse, fille de Philippe IV, semblait devoir sceller à jamais la réconciliation de la France et de l'Espagne.

Quand on entrevit la fin de tant de calamités, les cœurs s'ouvrirent à une joyeuse confiance. Les Tournaisiens crurent que le moment était venu d'aller, dans une démonstration solennelle, porter leurs actions de grâces aux pieds de Notre-Dame de la Treille et lui confier les espérances de l'avenir.

Le curé de Saint-Nicaise, Jacques d'Audenarde, se trouvait être un Lillois. Quelques-uns de ses paroissiens étant venus lui communiquer leur plan, il entra pleinement dans ces vues. L'évêque François de Gand, ancien prévôt de Saint-Pierre, autorisa l'érection d'une confrérie de Pèlerins de Notre-Dame de la Treille, dans l'église de Saint-Nicaise : le chapitre de la cathédrale, qui exerçait le patronat sur la paroisse, donna son agrément.

L'inauguration fut fixée au dimanche 10 août, fête de saint Laurent. Il y eut une neuvaine préparatoire, avec chant des litanies et bénédiction du Saint-Sacrement. Une statue de la Vierge, que l'on entoura d'une treille argentée et dorée, représentait la Madone lilloise.

Pour relever le prestige de la confrérie, on lui donna comme administrateurs quatre personnages de marque : Etienne-Joseph Vranx, abbé de Cysoing, né à Lille ; François de Brunas, chanoine de la cathédrale ; Jean d'Ennetières, chevalier, seigneur de Beaumé ; Charles de Monnel, écuyer, seigneur de l'Espinoy et des Rosières, prévôt de Tournai. Le titre et les fonctions de directeur furent attribués au curé de Saint-Nicaise.

Il y eut grand concours de peuple pendant toute la neuvaine, à la messe, au salut, au sermon prêché par un père de la compagnie de Jésus. Grand empressement aussi pour se faire inscrire dans la nouvelle confrérie, et pour y agréger des familles entières.

Le dimanche 10 août était le jour fixé pour le départ du grand pèlerinage couronnant les fêtes de l'inauguration. Après la messe paroissiale, qui fut extrêmement solennelle, la procession sortit de Saint-Nicaise, au son des cloches et du carillon de la ville ; elle s'avança par la rue Saint-Martin et le Grand-Marché, pour se rendre à la porte de Lille.

Un groupe d'écoliers à cheval formait la tête du cortège. Cette avant-garde portait des guidons représentant les Sept-Douleurs de la sainte Vierge, pour rappeler une dévotion spécialement établie dans la collégiale lilloise, et rattachée au sanctuaire de Notre-Dame de la Treille.

Venaient ensuite six enfants costumés en génies, et portant sur des bâtons d'argent les titres d'honneur que rappelait le triomphe du jour.

1. Mariæ. A Marie : une étoile avec son saint nom.
2. Deiparæ. Mère de Dieu : un lis d'argent, et le nom de Jésus entouré de rayons.
3. Immaculatæ. Immaculée : un feu dans un réchaud d'argent.
4. Cancellatæ. Vierge à la Treille : un rosier dans un treillis.
5. Vitrici. Victorieuse : une palme et une épée en sautoir.
6. Pacificæ. Pacificatrice : deux mains jointes ensemble et surmontées de rameaux d'olivier.

Derrière ces guidons se déployait l'étendard de Notre-Dame de la Treille, sur fond de damas blanc. Deux anges servaient de tenants. On y voyait les armoiries de Lille, du comte de Flandre et du chapitre de Saint-Pierre. Sur la seconde face, dans un ovale, était inscrit ce chronogramme :

Mariæ CanCeLLatæ InsVLanæ
tornaCenses PeregrInI se ConseCrant.

A Notre-Dame de la Treille, à la Vierge de Lille, les pèlerins de Tournai se consacrent.

En bas se détachaient du fond les armes de Tournai, et celles de l'abbé de Cysoing, donateur de la bannière.

Après les groupes à cheval marchaient le clergé de Saint-Nicaise ; des jeunes filles en blanc, avec un énorme cierge aux armes de la ville ; d'autres tenant en main le bourdon doré, signe du pèlerinage, formaient cortège à Notre-Dame, et terminaient la longue théorie des robes blanches. Les maîtres de la confrérie suivaient, portant le bourdon surmonté de la Vierge à la Treille.

La statue fut déposée jusqu'au retour dans l'église paroissiale de Sainte-Marguerite.

Il était dix heures du matin, quand la procession sortit de la ville, au son de toutes les cloches. Pour accomplir avec plus de dévotion ce pèlerinage de cinq lieues, le clergé entonna le psaume *Beati immaculati in via,* continué en faux-bourdon.

A une lieue de Tournai se rencontre la Vierge du chêne de Marquain. Là fut chanté l'*Ave Maris stella* ; en reprenant la marche, on commença les psaumes de tierce. Des hauteurs sous lesquelles se déploie la plaine de Baisieux, c'était un spectacle émouvant, alors que l'œil mesurant ce vaste espace le voyait entièrement couvert de pèlerins, la plupart à pied, quelques-uns à cheval, d'autres dans les véhicules les plus variés. Il pouvait y avoir au moins trois mille personnes.

Lorsqu'on approcha de Baisieux, le son des cloches réunit les paysans des villages d'alentour qui, tout heureux, accouraient à ce pieux spectacle. On chanta les psaumes de sexte.

Au hameau de Sin, le *Salve Regina* vint couper la psalmodie ; de Chéreng à Tressin, les psaumes de none.

Près de la Maison-Celle [1], à la première vue des clochers de Lille, on entonne les litanies de Notre-Dame. Puis, après quelques instants de repos et une courte réfection, les pèlerins continuent leur marche, au chant des vêpres et de complies. C'est ainsi que nos aïeux savaient accomplir pieusement un pèlerinage.

A la chapelle de Notre-Dame de la Bonne-Mort, près

---

1. C'était une auberge bien connue, un point d'arrêt sur la route de Lille à Tournai, dans la traversée du village d'Ascq. La maison existe encore, avec sa vieille enseigne sculptée. Elle a changé de destination et sert maintenant à usage de ferme.

d'Hellemmes [1], *Ave, Regina Cœlorum*. Après avoir dépassé ce village, en apercevant l'église de Saint-Pierre, où Notre-Dame de la Treille est honorée, l'enthousiasme se traduit par des cantiques de joie, *Magnificat* et *Benedictus*.

C'est ici que les pieux habitants de Lille commencent à paraître pour accueillir les pèlerins. Un groupe d'écoliers des Jésuites, à cheval, était conduit par le baron d'Andre, fils du comte de Bruay, gouverneur de Lille. Ces jeunes gens s'avancèrent au son de la trompette, et prononcèrent des paroles de bienvenue, appuyées par une triple décharge d'armes à feu. Une autre troupe de soixante cavaliers portait les guidons de toutes les confréries de Lille.

Ces groupes se joignirent à l'armée des pèlerins, et tous, en bon ordre, traversant le faubourg de Fives, atteignirent la porte des Malades [2]. C'est par là que se faisaient les entrées solennelles.

Avant d'arriver en ville, les pèlerins rencontrèrent une troupe de chantres et de musiciens, que les pères de la compagnie de Jésus envoyaient pour leur faire honneur. La population lilloise remplissait les chemins et s'entassait sur les remparts, poussant des acclamations et des cris de joie, s'empressant d'offrir les services d'une chrétienne hospitalité.

Le son des cloches ébranlait les airs : le canon des compagnies bourgeoises faisait entendre jusqu'à Tournai sa puissante voix. A la porte de la ville, les roulements du tambour et les décharges de mousqueterie signalèrent l'arrivée du cortège.

Là, une députation du chapitre, en habit de chœur, vint prendre les pèlerins, pour les conduire proces-

---

[1]. Cette chapelle a été démolie vers le milieu du siècle, et reconstruite à l'entrée du cimetière d'Hellemmes.

[2]. Appelée depuis porte de Paris.

sionnellement jusqu'à la collégiale. Près du Puits doré, à l'entrée du cimetière, se tenaient les chanoines et tout le clergé de Saint-Pierre. Le secrétaire du chapitre s'avança pour adresser aux Tournaisiens une courte harangue : il était accompagné des maîtres de la confrérie de Notre-Dame de la Treille, Albert Imbert, écuyer, seigneur de Fromez, et Romain Ramery.

La procession étant entrée dans l'église, on chanta le *Salve, Regina,* et les litanies de la Vierge. Ainsi se termina la première journée.

Le lendemain, vers sept heures, la messe fut célébrée pontificalement par l'abbé de Cysoing, dans la chapelle de Notre-Dame. Le sanctuaire avait revêtu sa parure la plus éclatante. A la lumière d'innombrables cierges, la sainte image prenait une expression plus douce encore que de coutume : ses regards pleins d'amour semblaient agréer l'hommage de cette foule immense de dévots serviteurs.

A l'offertoire, on présenta le grand cierge votif, avec des vers français [1] qui disent le sens de cette offrande, les prières et les espérances des Tournaisiens, leur amour et leur confiance envers la Vierge de Lille, dont ils se proclament les clients spéciaux. Voici cette pièce :

A la très auguste et miséricordieuse Vierge,
Nostre-Dame de la Treille, en l'Eglise
Collégiale de Saint-Pierre à Lille,
Patrone de la Ville.

---

[1] Une chronique de Saint-Pierre nous apprend que ces vers sont l'œuvre du Père Vincart. Ce zélé serviteur de Notre-Dame de la Treille nous a laissé la narration la plus détaillée du pèlerinage de Tournai. On peut croire qu'il prit une part importante à son organisation. Il était alors en résidence à Tournai, où il mourut, le 5 février 1679. Plusieurs de ses livres, et notamment l'*Histoire de Notre-Dame de la Treille* en français (1671), ont été imprimés dans cette ville.

Hommage

rendu par les habitans de Tournay, se dédiant pour la première fois à son honneur par un pèlerinage annuel, érigé en Confrérie dans l'église paroissiale de Saint-Nicaise à Tournay.

Emperière du ciel, Auguste en vostre Treille,
Où préside l'amour, où la clémence veille
Pour distraire ou tarir la source de nos pleurs ;
C'est bien par vostre employ que la paix nous arrive,
Puisque c'est en vostre Isle où se cueille l'olive,
Et le lys argenté qui brille entre vos fleurs.

Quoy ? ne falloit-il pas que cette longue guerre,
Dont nous avons ouy si souvent le tonnerre
Menacer nos rampars, nos murs et nos citez,
Se vînt rendre à vos pieds, et que brisant ses armes,
Sans pouvoir résister plus longtemps à vos charmes,
Se laissast composer au gré de vos bontez ?

Dès qu'on vit vostre Image éclater en miracles,
On apprit aussi tost par la voix des oracles,
Que la Mort n'avoit plus d'asseurance au tombeau :
C'est par vos agrémens que l'Espagne et la France
Brise aujourd'hui le fer par ce nœud d'alliance,
Qui va mettre le monde en un lustre nouveau.

Votre Treille peut tout : c'est là qu'on nous accorde
La fin des grands malheurs qu'amène la discorde,
Et de ce que l'Enfer suscite contre nous :
Vierge, quand vostre Fils vous voit en cet office,
Il arreste aussi tost le bras de sa Justice,
Et veut que vostre amour gouverne son courroux.

Ce cierge que Tournay vous présente en hommage,
Fera voir désormais que Mars et que sa rage
Redoute les éclats et l'odeur de vos Lys ;
Et qu'estant aujourd'huy rangez sous vostre azile,
Nous reverrons bientost, aussi bien que dans Lille,
Nos fauxbourgs réparez, nos chasteaux restablis.

Cependant permettez, Princesse non pareille,
De la terre et du ciel l'adorable merveille,
Que nous soyons toujours vos fidèles voisins.
Faites que vostre Nom, cette pompe annuelle
Augmentant en nos cœurs le feu de vostre zèle,
Nous conserve l'honneur d'estre vos Pèlerins.

Après la messe, le curé de Saint-Nicaise prononça une formule de consécration, au nom de tous les confrères et pèlerins. Le père Tamison, de la compagnie de Jésus, qui prêchait la station à Saint-Pierre [1], fit un sermon sur ce texte du Cantique des Cantiques : *Prospiciens per cancellos*, regardant par son treillis. Avec une persuasive élégance, il développa les deux sens du mot *prospicere*, voir et pourvoir, dans leur application à la sainte Vierge, dont la maternelle sollicitude s'étend particulièrement sur ses dévots de Tournai et de Lille. Les premiers ont ce grand et magnifique temple, où le clergé, le chapitre et tout le peuple l'honorent en qualité de reine ; pour les seconds, elle siège comme une douce mère dans l'église collégiale, où elle pourvoit aux nécessités de ses enfants, où son lait virginal est exposé en ce moment même à la dévotion des pèlerins de Tournai.

Le même jour, lundi 11 août, vers midi, le cortège se remit en route. Il arriva sur les six heures à Tournai, où l'on reprit la statue laissée dans l'église de Sainte-Marguerite, pour la reporter à Saint-Nicaise. La solennité se termina par le *Te Deum* [2].

Le pèlerinage se renouvela les années suivantes, avec moins de concours et de démonstrations extérieures, sans doute, mais avec une dévotion envers la Madone lilloise qui s'est conservée jusqu'à nos jours chez les habitants de Tournai.

---

1 La station comprenait les prédications de l'Avent, de Carême et les dominicales.

2. Le P. Vincart publia cette année même un opuscule intitulé : *Le célèbre et dévot pèlerinage de Nostre-Dame de la Treille, Patrone miraculeuse de la ville de Lille, par le peuple de Tournay, de la nouvelle confrérie des pèlerins de la mesme Vierge, en l'église paroissiale de saint Nicaise, au dit Tournai, fait le 10ᵉ jour d'aoust, feste de Sᵗ Laurent, tombant au dimanche 10 après la Pentecoste, l'an 1659*. Tournay, Veuve d'Adrien Quinqué. In-4° de 8 feuillets. Tout le contenu de cette relation est reproduit dans l'*Histoire de N.-D. de la Treille*, p. 136-156.

CHAPITRE XIII.

LILLE RENDUE A LA FRANCE. — LE SIÈGE DE 1708 ET LA PROCESSION DE 1713.

La guerre, que l'on croyait finie pour longtemps, ne tarda pas à se rallumer. Au mois de mai 1667, Louis XIV envahit les Pays-Bas laissés sans défense par les Espagnols; Bergues, Furnes, Tournai, Douai, Ath, Courtrai, Audenarde se rendirent coup sur coup. A Lille, l'alarme fut très grande ; les habitants du plat pays y renfermaient leurs meubles et leurs bestiaux ; on travaillait activement aux remparts. Le 30 mai, lundi de la Pentecôte, le magistrat fit célébrer une messe solennelle en musique dans le sanctuaire de Notre-Dame de la Treille, pour implorer la protection de l'insigne patronne. Le 30 juin, les Français, commandés par le maréchal d'Aumont, s'avancèrent jusque sous les murs de la ville et incendièrent les nombreux moulins qui en garnissaient les abords.

Le 10 août, Louis XIV en personne vint camper devant la porte de Fives, en-deçà du jardin du Long-Pot. Le magistrat prit de son mieux les dispositions nécessaires, en vue du siège qui allait commencer : les milices bourgeoises se disposèrent à une résistance énergique. Mais le comte de Bruay, gouverneur de Lille, n'avait ni l'expérience, ni l'énergie et le coup d'œil indispensables en des circonstances aussi graves; il ne disposait que d'une garnison insuffisante comme nombre et surtout comme qualité. Aussi la ville ne put tenir longtemps.

Le 15 août, fête de l'Assomption, une procession générale eut lieu en l'honneur de Notre-Dame de la Treille. On partit de Saint-Pierre pour se rendre au Grand Marché. En dépit du siège, toutes les cloches de la ville sonnaient à pleine volée, même la grosse cloche du beffroi, Emmanuel, qui n'était mise en branle que dans les grandes circonstances.

La ville, obligée bientôt de se rendre, obtint des conditions favorables, notamment la garantie que ses libertés communales seraient maintenues, et la religion catholique conservée dans sa situation. C'est à ces deux points que tenaient surtout les habitants.

La garnison espagnole sortit le 28, avec armes et bagages : les Français entrèrent le même jour par la porte des Malades. La première pensée du Roi fut de se rendre à Saint-Pierre. Reçu au portail par le prévôt Remy du Laury et par les chanoines en chapes, il baisa la relique de la Vraie Croix, qui lui fut présentée, et s'avança jusqu'au chœur, où il fit chanter le *Te Deum*. Ensuite Louis XIV alla rendre ses hommages à Notre-Dame de la Treille. C'est devant son image vénérée qu'il fit serment de garder les franchises, usages et coutumes de la ville ; de protéger les bourgeois dans leurs corps et dans leurs biens ; de les « mener par loi et par échevinage ». A son tour le magistrat, au nom des habitants, prêta le serment de fidélité.

Sorti de Saint-Pierre, le Roi fit à cheval le tour des remparts, et quitta Lille en se dirigeant vers Marquette.

Trois ans après, il revint visiter cette ville et prendre en quelque sorte possession. Les esprits avaient eu le temps de se calmer ; les préventions, si elles n'avaient point totalement disparu, s'étaient atténuées dans une forte mesure. Bref, l'assimilation se trouvait en bonne voie.

Le 22 mai 1670, Louis XIV fit son entrée par la porte de Courtrai, au son des cloches et du canon. La Reine et le Dauphin l'accompagnaient. La Bourse, les édifices publics, les maisons particulières étaient illuminés. Le palais de Rihour, où le Roi descendit, le chœur et le portail de Saint-Pierre, disparaissaient sous des tentures bleues, parsemées de lis d'or.

Le dimanche 25, jour de la Pentecôte, le Roi fit la sainte communion dans l'église collégiale : il y entendit la grand'messe, avec la Reine et le Dauphin ; il y prêta le serment accoutumé des souverains, qui lors de leur inauguration ou de leur entrée solennelle, s'engageaient à garder « les droits, libertés et immunités de cette église, et ses privilèges ».

Plusieurs fois encore la collégiale et le sanctuaire de Notre-Dame revirent le grand monarque. Sa dernière visite eut lieu en 1680, après un voyage fait en Flandre, avec la Reine et le Dauphin.

La ville, jadis fort attachée aux souverains espagnols, était redevenue bien française. Le sentiment national se développa : il s'associait, sans l'exclure, au patriotisme local et restreint des âges précédents.

Le siège de 1708, l'occupation hollandaise qui se prolongea pendant cinq ans furent pour tous de douloureuses épreuves. Le prévôt de Saint-Pierre, Bochart de Champigny, dut quitter Lille pour avoir refusé le serment au vainqueur.

Grâce au zèle du clergé, la foi des populations n'eut point à souffrir. Les exercices du culte continuèrent comme de coutume. Les processions, notamment celle de Notre-Dame de la Treille, avaient lieu, avec le service d'ordre et d'honneur assuré par les troupes. Si dans les campagnes, l'emploi de certains moyens de propagande et de pression valut au protestantisme plusieurs adeptes, le mouvement fut aussi superficiel qu'éphémère : il ne laissa point de traces appréciables [1].

En 1713, après cinq années d'occupation, le traité d'Utrecht rendit Lille à la France. Bien que les autorités hollandaises eussent montré en matière religieuse une réelle tolérance, la ville se sentit délivrée d'un poids énorme : la foi religieuse et l'instinct patriotique trouvaient une égale satisfaction dans cet heureux changement. Il y eut un *Te Deum* à Saint-Pierre et des réjouissances publiques.

C'est le 1er juin que les troupes françaises reprirent possession de Lille. Le 18 du même mois ramenait la grande procession de Notre-Dame de la Treille : on résolut de lui donner un éclat extraordinaire, et d'y joindre une marche historique rappelant les triomphes de la Religion depuis Clovis jusqu'à Louis Le Grand [2].

Voici la description du cortége, telle que la donne le programme officiel.

En tête s'avançait l'archange saint Michel, accompagné des génies de la Religion et de la France, suivi d'un groupe d'anges apportant l'oriflamme à Clovis.

Le premier groupe, Clovis, comprenait les représentants des anciennes familles que la tradition fait descendre des leudes du roi franc ; puis les envoyés de l'empereur Anastase, chargés d'offrir au monarque barbare la pourpre, le diadème et le titre de Consul Auguste. Enfin, Clovis lui-même, avec ses quatre fils, précédé des marques et des souvenirs de ses victoires.

Deuxième groupe, Charlemagne. Le génie de l'empire. Lydéric, premier forestier de Flandre, portant au

---

1. Thiroux, *Histoire de Lille*, p. 145. — Derode, *Histoire de Lille*, t. II, p. 279-283.

2. Cette procession a fait l'objet d'une publication devenue très rare : *Le Triomphe de la Religion dans les glorieux ancestres de Louis le Grand, représenté à la procession de la ville de Lille, le 18 juin 1713*, Lille, veuve J. C. Malte, 1713, in-4º de 8 pages. (Bibl. comm. de Lille, legs Godefroy, portefeuille nº 131.)

bout d'une pique la tête de Phinart ; troupe de bergers et de chasseurs, témoignant leur joie d'être délivrés du tyran. Roland avec sa fameuse épée. Didier, roi des Lombards, vaincu et prisonnier. Le légat de Léon III. L'ambassadeur d'Aroun al Raschid. Les grands officiers de la couronne, portant l'épée, le diadème et le globe. Louis le Débonnaire. Charlemagne, escorté d'Albuin et de Witikind, princes saxons convertis. Un dragon enchaîné, symbole de l'idolâtrie vaincue, et l'idole Irminsul, renversée par le grand empereur.

Troisième groupe, saint Louis. L'ange de la Palestine, avec cette inscription : *Bella Domini.* Ambassadeur de Bauduin II, empereur de Constantinople, implorant du secours et offrant au saint roi les grandes reliques de la Passion, la couronne d'épines, la lance, l'éponge, etc. L'empereur lui-même. Fernand, comte de Flandre. Princes croisés, avec un étendard sur lequel on lit le cri de guerre *Deus vult.* Légat du pape. Saint Louis, précédé de ses frères.

Quatrième groupe, la monarchie espagnole. Génie de l'Espagne, avec cette légende : *Hispaniæ resurgenti.* Grands d'Espagne et chevaliers de la Toison d'or. Vice-rois avec les armes des divers royaumes. Deux princes indiens portant le sceptre de Montézuma, roi du Mexique, et la couronne d'Ataliba, roi du Pérou. Le prince des Asturies et le prince Infant. Le roi d'Espagne, avec gardes et serviteurs européens, maures, américains, dont plusieurs tiennent des chevaux de main.

Cinquième et dernier groupe. Le duc de Boufflers, gouverneur de Lille. Capitaines des gardes et chevaliers de l'ordre du Saint-Esprit. Princes de la famille royale, portant chacun une devise. Le Dauphin, avec cette légende : *Orienti Augusto.* Louis XIV, « l'auguste monarque ».

Deux ans après cette marche triomphale, une solennité d'un autre genre se déployait sous les voûtes de Saint-Pierre. Louis XIV venait de descendre dans la tombe (1er septembre 1715). Lille fit au grand roi de magnifiques obsèques dans son église collégiale. Un orateur en renom, l'abbé Fossard, archidiacre d'Évreux, prononça son oraison funèbre devant le fastueux cénotaphe qui rappelait tant de splendeurs disparues, et qui portait bien haut le témoignage des regrets d'une population désormais rattachée de la façon la plus intime à la France, sa patrie.

Ce fut le dernier de nos rois que Notre-Dame de la Treille vit à ses pieds. Son indigne successeur Louis XV visita Lille à plusieurs reprises, mais refusa les serments auxquels nul des anciens comtes, nul des princes et des monarques héritiers de leur titre n'avait tenté de se soustraire. Les libertés municipales, comme les libertés ecclésiastiques, n'étaient plus en honneur. Les évènements se chargèrent bientôt de démontrer que le despotisme est loin de fortifier le pouvoir.

CHAPITRE XIV.

TRAVAUX DANS LA CHAPELLE DE NOTRE-DAME. LE JUBILÉ DE 1754.

Vers la fin du XVIIe siècle, et dans le cours du siècle suivant, le sanctuaire de Notre-Dame de la Treille fut l'objet de restaurations importantes et de changements qui ne furent pas toujours très heureux. Ce qui était gothique alors passait pour barbare. On mutilait, on défigurait les édifices religieux pour les adapter au goût du jour. Le vieux mobilier, les clôtures, les jubés antiques, tout cela était condamné sans pitié.

C'est ainsi que dans notre collégiale, malgré la vive opposition d'une partie du chapitre, on détruisit un jubé dont la description indique une œuvre vraiment monumentale. Les anciens autels furent remplacés par des urnes en marbre blanc. C'était la forme préférée au XVIIIe siècle. Le dallage fut refait tout en marbre : on sacrifia ou déplaça les pierres tombales du moyen âge encastrées dans le pavement.

A la chapelle de Notre-Dame, la voûte s'écroula le 14 février 1679, « jour des carémaux[1] », pendant un bal de l'hôtel de ville. Pour toute la période de reconstruction, afin de satisfaire la piété des fidèles,

---

1. Le mardi gras.

on transporta l'image miraculeuse dans le grand chœur, à l'autel de prime ou de *Salve*[1].

La vieille clôture en bronze fut remplacée par une balustrade en marbre blanc. Les murs de la chapelle reçurent un revêtement en marbres de diverses couleurs. Rien de plus somptueux que l'aspect de l'édifice sous cette nouvelle forme. C'est alors que l'on y fit de nouveau des sépultures. Pourtant, le chapitre n'accordait pas à tous indistinctement la faveur de reposer aux pieds de Notre-Dame de la Treille. Ceux qui l'obtinrent étaient des hauts dignitaires de la collégiale, signalés par leurs mérites et les services rendus : le prévôt Henri Bochart de Champigny (1731), le trésorier Raymond-Louis de Valori (1741), le doyen Louis-Ange de Ghistelle (1747), le prévôt Jean de Valori (1760), le doyen Antoine-Joseph de Briois de Sailly (1776), l'écolâtre Gabriel-Marie de Garsignies (1786).

Aux faveurs spirituelles dont jouissaient l'église de Saint-Pierre et sa confrérie de Notre-Dame de la Treille, Urbain VIII[2] ajouta l'indulgence, alors très rare, de l'autel privilégié ; Innocent XI et Clément XI octroyèrent l'indulgence des sept autels, avec les grâces attachées à la visite des sept grandes basiliques de Rome[3]. L'un des autels désignés fut celui de Notre-Dame de la Treille.

---

1. L'autel où l'on chantait chaque jour la messe de la sainte Vierge, dite messe de *Salve*, d'après le premier mot de l'introït, ou messe de prime, à cause de l'heure où elle se célébrait. Cet autel fut enlevé en 1720, pour dégager le chœur.

2. Bref du 3 janvier 1641.

3. Bref d'Innocent XI, 15 septembre 1684. La concession est faite *ad septennium*. Elle fut renouvelée depuis et confirmée par Clément XI. Ce dernier document n'existe plus dans les Archives.

Le livret publié pour répandre et propager cette dévotion parmi les fidèles, a pour titre : *Pratique pour visiter les sept autels en l'église collégiale de S. Pierre à Lille, et y obtenir les indulgences accordées par les papes Innocent XI et Clément XI*. Lille, J.-B. Brovellio. In-12 de 26 pages. Sans date. L'*Imprimatur* est du 18 septembre 1715. (Bibl. comm. de Lille)

Une courte préface explique les intentions « des Souverains Pontifes Inno-

L'année 1754 rappelait le cinquième centenaire des premiers miracles opérés devant la Sainte Vierge, et de la confrérie fondée en son honneur. Le chapitre résolut de célébrer par de grandes fêtes ces souvenirs à la fois glorieux et consolants. Le concours du magistrat, l'enthousiasme des populations répondirent à son attente : Lille était toujours la cité de la Vierge.

Quelques semaines avant la fête annuelle, qui arrivait cette année le 16 juin, on députa deux chanoines pour inviter le magistrat : on fixa par une délibération l'ordre des solennités spéciales du jubilé et les autres invitations à faire [1].

La marche historique précédant la procession religieuse représentait le triomphe de la sainte Vierge, sous le vocable de Notre-Dame de la Treille. Le programme détaillé que nous possédons permet de s'en faire une idée complète [2].

En tête s'avance la Renommée, avec un cortège de timbaliers et de trompettes. Elle tient une banderole où on lit :

---

cent XI et Clément XI, qui ont accordé des indulgences à la dévotion des sept autels établis dans l'église de Saint-Pierre à Lille ». D'après l'usage, le premier lundi du mois est le jour marqué pour cette visite. On va d'abord au grand autel de la chapelle paroissiale, où se trouve le Saint-Sacrement ; puis successivement on visite les autels de Notre-Dame de la Treille, de Sainte-Catherine, de Saint-Pierre (chapelle absidale), de Saint-Michel, de Saint-Eubert et de Saint-Adrien. Le livret contient une réflexion pieuse et une prière pour chaque station.

Cette pratique rappelle le pèlerinage aux sept grandes basiliques de Rome : elle est enrichie des mêmes indulgences, là où elle se trouve établie par concession du Souverain Pontife.

Les églises que l'on visite à Rome sont : Saint-Pierre au Vatican ; Sainte-Marie-Majeure ; Saint-Laurent-hors-les-murs ; Sainte-Croix de Jérusalem ; Saint-Jean de Latran ; Saint-Sébastien-hors-les-murs, et Saint-Paul sur la voie d'Ostie.

1. *Actes capitulaires*, 3 et 12 mai 1754.

2. *Le triomphe de la Sainte Vierge, sous le nom de Notre-Dame de la Treille, patronne de la ville de Lille, représenté à la procession de la Ville, le 16 juin 1754, à l'occasion de l'année séculaire de l'institution de la confrérie érigée l'an 1254 dans l'Eglise collégiale de Saint Pierre*. A Lille, de l'imprimerie de J.-B.-J. Henry, imprimeur de Messieurs du Magistrat, 10 p. in-4°. (Collection Quarré.) Les détails de cette procession sont repris dans l'*Histoire de Notre-Dame de la Treille*, par M⁰ Mathilde Froment, p. 191-195.

Audite Insulæ, et attendite populi de longe.

Écoutez, Isles [1] ; peuples les plus lointains, soyez attentifs.

Après viennent les Sibylles, au nombre de six, présentant les prophéties relatives à la Vierge, mère de Dieu, que leur attribuaient d'antiques traditions.

Moïse les suit sur un char où se voient le mont Horeb et le buisson ardent, symbole de la virginale maternité.

Puis c'est un long défilé de chars, de groupes et de personnages richement costumés, qui représentent toute l'histoire de Notre-Dame de la Treille : les villes et les provinces, les peuples et les rois rangés sous sa bannière ; l'établissement de la confrérie et de la procession, le chapitre de la Toison d'or ; les Souverains Pontifes, les cardinaux légats du Saint-Siège, les évêques de Tournai, qui ont approuvé, confirmé, favorisé la dévotion envers la Vierge de Lille ; les faveurs dont la Reine de cette cité a comblé le chapitre, gardien fidèle et dévot de son sanctuaire, ainsi que les habitants, les membres de la confrérie, le magistrat. Celui-ci renouvelle la consécration faite en 1634 :

sanCtae VIrgInI MarIae CanCeLLatae
VrbIs proteCtrICI
senatUs popVLVsqVe InsVLensIs Vota renoVant.

A la sainte Vierge Marie de la Treille, protectrice de la cité, le sénat et le peuple de Lille renouvellent leurs vœux.

Le 24 juin, dernier jour de la neuvaine, le chapitre chanta encore, après la grand'messe, une messe votive de la Sainte Vierge dans le sanctuaire de la Treille. Le prévôt, Jean de Valori, officiait en personne ; le magistrat était présent dans son costume officiel.

---

1. Isaïe, XLIX, 1. *Iles* (*Insulæ*, nom latin de la ville de Lille).

Le même jour, à une heure et demie, il y eut sermon, suivi des vêpres et de la procession solennelle pour la Reposition des reliques. Le magistrat y figurait avec tout le clergé de la ville et les ordres religieux.

Cette grande solennité fut la dernière de ce genre qui eut lieu dans l'antique collégiale de Baudouin V. Il y eut bien encore le centenaire du retour à la patrie française, en 1767. Mais, cette fois, la fête était surtout extérieure et communale. Le chapitre voulut pourtant s'y associer en célébrant, le jour de saint Louis, une messe solennelle d'actions de grâces, suivie d'un *Te Deum*. On invita le gouverneur, le magistrat et tous les corps constitués. De son côté, la ville ordonna des réjouissances.

CHAPITRE XV.

LA PROCESSION AU XVIIIᵉ SIÈCLE. — ABUS CORRIGÉS PAR LE CHAPITRE.

La grande marche historique du centenaire de Notre-Dame de la Treille, qui charma les populations chrétiennes de Lille et de toute la contrée, eut le don d'exciter la verve impie de Montlinot. Après une diatribe à sa manière contre la procession et contre le professeur du collège de Saint-Pierre qui en dressa le programme, cet étrange ecclésiastique ajoute comme conclusion [1] : « Que celui qui sait que Lille est à cinquante lieues de Paris, et qui n'ignore pas qu'en 1754 Voltaire, Buffon, d'Alembert, Diderot et Rousseau, avaient déjà publié des ouvrages immortels, ose encore sans réserve intituler ce siècle le siècle de la philosophie ! »

Ce n'est pas seulement à la solennité du centenaire qu'il s'attaque : c'est à la procession annuelle, c'est à l'institution elle-même. L'*Encyclopédie* du XVIIIᵉ siècle dit aussi son mot à ce sujet [2]. S'il faut l'en croire, à Lille, « dans les processions où l'on porte le Saint Sacrement, on fait marcher à la tête des chars où l'on

---

1: *Histoire de Lille*, p. 197. L'auteur de ce méchant pamphlet, chanoine par faveur de la cour, fut obligé de donner sa démission et de quitter Lille. V. notre *Histoire de Saint-Pierre*, tome I, p. 201-214.

2. Au mot *Char*, t. III, p. 184.

place des jeunes filles. Ces chars sont précédés du fou de la ville, qui a le titre de fou, et la fonction de faire mille extravagances par charge. » L'écrivain philosophe ajoute, non sans une pointe de dérision, que « cette cérémonie doit être regardée avec plus d'indulgence que de sévérité, car les habitants de Lille sont de très bons chrétiens. »

Un personnage de la même école a tracé, vers 1750, un tableau fantaisiste de la célèbre procession lilloise [1]. C'est une charge où l'auteur accumule d'une façon grotesque les incidents les plus invraisemblables. Sans doute il y avait dans le cortège des choses qui prêtaient à la critique, des abus qui s'étaient introduits par la longue succession des temps, et qui, passés à l'état de coutumes, ne pouvaient être que difficilement extirpés. Nous verrons quels efforts dut faire pour cela le chapitre, contre quelles influences il eut à lutter, et comment il réussit. Néanmoins, dans le tableau tracé par l'anonyme, beaucoup de traits sont inventés ou totalement travestis.

Du moins ne dit-il pas, comme l'*Encyclopédie*, que l'on porte le Saint Sacrement à la procession dépeinte d'une façon aussi étrange. C'est pourtant ce que ne craignait point d'affirmer encore l'auteur d'un article inséré en 1751 dans un recueil littéraire, où il raconte la fable du fou de la ville ouvrant la marche de la pro-

---

[1]. *La procession de Lille au XVIIIe siècle. Relation d'après un manuscrit de la bibliothèque Mazarine*, publiée par RAYMOND RICHEBÉ, archiviste paléographe, attaché à la bibliothèque Mazarine. Lille, 1892. In-18 de 28 pages.
Dans un article consacré à cette facétie bouffonne d'un voltairien, M. de Norguet conjecture que l'auteur pourrait bien être « le trop fameux Dulaurens, de Douai, ce religieux trinitaire défroqué, qui se jeta à corps perdu dans l'impiété et la pornographie, pour s'en faire des rentes. Un éditeur douaisien a extrait d'un de ses ouvrages, il y a quelques années (*la Procession de Gayant en 1766*, Douai, Crépin, 1886), un récit de la procession de saint Maurant, ou de Gayant, qui a les plus grands rapports avec celui de notre anonyme. Ce sont les mêmes épigrammes, les mêmes facéties, la même allure générale, assaisonnée en plus de quelques malpropretés. » (*Souvenirs religieux*, 1892, p. 189.)

cession, marotte au poing, avec mille extravagances [1].

Paul de Valori, prévôt de Saint-Pierre, prit la peine de réfuter ces assertions par une lettre qui contient des détails intéressants [2]. Tout d'abord il affirme que le fou de la ville n'a jamais paru à la procession du Saint Sacrement. C'est une cérémonie fort pieuse, à laquelle assistent avec le chapitre de Saint-Pierre, le clergé de toutes les paroisses, les ordres religieux, le gouverneur, le magistrat, les tribunaux. Les troupes de la garnison, échelonnées le long du parcours, rendent les honneurs au Saint Sacrement. Rien de profane ou de discordant ne se mêle au cortège.

Il existe une autre procession générale fondée au XIIIe siècle par la comtesse Marguerite, « procession très pieuse et très décente dans son origine, mais dans laquelle il s'est glissé quelques abus, par différents spectacles que le désir des peuples et la facilité du magistrat, peut-être le zèle peu éclairé, avoient laissé introduire. » Jamais on n'y porta le Saint Sacrement, mais seulement les châsses ou fiertes de toute la ville. On voit figurer « les confréries avec les images de leurs patrons, tous les corps de métiers, précédés de grands bâtons chargés de tous les attributs de leurs métiers ou professions, surmontés d'un flambeau historié et orné. »

Autrefois, les quatre compagnies bourgeoises ouvraient la marche, précédées d'instruments de musique et faisant des décharges continuelles de mousqueterie. Chaque compagnie avait ses valets habillés d'une manière grotesque ou même costumés en diables : ils faisaient ranger les personnes en se livrant à beaucoup de folies, « seringuant de l'eau, jetant du son et

---

1. *Nouveaux Mémoires d'histoire et de littérature*, par M. l'abbé d'Artigny, tome IV, p. 310, 311.

2. *Ibid.*, tome VII, p. 67-72. La lettre est datée de Paris, 23 janvier 1753.

frappant avec des fléaux de crin, qui ne pouvoient faire de mal. » On voyait aussi des chars de triomphe « garnis d'enfants fort parés, représentant le paradis, l'ange gardien, l'enfer, etc. » Nulle part ne se montrait le fou de la ville. « Les religieux et le clergé étoient à la fin, non mêlés avec tout cet attirail profane et chantoient des psaumes. »

Il existe à la vérité un fou de la ville, qui porte un habit bigarré, avec des grelots et une marotte. L'emploi ne laisse pas d'être recherché, parce qu'il offre certains avantages [1]. Ce fut, à ce qu'on assure, pour complaire à Philippe le Bon que le magistrat établit cet office bizarre. A son exemple, toutes les confréries se payèrent la même fantaisie.

La veille de la grande procession a lieu « une cavalcade à la tête de laquelle marche le fou de la ville, jetant des dragées au peuple. » C'est ce qui a donné lieu à l'assertion maintes fois répétée, que le fou marchait en tête de la procession. A cette cavalcade prennent part les trois chanoines maîtres des justices de Saint-Pierre, le prévôt de la ville, deux échevins, le secrétaire du chapitre, les greffiers du magistrat, les maîtres ouvriers tant de la ville que du chapitre, et enfin les sergents des deux juridictions. Ce cortège se réunit au cloître et parcourt les voies que doit suivre le lendemain la procession, afin de s'assurer que tout est en ordre et en bon état. Le soir, après que l'on est rentré au cloître, il y a un grand souper offert par le chapitre.

On voit par cet exposé du prévôt que si tout n'est pas fondé dans les critiques, si les plus graves portent à faux, cependant il y avait des abus réels. Valori en fait

---

1. Paul de Valori confirme ce qu'avait avancé l'auteur anonyme de l'article inséré dans les *Nouveaux Mémoires*, que, quand il vint à Lille, le fou attitré était un riche banquier et agent de change, nommé Cornille, dont le fils fut chanoine de Saint-Pierre.

l'aveu. Il faut ajouter que le chapitre s'efforçait d'y porter remède. Il avait contre lui d'un côté le peuple, toujours avide de réjouissances ; de l'autre le magistrat, désireux de plaire à la multitude et tenant comme elle aux anciens usages.

Déjà en 1655, il fut ordonné que les chars de triomphe et les intermèdes destinés à l'amusement du peuple, au lieu d'être intercalés parmi les groupes religieux, près des châsses, seraient reportés en avant et formeraient une marche distincte de la procession [1]. Peu à peu quelques réformes de détail purent aboutir encore : cependant il restait beaucoup à faire.

Un incident qui survint en 1736 remit la question à l'ordre du jour, et fournit l'occasion de la traiter de nouveau avec le magistrat.

Le jour de la procession, vers huit heures du matin, l'écolâtre Gouriot, sortant de Saint-Pierre, rencontra le valet des cabaretiers au vin, qui attendait le moment du départ. Cet homme, grotesquement affublé, portait sur la tête un tonneau surmonté d'une figure de Bacchus : il amassait autour de lui les enfants, se livrant à mille folies, et faisant l'ivrogne. Indigné de ce spectacle, l'écolâtre adressa une verte semonce à l'individu : dans un geste assez vif, il renversa Bacchus et son tonneau.

Les cabaretiers prirent fait et cause pour leur homme. Ils présentèrent une requête à la gouvernance, en se plaignant de la voie de fait exercée contre leur valet, et réclamant, en vertu d'une coutume immémoriale, le droit de porter ce Bacchus comme symbole de la corporation. La gouvernance ne voulut point tenir compte de leurs plaintes : elle mit tout simplement les parties hors de cause [2].

---

1. *Ville et Chapitre*, registre III, f° 32. (Archives municipales.)
2. *Souvenirs religieux*, 1891, p. 127, d'après un *Recueil manuscrit des arrêts de la gouvernance de Lille*.

Pour en finir avec ces petits scandales, le chapitre provoqua une conférence qui fut acceptée par le magistrat, et qui eut lieu le 22 juin 1736[1]. Au nom de ses collègues, le doyen exposa l'origine de la procession : il établit son caractère essentiellement religieux, qui exclut toute idée d'un spectacle propre à causer de la dissipation ou du scandale. Cependant, dans cette pompe sacrée, où l'on porte des châsses, où l'on chante des psaumes sans interruption, il s'est introduit des abus qu'il faut réformer graduellement et prudemment.

C'est ainsi que les valets des compagnies bourgeoises, avec leur accoutrement ridicule, excitent les rires du petit peuple, causent du tumulte sur leur passage, et rendent impossible le recueillement quand arrivent les châsses, quand la bonne fierte s'avance sous son dais. Les compagnies ne figurent plus dans la procession : il n'y a vraiment pas de motif pour que leurs valets y paraissent, quand les officiers ne sont pas là pour les tenir en respect. Quelques sergents de ville, quelques hommes des compagnies, suffiraient pour assurer le bon ordre, pour empêcher les poussées tumultueuses et les danses des porteurs de torches.

Les corps de métiers marchent tête-nue, avec des flambeaux, et portent les images de leurs patrons.

Le chapelain, en surplis, occupe le milieu de chaque groupe. Le valet précède, coiffé d'un chapeau ou de quelque objet symbolique. Le valet des cabaretiers au vin porte sur la tête un tonneau plein, que surmonte une image de Bacchus : il boit et donne à boire durant toute la marche ; dès que le tonneau est vide, il le fait remplir au prochain cabaret. Tout cela est choquant. Le magistrat est prié de faire une ordonnance de police qui supprime ces abus sur la voie publique.

---

1. *Ville et Chapitre*, registre III, fos 17-22.

Depuis quelque temps, on a introduit dans le cortège une jeune fille montée sur un âne, « ce qui occasionne quantité de discours et d'actions indécentes et criminelles devant Dieu. » Non moins déplacé l'enfant qui, costumé en Cupidon, décoche des flèches à droite et à gauche.

Le petit timbalier qui a suivi cette année le char de Notre-Dame de la Treille, doit avoir sa place dans la première partie du cortège, parmi les corps de métiers ou à leur suite, non dans les rangs du clergé. De même les enfants qui vont à cheval, sous des costumes profanes.

Le berger qui suit avec ses moutons la châsse de saint Druon ne peut pénétrer dans l'église. Le chapitre l'autorise à faire stationner son troupeau dans le cloître, en attendant le départ.

Défense de jeter des dragées par les fenêtres, ce qui cause du désordre et de la confusion. Le magistrat est prié de rendre les locataires responsables, en raison de l'emplacement qu'ils occupent.

Les curés se plaignent que l'heure du retour n'est pas fixe, et que par suite les offices du soir dans les paroisses se trouvent désorganisés. Il faudrait qu'après le temps d'arrêt pour le dîner, la procession se remît en marche au plus tard à une heure et demie.

Le chapitre demande qu'une ordonnance soit faite sur ces divers points, et transmise à temps pour être lue dans les églises le dimanche de la Trinité.

L'année suivante, on se réunit de nouveau en conférence le 14 juin, cinq ou six jours avant la procession [1]. Il n'y avait pas de temps à perdre. Le chapitre prie encore une fois les échevins de donner leurs ordres pour que les valets, bouffons et diables des serments, ne

---

1. *Ville et Chapitre*, registre III, f⁰ˢ 28, 29.

figurent dans le cortège que quand les compagnies s'y trouvent elles-mêmes. On renouvelle toutes les observations relatives à Cupidon, au petit timbalier, au troupeau de saint Druon, au Bacchus des cabaretiers à vin. On demande que le valet de cette corporation porte un insigne plus convenable, rappelant une idée de piété, ou bien encore un chapeau. Il faut empêcher les pauses et les arrêts pendant la marche, interdire aux porteurs de drapeaux de les agiter et de les faire tournoyer, aux porteurs de torches de sauter et de danser en les tenant et les élevant.

Les délégués de la ville écoutaient toujours : on prenait note des observations; elles étaient consignées dans un procès-verbal, après quoi l'on ne faisait rien ou presque rien. La tactique était de traîner les choses en longueur et de laisser comme non avenues les plus justes réclamations.

Cette fois, la ville se place à un point de vue nouveau. Elle prétend que l'itinéraire seul de la procession doit être réglé d'accord avec le chapitre, selon la charte de la comtesse Marguerite; le reste est affaire de police urbaine, et concerne uniquement le magistrat sur son territoire.

Dans une seconde conférence tenue le lendemain 15, veille de la Trinité [1], le chapitre repousse cette prétention et prouve qu'elle est contraire à l'usage constamment suivi. De tout temps le chapitre a réglé l'ordre et la composition du cortège; on ne peut faire paraître à la procession aucune image, aucune relique sans en avoir obtenu de lui l'autorisation. C'est ainsi qu'elle fut demandée pour la statue de saint Yves en 1613; pour la châsse de saint Victor et ses compagnons, reposant aux Jésuites, en 1623; pour une châsse de la chapelle du Château, en 1631 ; pour celles de Saint-

---

1. *Ville et Chapitre*, registre III, f°s 29-32.

Étienne et de Saint-Maurice, en 1631 et 1650[1]. Ce fut le chapitre encore qui détermina en 1654 l'ordre selon lequel les châsses se succéderaient. En 1655, il divise le cortège en deux parties, dont l'une purement profane devra être séparée de la procession religieuse. En 1688, la ville s'adresse à lui pour des mesures concernant la marche de la procession.

Ces exemples que citent les chanoines, il eût été facile de les multiplier. Abandonnant sa théorie nouvelle, le magistrat revient à l'inertie ancienne. C'est tout au plus si quelques améliorations sont exécutées : les abus subsistent dans leur ensemble et menacent de se perpétuer.

---

[1]. On peut citer d'autres autorisations accordées par décision capitulaire. Ainsi, pour la statue de N.-D. de Tongres, nouvellement couverte d'une feuille d'argent, qui est à Saint-Sauveur, 18 mai 1742 ; pour la représentation de Notre-Dame de Grâce, en argent, appartenant à la confrérie érigée en l'église de Saint-Etienne, 26 mai 1747.

CHAPITRE XVI.

DIFFICULTÉS AVEC LE MAGISTRAT. — ARBITRAGE DE L'ÉVÊQUE ET ORDONNANCE DE RÉFORME.

Le chapitre recommença en 1767 le siège de la citadelle de Rihour. De ce côté, les dispositions étaient toujours les mêmes; on ne voulait pas entendre parler de supprimer les vieux usages. Aux propositions faites, le magistrat répondit par un mémoire; à une demande de conférence, il opposa un refus. Le chapitre dut invoquer formellement le traité qui la rendait obligatoire [1].

Une année s'écoula encore en pourparlers stériles. Cependant, l'époque de la grande procession approchait. L'assemblée capitulaire se réunit quelques jours auparavant, le 31 mai 1768 [2]. Afin d'éviter les murmures et les scandales, poussant la condescendance jusqu'à ses dernières limites, le chapitre voulut bien accorder un nouveau sursis. Sur la demande expresse du magistrat, la réforme fut pour tout délai remise à l'année suivante. Les chanoines déclarent donc que « l'on fera encore

---

[1]. *Actes capitulaires*, 6 et 19 octobre, 14 décembre 1767. — Les conflits étaient fréquents entre le magistrat et les chanoines, qui jouissaient d'une juridiction indépendante. Le 5 septembre 1455, le grand conseil de Flandre termina en faveur du chapitre un grand nombre de ces litiges. Il fut alors convenu que quand une difficulté surgirait entre les deux parties, aucune d'elles ne pourrait, sous peine de vingt écus d'or, entamer un procès sans avoir conféré avec l'autre et cherché les moyens de conciliation. C'est là l'origine des conférences dont il est ici question. (V. *Histoire de Saint-Pierre*, tome II, p. 192-193.)

[2]. *Ibid.*, sous la date indiquée dans notre texte.

cette année la procession à l'ordinaire, et que ce sera la dernière fois que le chapitre y assistera, à moins que pendant le cours de l'année prochaine on ne prenne des arrangements pour supprimer d'une cérémonie aussi religieuse et aussi sainte les abus et les indécences dont on s'est plaint. »

Il est décidé en outre « que le jour de la procession il n'y aura plus de dîner aux Hibernois, et que l'on n'invitera au souper de la veille que les personnes nécessaires, tels que M. le prévost de la ville, les députés de ladite ville, les maîtres des justices, les maîtres de la fabrique, les deux baillis, le procureur et le secrétaire. »

Vers l'automne de cette année 1768, l'affaire entra dans une phase nouvelle. Le chapitre de Saint-Pierre pria l'évêque de Tournai d'interposer ses bons offices, et, dans le cas où il ne pourrait obtenir une solution amiable, de porter un jugement canonique sur les abus signalés dans la procession de Lille. Le maréchal de Soubise, gouverneur de la province, appuya cette démarche. Le magistrat lui-même parut accepter l'arbitrage épiscopal, et promit d'exécuter les réformes qui seraient jugées nécessaires : il faut croire qu'il changea d'avis, car il se déroba pendant l'instruction, et depuis n'exécuta point ses engagements.

L'évêque n'avait plus qu'à prononcer la sentence demandée. C'est ce qu'il fit dans les termes suivants [1] :

FRANÇOIS-ERNEST, par la grâce de Dieu et du Saint-Siège apostolique, évêque de Tournay, comte du Saint-Empire, de Salm-Reiffenscheid, etc.

Les doyen, chanoines et chapitre de l'église collégiale de Saint-Pierre à Lille, notre diocèse, nous ont supplié non-seulement d'interposer nos bons offices entre eux et le magistrat de la même ville, au sujet de quelques abus qui se seroient glissés insensi-

---

1. *Actes capitulaires*, 20 mars 1769.

blement dans la procession qui se fait à Lille dans l'octave de la Fête-Dieu, mais encore de prendre connoissance desdits abus pour en porter notre jugement, si par notre entremise nous ne pouvions parvenir à ramener les sentimens des deux corps à une seule et même opinion sur un objet qui intéresse la religion.

Mais avant de nous occuper plus sérieusement de cette affaire, et pour tâcher d'opérer avec plus de succès sur les esprits une réunion de sentimens si désirable, nous avons cru avec raison ne pouvoir prendre dans cette circonstance un parti plus modéré que celui de demander au magistrat des députés pour en conférer, et leur faire connoître les principaux points ou articles qui nous avoient paru mériter d'une manière plus particulière la réforme qu'on nous demandoit.

La conférence eut lieu en effet, mais sans succès, les députés n'étant autorisés à autre fin qu'à nous demander du temps pour, après rapport fait au magistrat, travailler à dresser un mémoire d'observations sur ce que nous venions de leur communiquer ; nous acquiesçâmes à cette proposition d'autant plus volontiers, que nous voyions avec plaisir que le chapitre de Lille ne se proposoit autre chose dans cette demande que la décence nécessaire et inséparable d'une cérémonie religieuse et publique.

La réponse du magistrat, qui nous fut remise quelque temps après cette conférence, n'étant qu'une apologie de leur façon de penser sur l'objet de la procession et une approbation formelle de la manière dont elle se fait, et ne nous fournissant d'ailleurs aucun autre moyen propre à nous faire espérer un arrangement si désirable, nous avons cru que nous ne pouvions avec justice refuser notre jugement, tant aux intentions de M. le maréchal prince de Soubise, gouverneur de la province, qu'aux sollicitations dudit chapitre de Lille.

A ces causes, vu d'une part la requête et autres pièces y annexées à nous présentées par les doyen, chanoines et chapitre de l'église collégiale de Saint-Pierre à Lille, notre diocèse, tendantes à ce qu'il nous plût porter notre jugement sur les abus qui se seroient glissés insensiblement dans la procession qui se fait à Lille dans l'octave de la Fête-Dieu ; ensemble plusieurs lettres de M. le maréchal prince de Soubise, gouverneur de la province, écrites, tant à M. le comte du Muy qu'au chapitre, d'une part; la résolution du magistrat en date du 19 novembre 1768, par laquelle ledit magistrat consent à faire des changements, s'il en échoit en conséquence de notre jugement ; ouïs les députés du magistrat de la même ville pour en conférer avec nous, et finalement vue la réponse dudit magistrat ; le tout bien considéré, et mûrement examiné, Nous, en nous conformant à la bonne et saine discipline, aux dispositions des saints canons et spécialement aux conciles provinciaux de Cambray et autres de ces provinces, nous avons trouvé convenir et jugeons :

1° Que, pour éviter les désordres et le scandale presque inévitables et qui nécessairement tirent leurs sources d'un repas intermédiaire qui se fait ce jour-là pendant la marche de la procession, contre toutes les règles ecclésiastiques, il est essentiel de trancher absolument ledit repas, de manière qu'en le supprimant pour toujours, la procession puisse commencer le matin à une heure certaine et invariable, de laquelle on peut être facilement d'accord, afin qu'elle puisse rentrer dans l'église à une heure au plus tard, en observant tout le bon ordre et la décence que requiert la célébration d'une solennité faite, non pour le spectacle, mais pour l'édification des fidèles ;

2° Que, malgré les raisons que l'on veut insinuer ou faire valoir en faveur de l'institution de cette procession par la Comtesse de Flandre, le tour ordinaire qu'elle fait étant trop long, il est nécessaire de l'abréger, n'étant nullement de l'essence d'une pareille solennité qu'elle fasse tel ou tel circuit par préférence à tout autre ; et afin d'ôter tout prétexte d'alléguer qu'il y auroit des personnes qui n'auroient pu entendre la messe ce jour-là, nous permettons tous les ans, pour la commodité des fidèles, qu'il en soit célébré une dans l'église de Saint-Pierre à l'heure ci-dessus spécifiée ;

3° Qu'en rendant à la pureté de la religion le culte qui lui est dû, il est juste de conserver au Roy ce qui peut aller au bien et à l'avantage de son service, en sorte que les chars de triomphe, au lieu d'être supprimés, pourront subsister, mais avec cette précaution nécessaire de les faire sortir du milieu de la procession pour les faire marcher immédiatement à la suite, si dans l'après-midi le magistrat n'aime mieux donner au peuple un spectacle qui soit plus analogue à son goût, moins sujet aux inconvénients dont on se plaint et qu'il faut éviter, et peut-être plus profitable aux octrois de la ville;

4° Que ce que l'on appelle petites processions, et qui ont lieu tous les jours pendant l'octave, ne pouvant être accompagnées ni de la majesté, ni même d'aucune décence ou retenue requises, doivent pareillement être supprimées, pour obvier plus sûrement aux continuels désordres qu'elles occasionnent toujours dans l'église où elles rentrent après leur course. Les députés étant convenus verbalement de cet article, et la réponse du magistrat le passant sous silence, nous croyons inutile d'y insister.

Au moyen de ces changements dans les quatre articles ci-dessus rappelés, la procession de Lille peut subsister telle qu'elle est, en renouvelant toutefois de la part du magistrat son ordonnance de police, et en tenant la main sévèrement à son exécution.

Donné à Tournay, ce 7 mars 1769, sous notre seing, le sceau de nos armes et le contre-seing de notre secrétaire.

Signé : F.-E., évêque de Tournay,

Par Son Excellence,

Place du sceau.　　　Callens, secrétaire.

L'évêque, on le voit, apporte une excessive modération dans le prononcé du jugement : il ménage les susceptibilités ombrageuses du magistrat. Le chapitre, de son côté, ne désespérait point de parvenir à un accord : il voulut tout faire pour atteindre ce but. De nouvelles conférences eurent lieu le 17 mai, puis le 21, chez M. de Marville, maréchal de camp, lieutenant du gouverneur en son absence. Le procureur général assistait à cette dernière délibération [1].

Au lieu de coopérer à une entente amiable, le magistrat prit sur lui de promulguer une ordonnance que le chapitre regarda comme attentatoire à ses droits et à ceux de l'Eglise. En conséquence, il lui en opposa une autre, rédigée conformément aux décisions de l'évêque de Tournai [2]. L'ordonnance capitulaire fut imprimée, affichée, mise à exécution cette année et les suivantes, en dépit d'une protestation qui resta sans effet. Le magistrat semble n'avoir pas essayé de nouvelle opposition [3].

---

1. *Ville et Chapitre*, registre III, f⁰ˢ 75, 76.
2. Le texte se trouve dans les *Actes capitulaires*, 1769, p. 61-63.
3. Le rewart, au mois de juillet, demanda copie de l'accord conclu entre le chapitre et le magistrat en 1633, et de l'ordonnance du chapitre touchant la procession de la ville, du 8 mai 1654. A quoi les chanoines répondirent que dans une conférence ils se feraient toujours un plaisir de communiquer au magistrat tous les titres qu'ils possédaient, espérant que de son côté celui-ci ne ferait pas difficulté de leur communiquer les siens. (*Actes capitulaires*, 22 juillet 1769.)

Bien que le parcours de la procession, d'après la charte de Marguerite, dût être réglé d'un commun accord, l'échevinage ayant refusé sa participation à des arrangements nécessaires, le chapitre se vit forcé de les décréter seul. Désormais la procession ne dépasse plus la Grand'Place, où elle se rend par les rues Saint-Pierre et Grande-Chaussée ; puis, par la place de Rihour et la rue des Jésuites [1], elle gagne la rue Royale et la rue d'Angleterre, qui la ramène à la collégiale.

Les groupes se mettent en marche pendant la grand'messe. A l'offertoire, on fait avertir le magistrat. A dix heures précises a lieu le départ du clergé. La procession se continue sans interruption ni arrêt d'aucune sorte : elle rentre assez tôt pour laisser un intervalle jusqu'aux vêpres, chantées à trois heures. Une messe est dite à l'arrivée, pour permettre à ceux qui ne l'auraient point encore entendue de satisfaire au précepte.

Nulles châsses nouvelles ne pourront être introduites dans le cortège, sans avoir été exposées dès la veille à Saint-Pierre, où les délégués du chapitre constateront qu'elles ne présentent rien de contraire aux règles de l'Eglise.

Plusieurs prescriptions concernent l'ordre et la bonne tenue convenables dans une cérémonie religieuse. Les petites processions n'auront plus lieu pendant l'octave, parce qu'il est difficile qu'elles s'accomplissent avec décence. Les fidèles sont invités plutôt « à visiter pendant la neuvaine, suivant l'intention de la pieuse institutrice, la chapelle de Notre-Dame de la Treille, où les reliques seront exposées. »

Le magistrat se refuse à faire comme par le passé la visite des chemins, avec les délégués du chapitre, la veille de la procession. Est supprimée en conséquence

---

1. Actuellement rue de l'Hôpital-Militaire.

la cavalcade où figurait le fou de la ville, et qui donnait lieu à de réels abus. Supprimé aussi le souper qui la terminait. Toutefois le chapitre enjoint aux maîtres de fabrique [1] de faire eux-mêmes la visite du parcours, afin de « remarquer et observer s'il n'y a rien qui puisse nuire au bon ordre et à la décence de la procession. »

Telles sont en gros les dispositions de l'ordonnance rendue par le chapitre de Saint-Pierre, pour la mise à exécution de la sentence de l'évêque. Elles étaient conformes aux désirs du pouvoir souverain, manifestés par ses représentants dans les conférences auxquelles ils assistèrent, et dans les lettres qu'ils écrivirent. Aussi le magistrat fut désarmé : il n'osa se lancer dans une voie d'opposition qui n'aurait eu ni l'approbation de la partie saine et religieuse de la population, ni l'appui des autorités supérieures.

---

1. La fabrique de l'église.

CHAPITRE XVII.

LA PERSÉCUTION RÉVOLUTIONNAIRE. — OPPRESSION ET RUINES.

Les progrès de l'irréligion et de l'immoralité, les manœuvres des sociétés secrètes, un malaise général habilement exploité, toutes ces causes réunies amenèrent vers la fin du XVIIIe siècle, une des crises les plus violentes que l'histoire ait enregistrées.

Les Etats-Généraux, dont la convocation en 1789 fit naître tant d'espérances, ne tardèrent pas à entrer dans la voie des mesures franchement révolutionnaires.

Bien que la situation fût singulièrement troublée, la masse des populations et du clergé ne voyait pas le péril dans toute son étendue. On croyait à une effervescence passagère, qui serait bientôt dissipée, et qui ferait place à un ordre de choses nouveau, à un état de bonheur, de paix et de prospérité.

La religion était encore mêlée à tous les actes de la vie publique. C'est ainsi qu'à Lille le comte d'Orgères, général de la garde nationale, vint au nom des officiers et soldats prier le chapitre de bénir les drapeaux et de chanter un *Te Deum* dans la collégiale, après la prestation du serment civique.

La cérémonie, fixée au dimanche 25 avril 1790, fut annoncée la veille au soir par la grosse cloche de Saint-Pierre, que l'on sonna pendant une heure, avec accompagnement de carillon.

Avant de procéder à la bénédiction solennelle, le chantre De Muyssart, en l'absence du doyen, prononça une allocution patriotique, où l'on retrouve l'emphase et la sentimentalité de l'époque. L'orateur félicite la milice nouvelle, qui vient à ses débuts se placer sous la protection du maître de l'univers. Il voit dans le courage et le zèle des soldats citoyens une garantie pour la paix, pour la tranquillité publique. Il appelle toutes les bénédictions d'en haut sur eux, sur la France, sur la cité, sur ses nouveaux magistrats, sur « le citoyen honorable qu'un esprit sage et éclairé, une probité sans nuages, des vertus également sociales et chrétiennes, ont placé à la tête de cette magistrature vraiment patriotique [1]. »

« A ces paroles, où la piété s'allie si bien avec l'amour de la patrie, dit Victor Derode, l'assistance se sentit émue jusqu'aux larmes, et si l'on avait consulté les témoins de cette scène, aucun d'eux n'aurait soupçonné qu'avant six mois la garde nationale serait requise pour veiller à l'intégrité des scellés apposés sur les biens de ce même chapitre dépouillé par la loi; ou qu'un an après, ces drapeaux bénits par la prière, et que l'on confiait à la garde du temple, en seraient enlevés pour toujours, et qu'enfin le fanatisme révolutionnaire les aurait brûlés comme des souvenirs importuns. Alors tous ces faits que nous avons vus s'accomplir, étaient encore cachés dans les secrets de l'avenir [2]. »

L'après-midi, les drapeaux furent remis aux bataillons sur le Champ de Mars : les gardes nationaux firent serment d'être fidèles à la Nation, à la Loi et au Roi,

---

1. *Discours prononcé par M. l'abbé de Muyssart, prêtre, chanoine et chantre de l'église collégiale de Saint-Pierre de Lille, à l'occasion de la bénédiction du drapeau de la garde nationale, en présence de M. le maire et de MM. les officiers municipaux, le 25 avril 1790.* In-4°, 3 pages. De l'imprimerie de Léonard Danel, imprimeur de MM. du chapitre de Saint-Pierre. (Bibl. comm. de Lille.)

2. Derode, *Histoire de Lille*. tome III, p. 33-35. — *Feuille de Flandre*, année 1790, p. 594.

de maintenir suivant leur pouvoir la constitution du royaume, et, quand ils en seraient requis, de prêter main-forte à l'exécution des ordres de justice, et des décrets de l'Assemblée nationale sanctionnés par le Roi.

Au fur et à mesure que les divisions avaient prêté serment, elles défilaient devant les officiers municipaux, et se rendaient par la rue Saint-Pierre à l'église collégiale. Le maire à son tour prit la parole. Dans un langage élevé, il rappelle aux soldats citoyens que c'est devant Dieu qu'ils ont prêté serment, que c'est à son tribunal qu'ils en répondront.

La cérémonie se termina par le *Te Deum* et la bénédiction du Saint-Sacrement.

Une fois encore, la religion se vit associée à l'une de ces grandes manifestations qu'inspiraient un réel patriotisme, et qui précédaient de si peu les jours néfastes où le mouvement allait prendre une tournure opposée.

Le 6 juin, jour de la fête de Notre-Dame de la Treille, fut célébrée à Lille la fête de la Fédération du Nord de la France. La procession eut lieu le matin à l'ordinaire : la fête patriotique était fixée à quatre heures de l'après-midi. La coïncidence entre les deux solennités avait été cherchée et voulue.

Non-seulement le chapitre accepta l'invitation de se rendre à la cérémonie patriotique avec le Saint Sacrement, mais il prêta ce qu'il avait de plus beau pour décorer l'autel érigé sur l'Esplanade. Les curés reçurent aussi de la part des gardes nationaux une invitation spéciale [1].

Quand l'heure fut venue, toutes les députations étant réunies sur la vaste plaine, on se mit en marche pour Saint-Pierre, au signal du canon. Dix mille hommes se

---

1. *Actes capitulaires*, 31 mai 1790. — Derode, tome III, p. 39.
La fédération embrassait les trois départements du Nord, du Pas-de-Calais et de la Somme.

tenaient sous les armes : cent mille spectateurs étaient présents.

C'est encore le chantre De Muyssart qui présida le cortège religieux, et qui porta l'ostensoir en l'absence des premiers dignitaires. La procession étant arrivée à l'autel dressé sur l'Esplanade, le célébrant bénit le drapeau de l'union, sur lequel étaient représentées les armes de toutes les villes associées : il prêta le premier le serment civique ; tous les ecclésiastiques présents le prêtèrent avec lui [1]. Le général de la garde nationale et le maire de Lille, Vanhœnacker, prononcèrent des discours empreints d'un caractère profondément religieux, pour expliquer aux fédérés la signification du serment qui les obligeait d'être fidèles à la Nation, à la Loi et au Roi ; de se donner mutuellement secours suivant les lois de la fraternité.

Lorsque, la formule ayant été lue, tous prononcèrent simultanément ces mots : *Je le jure !* l'airain tonna, les chants sacrés retentirent, le Saint Sacrement fut élevé pour bénir l'assistance. Les troupes fléchirent le genou : les tambours battaient aux champs ; la grande voix du canon dominait le tout. Cent encensoirs balancés firent monter vers le ciel un nuage d'encens, auquel se mêlait le parfum des cassolettes. Il y eut un moment d'enthousiasme indescriptible. Puis la foule s'écoula, tranquille et pacifique, sans que l'on pût constater aucune apparence de désordre ni pendant, ni après la cérémonie [2].

L'enthousiasme régnait encore à cette époque : il se traduisait par des fêtes, des banquets populaires. Pourtant, de Paris arrivaient des nouvelles peu rassurantes. Il se préparait des innovations radicales, qui pouvaient

---

[1]. Il est à peine besoin de faire observer que ce serment n'a rien de commun avec celui que l'on exigea un peu plus tard, et qui constituait un acte d'apostasie.
[2]. Derode, *Histoire de Lille*, t. III, p. 36-42.

séduire les esprits aventureux, mais qui déplaisaient au grand nombre, et soulevaient de funestes appréhensions.

Les réformes nécessaires étaient commencées : elles pouvaient s'accomplir pacifiquement et progressivement. Ce n'était pas le compte des meneurs. Un parti puissant par son activité, peu scrupuleux sur le choix des moyens, voulait le renversement de l'ancien ordre de choses : il visait surtout le Christianisme et l'Eglise. Le moment lui sembla venu de frapper un grand coup.

Dépouiller le clergé de ses possessions, ruiner son influence, l'asservir et le dominer ensuite, tel était le plan de la secte. La confiscation de vastes propriétés territoriales fut présentée à l'opinion comme le moyen de remédier à l'extrême pénurie du trésor, et de sauver l'Etat de la banqueroute.

Le clergé, qui avait à sa charge les services du culte, de la bienfaisance et de l'enseignement, ne refusait point de subvenir aux nécessités publiques par des dons et des impositions extraordinaires. Les exemples abondent, surtout au XVIIIe siècle.

En 1759, on lui demande d'envoyer à la monnaie toute l'orfèvrerie dont les églises pourraient se dépouiller sans détriment pour le culte. La collégiale de Lille en livra pour sa part près de quatre cents marcs, dont plus de moitié provenait de la chapelle de Notre-Dame de la Treille. On reçut en échange des billets qui subirent une notable dépréciation [1].

---

1. Lettre du maréchal prince de Soubise, 15 novembre 1759. — Etat général de l'argenterie de Saint-Pierre, 18 décembre 1759. — Inventaire des objets envoyés à la monnaie le 15 février 1760. (Fonds de Saint-Pierre.) Deux statues en argent, l'une de la sainte Vierge, l'autre de saint Pierre, figurent au premier rang parmi les objets sacrifiés. Elles ornaient autrefois le chœur. Le reste de l'envoi se compose de chandeliers, bâtons de chantre, réchauds, plats, encensoirs, etc. Tout cela représentait 214 marcs 4 gros appartenant à la chapelle de la Vierge ; 62 marcs 4 gros venant de la chapelle paroissiale ; 121 marcs 6 onces provenant du chœur, de la sacristie et des chapelles.

Sur cette valeur on reçut 5.312 livres 10 sols en argent ; 15.876 livres en billets qui furent négociés à perte. (*Actes capitulaires*, 30 novembre 1759 ; 11, 15, 19 et 25 février, 17 mai 1760.)

Un sacrifice analogue se renouvelle en 1789. Cette fois, l'argenterie est demandée en pur don. Il faut, après inventaire des objets d'or et d'argent, réserver ceux qui sont essentiels au culte ou à la décence du culte, ainsi que ceux dont la valeur intrinsèque est minime, et dont le travail constitue tout le prix. Le reste devra être envoyé à la monnaie.

A Saint-Pierre de Lille, l'inventaire se fit le 20 novembre 1789, avec le concours de deux orfèvres intervenant comme experts, et devant le lieutenant de la gouvernance, le procureur du Roi au même siège, et le commandant de la garde nationale, que le chapitre avait invités pour servir de témoins.

Parmi les objets à conserver, le rapport signale en premier lieu la châsse de la Sainte Vierge, la bonne fierte, objet séculaire de la vénération des Lillois. C'est un ouvrage exécuté par d'habiles artistes, et « dont on ne saurait assez apprécier la façon ». La valeur intrinsèque n'est pas des plus considérables : il y a beaucoup de cuivre, et de l'argent en moindre quantité, le tout doré. « Ainsi, peu de dépouille. » Il est évident que les experts ont voulu sauver la châsse.

Les objets sacrifiés furent envoyés à la monnaie. Les reliques tirées de leurs reliquaires furent replacées dans d'autres, avec tout le respect et les précautions voulues [1].

---

1. *Actes capitulaires*, 14 décembre 1789. Ce fut le chanoine Gallouin qui opéra cette translation en qualité de vicaire-général. On trouve, sous la date du 25 mai 1790, un acte signé de lui, par lequel il constate la translation des reliques de saint Calixte et de saint Macaire « in thecam majorem, supernam viri episcopalis effigiem referentem ». C'est le buste de saint Eubert, dans lequel on dépose aussi la relique de sainte Claire : « E theca argentea supernam statuæ muliebris similitudinem referente in thecam capitis s. Euberti ». (Fonds de Saint-Pierre.)

Le 24 mars 1790, le même vicaire général attestait l'authenticité de la relique de saint Calixte, nouvellement extraite de l'ancienne thèque. (*Documents*, p. 121, *note* 4.) Elle appartient aujourd'hui à la basilique de N.-D. de la Treille.

Le chef de sainte Claire, vierge et martyre, est conservé chez les Clarisses d'Arras, avec l'authentique du chanoine Gallouin.

Cette opération, répétée sur tous les points du territoire, produisit une somme importante. Ce n'était point assez pour combler le gouffre de la dette publique. Le clergé fit des propositions qui permettaient d'atteindre ce résultat, mais rien n'y fit. On décréta la spoliation de l'Eglise et la suppression de toutes les corporations ecclésiastiques, chapitres, abbayes, monastères, etc.

Par suite de ces lois iniques, le chapitre de Saint-Pierre allait disparaître, après sept à huit siècles d'une glorieuse existence. Au mois d'octobre 1790, il régla ses affaires et prit certains arrangements en faveur des chantres et musiciens, que cette mesure privait de toute ressource.

Les autorités craignirent un mouvement populaire en faveur d'une institution qui, par tant de racines, tenait à la vie lilloise. Une certaine effervescence régnait en ville, surtout dans le quartier de Saint-Pierre[1]. On demanda des instructions au directoire du département ; on prit des précautions en vue d'une résistance possible, mais de fait aucun mouvement ne se produisit. Le chapitre se contenta d'une calme et noble protestation. A la violence inique, des mains sacerdotales ne pouvaient opposer que les armes de la prière et le bouclier de la patience. C'est, du reste, l'attitude que prirent partout l'épiscopat et le clergé. Tant qu'il s'agit seulement de leurs biens, ils supportent la spoliation en silence, avec une dignité calme et résignée. La résistance commence quand on leur demande le sacrifice de la conscience et de l'honneur. Et encore, ils se contentent d'opposer un invincible *Non possumus*, qu'ils soutiendront devant le couteau des massacreurs et devant l'échafaud, sur toutes les routes de l'exil, dans les

---

1. Lettre du Directoire du district au département, 3 novembre 1790 ; réponse du 6 novembre. (Fonds de Saint-Pierre, carton 46.) — *Registre aux résolutions de la municipalité de Lille*, 3 novembre 1790.

prisons infectes et les pontons meurtriers, sous le climat pestilentiel de la Guyane.

Le vendredi 5 novembre 1790 fut le dernier jour où l'on célébra l'office canonial à Saint-Pierre. Le samedi 6, les commissaires délégués vinrent apposer les scellés sur les archives, la sacristie, le chœur et les autres locaux spécialement affectés au chapitre [1]. On ne permettait même plus aux chanoines de se réunir pour chanter les louanges de Dieu. Il fallut que la prière liturgique cessât de monter vers le ciel : ainsi le décrétait l'impiété triomphante.

L'église de Saint-Pierre continua de rester ouverte pour les offices paroissiaux : l'entrée du chœur était seule interdite.

Le 26 mai 1791, une ordonnance de l'évêque constitutionnel Primat décide la suppression de la paroisse de Saint-Pierre. Le 28, la municipalité ordonne de fermer l'église et d'y apposer les scellés : elle délègue deux de ses membres pour cette triste besogne. L'antique et vénérable collégiale avait vécu.

Le sanctuaire de Notre-Dame de la Treille se vit en même temps condamné; le culte de la patronne de Lille disparaissait, du moins dans ses manifestations extérieures, car la violence ne put atteindre le cœur des fidèles, ni supprimer l'hommage de la piété privée.

Cette fois encore, une protestation se fit entendre. Elle émanait de l'administrateur de la confrérie Lefebvre de Lattre de la Fresnoye. Après avoir rappelé les origines du culte de Notre-Dame de la Treille et de la grande procession, il constate avec douleur que désormais la châsse vénérée ne pourra plus être exposée dans la chapelle, ni portée dans sa marche triomphale à travers les rues. La cité y perd un de ses plus beaux privilèges, qui faisait de cette fête et de son octave une trêve pour

---

[1]. *Gazette du département du Nord*, 1790, p. 225.

les exilés. L'administrateur « proteste contre la fermeture de ladite chapelle et l'extinction du droit public de franchise qui y étoit attaché, bienfait et privilège dont les habitants de cette ville ont joui et ressenti les effets pendant plus de cinq cents ans. » Il demande qu'on lui donne acte de sa protestation. La réponse fut une fin de non-recevoir, et un refus de lire cette pièce en séance, à moins qu'elle ne fût signifiée par notaire [1].

On n'osa point cette année supprimer la procession de Notre-Dame de la Treille, ni les autres processions générales de la Fête-Dieu et de l'Assomption. S'attribuant le rôle que remplissait autrefois le chapitre de Saint-Pierre, la municipalité régla l'ordonnance de ces solennités religieuses, fit les invitations, et, ce qui rentrait mieux dans ses attributions, prit les mesures de police habituelles.

Le rapporteur du conseil fait observer qu'il serait impolitique de supprimer la grande procession, au risque de mécontenter le peuple, et même de compromettre la tranquillité publique. On se borna donc à rogner sur la pompe usuelle. La municipalité prescrivit de porter le Saint Sacrement, précédé de la Bonne Fierte, et de toutes les châsses qui se trouvaient encore dans les paroisses. La procession sortit de Saint-Etienne, que l'on regardait comme l'église principale, depuis la fermeture de Saint-Pierre [2].

---

1. La pièce est du 30 mai 1791. Elle est publiée, avec la réponse datée du même jour, dans Mathilde Froment, *Histoire de Notre-Dame de la Treille* (Lille, 1851), p. 204-206.

2. *Registre aux résolutions de la municipalité*, 13 mai 1791. Il est donné lecture « d'un projet du Sr Brovellio, relatif *aux processions de la Fête-Dieu, de l'Assomption et de celle de Lille* ». Ses conclusions sont adoptées. — *Ibid.*, 17 juin 1791 : *Ordonnance pour la procession solennelle de la ville.*

Dans le rapport de Brovellio (ex-imprimeur du chapitre), nous relevons les passages suivants :

« Quant à la Procession de la ville, où cependant il ne sera plus question de torches et de quelqu'autres accessoires, je crois que le peuple seroit très mécontent d'une suppression totale, et qu'il seroit même impolitique d'y penser...

« En faisant cette procession, que je crois nécessaire pour la tranquillité publique, je pense aussi qu'on peut éviter toute autre espèce de dépense, et

L'église collégiale fut mise en vente, au mois de juillet 1792, avec le terrain servant autrefois de cimetière, la chapelle de Saint-Michel ; le préau et les deux maisons y attenantes, qui formaient façade vers la terrasse du cloître ; le bâtiment à l'extrémité du préau, contenant la bibliothèque publique ; les édifices situés derrière la bibliothèque, avec un petit jardin donnant sur le Rivage. L'hôtel du prévôt était aliéné déjà, ainsi qu'une grande maison canoniale [1].

Les boiseries de la bibliothèque, le mobilier, les ornements, les tableaux, sont exceptés de la vente. Dans l'église on réserve :

« L'orgue avec toute sa charpenterie et menuiserie ; la clôture en marbre grillée en fer de la chapelle dite de Notre-Dame de la Treille ; l'urne en marbre blanc de ladite chapelle, les deux médaillons postés aux côtés du chœur de ladite église, tous les mausolées, tombeaux et pierres sépulcrales ; généralement, tout ce qui ne tient pas à clou, ciment ou cheville, tant en ladite église que dans les autres bâtiments qui font partie de la présente vente. »

---

que le peuple sera satisfait, quelque soit sa façon de penser sur les affaires présentes. On pourroit cependant établir qu'à pareil jour et tous les ans, à cause de la solennité de cette ancienne fête, on inviteroit les citoyens à illuminer la façade de leurs maisons. »

Le préambule de l'ordonnance relative à la procession exprime le désir « que tout s'y passe avec la décence, la piété et le respect qu'exige la présence du Saint Sacrement, qui y sera porté. » L'article 3 est ainsi conçu : « La châsse de la Sainte Vierge, invoquée sous le nom de Notre-Dame de la Treille, précédera immédiatement le Saint Sacrement, ainsi que les autres châsses des paroisses, en observant le même ordre que les années précédentes. »

La présence du Saint Sacrement était une innovation faite par la seule autorité des municipaux.

1. La vente, annoncée par une grande affiche, devait avoir lieu le 24 juillet 1792, sur la mise à prix de 125.000 florins, pour une contenance totale de 860 verges.

La galerie conduisant à la bibliothèque forme un lot à part, estimé 2.400 florins. Pour cette galerie, comme pour le bâtiment de la bibliothèque, l'entrée en jouissance n'aura lieu que le 1er novembre 1793. Les livres devaient être au préalable enlevés et transportés ailleurs.

Les cloches seront tirées du clocher, pour être envoyées à l'hôtel des monnaies.

Le 8 août 1792, il y eut adjudication en faveur d'un habitant de Dunkerque, mais ce fut sans résultat, l'acquéreur étant demeuré insolvable [1].

Pendant le siège de Lille par les Autrichiens (septembre-octobre 1792), l'église de Saint-Pierre servit de magasin et fut fort endommagée. Le 15 novembre, l'administration de la guerre la réclama pour y enfermer des troupeaux, en alléguant « qu'il n'était pas possible de laisser hors de la ville, exposés aux injures du temps, des moutons destinés à alimenter les armées de la République [2]. »

Le 23 mars 1793, la collégiale fut revendue par suite de folle enchère. Le noble édifice passa entre les mains d'une bande de démolisseurs, qui se propoaient d'exploiter les matériaux [3].

Au mois de juin, le syndicat acquéreur se plaint vivement de ce que l'église, employée comme magasin militaire, n'est pas encore évacuée. Ils avaient acheté pour démolir de suite : ils comptaient convertir tout le plomb en balles pour les armées. Le retard apporté à la jouissance leur cause un notable préjudice.

Enfin, les clés sont livrées le samedi 8 juin. Il restait encore un peu de mobilier : des confessionnaux dans la chapelle paroissiale, des meubles de sacristie, le buffet d'orgues, le cadran de l'horloge. Il y avait des pierres sépulcrales, au sujet desquelles on n'était pas

---

1. La vente était fixée au 24 juillet : il n'y eut aucune enchère. Le 8 août, le lot principal fut adjugé pour 242.000 florins, et la galerie pour 5.000.

2. Quarré-Reybourbon, *Lille, l'Histoire locale au jour le jour* (1890), p. 519-521.

3. A cette vente sur folle enchère, le prix fut respectivement de 210.000 et 2.500 florins. Le syndicat était représenté par un plombier et un architecte, demeurant tous deux rue d'Angleterre.

d'accord : les acquéreurs réclamaient tout, y compris la tombe de Louis de Male [1].

Les derniers mois de l'année 1793 furent consacrés à l'exploitation des métaux, du plomb principalement, et de tout ce qui avait une valeur vénale immédiate. C'était le premier but des acquéreurs. Cela fait, ils cherchent à tirer parti du terrain et de ce qui reste des constructions : ils offrent à la ville de lui rétrocéder leur marché (juin 1794).

N'ayant pu revendre les bâtiments en bloc, à la ville ou à la nation, la bande noire les démolit. Les matériaux furent utilisés pour diverses constructions. Un voyageur qui visitait Lille en 1799 ne put retrouver que l'emplacement de l'église collégiale : on broyait les colonnes et les chapiteaux pour en faire du mortier. Ainsi s'en allaient les derniers restes de l'auguste temple [2].

Le cloître, conservé à l'état de place publique, s'appelait le clos de la Réforme : ses portes, depuis la Révolution, n'étaient plus fermées que du consentement des riverains, acquéreurs ou occupeurs des maisons canoniales. Il y avait au milieu un puits public, avec un bac en pierre pour les chevaux. Une rue projetée devait, à travers les démolitions, donner issue vers la rivière [3]. C'est aujourd'hui la rue de la Deûle. Le cloître

---

1. Archives du Nord, domaines nationaux, Saint-Pierre de Lille.

Il existe encore, sous la date du 17 frimaire an II (7 décembre 1793) un inventaire d'objets provenant de Saint-Pierre, qui comprend 127 articles. Ce sont 10 reliquaires en bois doré, 30 antipendes, des chasubles, tuniques, dalmatiques, chapes, etc. L'église de Saint-Sauveur, la plus pauvre de la ville, obtint lors de la fermeture de Saint-Pierre quelques ornements sacerdotaux qui, plus tard, lui furent réclamés.

2. Barbault-Boyer, *Voyage dans les départements du Nord, de la Lys, de l'Escaut, etc., pendant les années VII et VIII* (Paris et Lille, messidor an VIII), p. 73. L'auteur voyageait avec une mission administrative. Il séjourna près de six mois à Lille, du 12 ventôse au 20 thermidor an VII (22 février-7 août 1799).

3. *Registres municipaux*, 12 messidor an IV (30 juin 1796). Les propriétaires

a pris le nom de place du Concert, à cause d'un établissement construit en 1803. Les écoles académiques, la prison, le palais de justice, quelques habitations particulières ont trouvé place sur le terrain du cimetière et de l'église.

De toutes les richesses d'art accumulées dans Saint-Pierre, il reste aujourd'hui bien peu de chose. On ignore ce qu'est devenu le superbe monument de Louis de Male : peut-être le bronze a-t-il été fondu, et le marbre broyé comme les colonnes de l'église.

On retrouve au musée de Lille quelques tableaux provenant de la collégiale. L'église de Saint-André possède les deux bustes de saint Pierre et de saint Paul par Quellyn ; celle de Marcq-en-Barœul s'est enrichie de deux bas-reliefs en marbre blanc. Telles sont les seules épaves connues, en dehors des reliques et des ornements sacerdotaux. Ajoutons la belle bibliothèque du chapitre, attribuée maintenant à la ville.

La relique insigne de la Vraie Croix, sauvée de la profanation, se conserve à Saint-Etienne. La Bonne Fierte, transférée dans l'ancienne église de ce nom, fut détruite lors du formidable incendie allumé par les bombes autrichiennes, le 29 septembre 1792 [1].

Quant à la vieille basilique de Baudouin V, à l'illustre collégiale qui fut le berceau de la cité, le centre de sa vie religieuse, intellectuelle, artistique ; quant au magnifique sanctuaire de Notre-Dame de la Treille, où se sont agenouillées tant de générations, il n'en reste pas une pierre.

---

et occupeurs des maisons situées sur cette place réclamaient contre un projet d'aliénation qui n'eut pas de suite.

Le rang de maisons qui séparait le cloître de la rue Saint-Pierre est maintenant démoli. L'état des lieux se trouve par suite totalement modifié.

1. Derode, *Histoire de Lille*, tome III, p. 151. — Rien ne fut sauvé de l'incendie. On retira seulement des décombres de Saint-Etienne quelques lingots d'argent. (*Registres municipaux*, 8 octobre 1793.)

Heureusement, la sainte Image a pu être sauvée de la profanation et de la destruction. Un serviteur de la chapelle, Alain Gambier, fut assez habile pour s'en emparer, assez rempli d'une pieuse audace pour la garder chez lui pendant les jours mauvais, au péril de sa vie. C'est à cet homme du peuple, à ce zélé chrétien, à ce fervent serviteur de Marie, que les Lillois doivent la conservation de la statue de Notre-Dame de la Treille.

CHAPITRE XVIII.

NOTRE-DAME DE LA TREILLE A SAINTE-CATHERINE. SON CULTE RENOUVELÉ.

Quand la liberté de servir Dieu eut été rendue aux Français, quand les églises se rouvrirent à la suite du Concordat de 1801, quand le culte catholique se réorganisa publiquement, une foule de ruines matérielles et morales se trouvaient amoncelées. Mais la religion, que l'impiété croyait avoir anéantie, se retrouvait vivante dans les cœurs, et s'affirmait au grand jour.

« Les temples, dit un écrivain lillois de cette époque, se ressentent encore de la spoliation des Vandales ; les autels ont perdu de leur pompe, mais brillent plus que jamais de l'éclat que réfléchissent sur eux tant de vénérables confesseurs, échappés comme par miracle à la fureur du glaive ou à l'insalubrité des cachots ; et les temples sont, pour ainsi dire, parfumés des hautes vertus dont, pendant dix années, ils ont donné l'admirable exemple. » Et le même ajoute plus loin : « Aux yeux et surtout pour le cœur du vrai croyant, jamais la religion ne fut plus touchante que dans cet état de spoliation, de deuil et de nudité où l'ont réduite des barbares. Au surplus, chaque jour vient diminuer cette situation déplorable [1]. »

---

1. J.-J. Regnault-Warin, *Lille ancienne et moderne* (Paris et Lille, 1803), p. 39 et 164.

Un de ces confesseurs de la foi, M. Destombes, curé de Sainte-Catherine avant la Révolution, revint y exercer son ministère. Il mourut en 1828. C'est à lui que fut remise la statue, jadis honorée à Saint-Pierre, de Notre-Dame de la Treille. Un marguillier de la paroisse, M. Lefebvre d'Hénin, fut l'intermédiaire de cette restitution.

Malheureusement, l'église paroissiale dépouillée, nue et de dimensions relativement restreintes, ne pouvait offrir l'équivalent du magnifique sanctuaire élevé jadis dans la Collégiale pour l'image miraculeuse. Elle ne pouvait lui rendre ni ces riches ornements que la piété des siècles avait amassés, ni ces nombreuses fondations qui assuraient la splendeur du culte. Longtemps, Notre-Dame fut reléguée près du porche, dans la chapelle dite des Trépassés ; puis elle occupa une niche derrière le maître-autel. Elle se trouvait ainsi peu accessible et dans une situation d'attente qui ne favorisait point le retour à l'ancienne dévotion.

En outre, il n'y avait plus de fêtes spéciales. La procession du Saint-Sacrement était fixée, depuis le Concordat, au dimanche même où se déroulait jadis la pompe solennelle en l'honneur de Marie : comment rétablir la grande procession de Lille, avec sa neuvaine qui jadis attirait les foules ? Il n'y avait pas moyen de leur conserver cette date. On ne pensa pas non plus à autre chose.

En 1842, M. Charles Bernard prenait possession de la cure de Sainte-Catherine. C'était un enfant de Lille, issu de l'une de ces familles de notable bourgeoisie au sein desquelles la piété s'allie aux plus saines traditions de la vie domestique. C'était dans toute la force du mot un saint prêtre, pénétré du pur esprit de l'Eglise et tout dévoué au soin de son troupeau.

Il hésita beaucoup avant d'accepter un fardeau qui lui paraissait au-dessus de ses forces. « Mais, dit l'historien de sa vie, outre la volonté formelle de son archevêque, un motif déterminant pour lui d'accepter la cure de Sainte-Catherine fut l'espérance et le ferme propos de réaliser, enfin, l'objet constant de ses préoccupations et de ses désirs depuis bien des années, à savoir le rétablissement du culte de Notre-Dame de la Treille [1]. »

Il y réussit au-delà de toute espérance. Quand il quitta sa cure, après trois années seulement, pour entrer dans les conseils de l'Archevêque, l'auguste patronne avait recouvré ses droits trop longtemps oubliés : son culte était restauré, et l'impulsion transmise d'où sont sorties les merveilles réalisées depuis cette époque. Les résultats subséquents, c'est à lui encore, c'est à son action toujours continuée qu'on en est redevable. Vicaire général et archidiacre de Lille, M. Bernard ne cessa de s'intéresser à l'œuvre de résurrection : Notre-Dame de la Treille et Saint-Pierre, parmi tant d'objets qui occupaient son zèle infatigable, restèrent au premier rang de ses préoccupations. Si depuis il déclina les honneurs de l'épiscopat, malgré les instances qu'il eut plusieurs fois à subir, ce fut sans doute par modestie, et par crainte des redoutables responsabilités de cette charge : il est permis de croire cependant que le désir de ne point quitter Notre-Dame de la Treille, de continuer l'œuvre de toute sa vie, influa considérablement sur sa détermination.

Aussi ne faut-il pas s'étonner de voir comment il débute dans sa carrière pastorale. Installé le 2 avril, le mois ne se termina point sans qu'il eût donné à la sainte Madone la place qui lui revenait dans son église. Le 30, elle trônait à l'autel de la Vierge, près du chœur. En même temps s'ouvraient les exercices du mois de Marie, qui jusqu'alors n'avaient point été célébrés publiquement à Lille.

---

1. *Vie de l'abbé Bernard, vicaire général de Cambrai*, par le marquis de Ségur (Paris, 1883), p. 113, 114.

Les fidèles répondirent en grand nombre à l'appel de leur pasteur. « La dévotion à l'image miraculeuse ressuscita et se développa si vite, qu'elle franchit du premier coup la limite du mois de Marie et celle de la paroisse Sainte-Catherine. On sentit que ce n'était point là une dévotion nouvelle, mais bien la reprise de possession de la cité lilloise tout entière par son ancienne patronne et maîtresse, et, dès ce moment, la chapelle occupée par Notre-Dame de la Treille redevint, pour tous les catholiques, un lieu de pèlerinage national [1]. »

Le jubilé pour l'Espagne, qui eut lieu bientôt après, à un mois d'intervalle, contribua beaucoup à développer ce premier élan. Commencés le jour de la fête de saint Pierre, les exercices eurent lieu en présence et sous les auspices de la Madone lilloise. Plus encore peut-être que les pieuses réunions du mois de Marie, ils attiraient un nombre prodigieux de fidèles.

En attendant l'heure fixée par la Providence pour la construction d'un sanctuaire monumental, le restaurateur du culte de Notre-Dame de la Treille voulut, dans la mesure du possible, entourer cette dévotion de tout ce qui l'avait accompagnée et complétée dans l'ancienne Collégiale. Le 18 septembre 1842, veille de la fête de Notre-Dame des Sept Douleurs, il inaugura, dans la chapelle de la Vierge, une statue de la Mère douloureuse. Le 25 mai 1844, veille de la Pentecôte, comme suite à ce premier acte, il fit poser sept tableaux de petite dimension, exécutés par un artiste lillois, et donnés par M. Louis Fiévet, un catholique éminent, un ami de toutes les heures pour l'abbé Bernard, l'associé et le soutien de ses œuvres.

A défaut de la fête annuelle et de la procession de Notre-Dame de la Treille, la neuvaine fut rétablie. Elle s'ouvrit le 9 juin 1844, dimanche dans l'octave

---

1. *Vie de l'abbé Bernard*, p. 128, 129.

du Saint Sacrement, jour auquel étaient fixées jadis la Festivité et la Grande Procession de Lille. Pour la première fois les pèlerins de Tournai reparurent, et ainsi se trouva renouée la chaîne des traditions, interrompue également de ce côté depuis un demi-siècle. La confrérie tournaisienne, fondée en 1659, existe toujours : l'église de Saint-Nicaise étant détruite, le siège de la pieuse association est transféré, depuis 1782, dans l'église paroissiale de Sainte-Marguerite.

A son tour, la confrérie lilloise venait de ressusciter. Un rescrit du pape Grégoire XVI, en date du 1er avril 1844, l'enrichit de précieuses indulgences. Depuis, elle a été élevée par Pie IX au rang d'Archiconfrérie. A côté des noms obscurs d'humbles serviteurs de Marie, ses registres contiennent comme autrefois ceux des personnages les plus éminents, des prélats et des princes de l'Eglise.

Nombreux furent aussi ceux qui, collectivement ou individuellement, vinrent honorer la Madone de Lille, lui apporter leurs hommages, leurs vœux, leurs prières, les témoignages de leur reconnaissance. L'illustre évêque de Langres, Mgr Parisis, depuis évêque d'Arras, fut un des premiers. Citons encore l'archevêque de Damas, Mgr Héliani ; le futur cardinal Desprez, alors évêque de Saint-Denis ; Mgr de Garsignies, évêque de Soissons, lillois d'origine, arrière-neveu de l'un des dignitaires de l'ancienne Collégiale qui ont laissé les meilleurs souvenirs, l'écolâtre Gabriel de Garsignies ; Mgr Wicart, évêque de Fréjus, autrefois doyen de Sainte-Catherine, qui, dans une touchante allocution, s'excusa de n'avoir point connu les grandeurs de Notre-Dame de la Treille ; le P. Roothan, général de la Compagnie de Jésus, et tant d'autres dont la liste serait trop longue [1]. Mais celui

---

1. V. Mathilde Froment, *Histoire de N.-D. de la Treille*, p. 237-241 ; C. de Franciosi, *Histoire du Jubilé de Notre-Dame de la Treille*, p. 31-32.

qu'il n'est pas possible d'omettre, c'est le cardinal Giraud, archevêque de Cambrai. Une première fois en cours de visite pastorale, il consacra sa personne et son diocèse à Notre-Dame de la Treille, et laissa cette déclaration écrite de sa main :

Je n'ai pas voulu quitter la ville de Lille sans visiter la chapelle de Notre-Dame de la Treille : sitôt que cette œuvre de restauration m'a été connue, elle a excité mon plus vif intérêt, et ç'a été une consolation bien douce pour moi d'avoir renouvelé un acte de consécration au culte de la Sainte Vierge, aux pieds d'un autel tendrement servi et honoré par les bons habitants de Lille, et spécialement par les excellents paroissiens de Sainte-Catherine. A l'exemple de Mgr Maximilien de Gand, j'ai consacré ma personne et mes ouailles à la Vierge de Lille, afin que cette auguste Patronne de la cité m'accorde en tout temps son puissant secours, et qu'elle nous conserve pour la vie éternelle en sa Treille protectrice.

† Pierre,
Archevêque de Cambrai.

Lille, le 23 février 1846.

Cette consécration fut renouvelée en 1850 par Mgr Giraud, alors orné de la pourpre romaine, et bien près d'être ravi à la vénération de ses diocésains.

De nombreux ex-voto furent offerts et suspendus dans la chapelle, comme témoignage de reconnaissance envers la reine de la cité, la dispensatrice des faveurs célestes. On lit dans les ouvrages du P. Possoz[1] et de Mathilde Froment[2], des traits où la piété chrétienne se plaît à reconnaître sa maternelle intervention.

L'iconographie religieuse a reproduit sous toutes les formes, médailles, gravures grandes et petites, noires et en couleurs, statues et statuettes, la Vierge que l'on invoque dans le sanctuaire de la Treille. L'énumération de ces objets, dont plusieurs sont des œuvres d'art,

---

1. *Les Sanctuaires de la Mère de Dieu*, tome I, p. 62-64.
2. *Histoire de Notre-Dame de la Treille*, p. 232-237.

nous entraînerait en dehors de notre cadre. Nous savons d'ailleurs qu'une main compétente se propose d'en dresser le catalogue.

D'un autre côté, M. Bernard ne négligeait rien pour embellir le sanctuaire provisoire. Avec le concours de deux artistes de la ville, l'architecte Benvignat et le sculpteur Huidiez, l'autel fut modifié et sa partie supérieure transformée en habitacle pour la sainte image. Le peintre verrier Gaudelet exécuta des vitraux historiés, dont on vantait les riches couleurs et la belle ordonnance. De superbes bannières de Notre-Dame de la Treille et de Notre-Dame des Sept-Douleurs furent offertes pour être portées aux processions.

Des exercices réguliers, outre la neuvaine annuelle, réunissaient les dévots de Marie dans ce sanctuaire. « Chaque dimanche et fête chômée, dit un témoin oculaire, à sept heures du soir en hiver, en été à huit heures, un exercice en l'honneur de Notre-Dame de la Treille, sur le modèle de celui de Notre-Dame des Victoires, à Paris, réunissait un pieux concours de fidèles. Il s'ouvrait par le chant des cantiques, suivi de la prière et de la recommandation des différentes infirmités corporelles ou spirituelles ; quelque heureux événement ou quelque acte pieux récemment accompli, ou quelques mots d'édification sur un saint à fêter prochainement, venaient un instant reposer les esprits. Puis, le prédicateur commençait une instruction dogmatique ou morale, que couronnait la bénédiction du Saint-Sacrement ; un dernier cantique servait de clôture et laissait l'assemblée se retirer pleine de joie dans le Seigneur.

« D'autres réunions analogues, continue le même pieux laïque, avaient lieu aux fêtes de la Vierge, à une heure très matinale ; le père à qui le curé de la paroisse avait confié le soin de l'une et l'autre œuvre disait la messe à l'autel de Notre-Dame. Le chœur de cantiques y chantait avec accompagnement d'orgue. Une courte allocution, en harmonie avec la fête, ranimait la ferveur des assistants souvent très nombreux ; la communion générale était un parfum d'édification pour tous ceux qui en étaient témoins, et le sanctuaire était étincelant de lumière, car on honorait à la fois, par une brillante illumination, l'image miraculeuse et les stations des Sept-Douleurs, dont le culte y avait été rétabli selon le modèle qu'offrait l'ancienne chapelle de Notre-Dame en la Collégiale de Saint-Pierre [1]. »

Le religieux dont il est question dans ce récit était le P. Vitse, de la Compagnie de Jésus, que M. Bernard fit venir à Lille, dès les premiers temps de son pastorat, en juin 1842, pour l'associer aux efforts de son zèle. De fait, il rendit les plus signalés services, d'abord isolément, puis comme membre de la résidence établie à Lille en 1844.

Le chœur des chanteuses de Notre-Dame de la Treille, formé pour les solennités pieuses et les réunions de la confrérie, comprenait des âmes d'élite. Plusieurs éprouvèrent le désir de se consacrer à Dieu par des liens plus étroits. Le P. Vitse étudia ces germes de vocation. Ce petit groupe fut le noyau d'une Congrégation religieuse qui s'établit sous le vocable de Notre-Dame de la Treille, et qui est aujourd'hui en pleine prospérité. L'institut fut approuvé par le cardinal Giraud, le 26 avril 1849 ; son successeur, le cardinal Régnier, confirma cette approbation, et le pape Pie IX daigna donner aux religieuses différentes marques de sa bienveillance. Elles tiennent de lui son portrait et de précieux souvenirs.

Le but spécial que se proposent les Sœurs de la Treille est le soin des malades à domicile et dans les maisons de charité. Leur chapelle devint le centre de

---

[1]. C. de Franciosi, *Op. cit.*, p. 26, 27.

plusieurs œuvres de zèle, telles que réunions de mères chrétiennes, d'employées, de personnes de service. Elles professent, cela va sans dire, une dévotion spéciale pour la Vierge qui leur a donné son nom et les a prises sous son patronage.

Après quelques stations dans des locaux insuffisants, la maison-mère occupe maintenant un immeuble vaste et commode, construit pour son usage sur l'emplacement de l'ancien collège de Saint-Pierre. Ainsi, encore, se trouvent rappelés les vieux souvenirs [1].

Une autre partie de ce collège, autrefois à usage de classes [2], est devenue, en 1828, le premier cercle catholique et le centre de toutes les œuvres qui, successivement, s'établirent à Lille. Là se sont fondées la société de Saint-Joseph en faveur des ouvriers ; la société de Saint-Vincent-de-Paul, source de tant d'œuvres de charité et de patronage ; la bibliothèque populaire et la dévotion admirable de l'Adoration nocturne. Là s'est entretenu l'esprit de piété traditionnel chez les Lillois ; de là sont sorties les fécondes initiatives, spécialement l'œuvre de Notre-Dame de la Treille et celle de l'Université Catholique. Ce foyer de vie religieuse a pris la place d'une loge où, depuis la Révolution, se tramaient les mystères de Satan.

---

1. *Histoire de Saint-Pierre*, tome II, p. 383, 384.
2. Rue de la Préfecture, 1 [bis]. Cette rue fut successivement dénommée rue du Glen, rue des Ecoles, avant de recevoir le nom qu'elle porte actuellement.

CHAPITRE XIX.

TRAVAUX DE RECONSTITUTION HISTORIQUE. — UN PROJET GRANDIOSE.

Le restaurateur du culte de Notre-Dame de la Treille comprenait l'importance des anciens souvenirs, qui continuent et qui entretiennent la tradition religieuse. Aussi recherchait-il avec une pieuse avidité les détails et documents relatifs à la Madone lilloise. Il s'était proposé d'en écrire l'histoire : il avait tracé le plan du livre, au moins dans ses grandes lignes, mais au milieu des labeurs incessants du ministère, il ne trouva point le temps de réaliser son projet.

Ce fut le P. Vitse encore qu'il chargea de ce travail. On ne pouvait donner qu'un premier essai, en attendant le dépouillement des Archives, et les recherches indispensables pour une œuvre définitive.

L'ouvrage parut en 1843. Comme l'indique le titre, ce n'était qu'un abrégé des livres de Turbelin et de Vincart[1]. Le récit n'allait point au-delà du XVIIe siècle. Cela suffisait pour faire connaître les origines et les progrès de la dévotion dont on voulait provoquer un nouveau et complet développement. La moitié du volume, environ, est consacrée à des exercices ou

---

[1]. *Histoire de Notre-Dame de la Treille, auguste et miraculeuse patronne de la ville de Lille, d'après Turbelin et le P. Vincart.* Lille, Lefort, 1843. In-12 de 180 p.

méditations pour la neuvaine annuelle rétablie par M. Bernard. En 1848, on publia, dans le même but de venir en aide à la dévotion lilloise, un *Mois de Notre-Dame de la Treille* [1].

Les années suivantes virent paraître tour à tour un *Essai historique sur la collégiale de Saint-Pierre à Lille*, dédié à Son Éminence le cardinal Giraud (1850); puis l'*Histoire de Notre-Dame de la Treille, patronne de Lille* (1851). Ce dernier ouvrage, édité avec luxe et orné de nombreuses gravures, est signé de Mme Mathilde Froment, auteur de la *Vie réelle* et de nombreux écrits qui lui ont fait un nom dans la république des lettres. L'autre, sans nom d'auteur, est aussi de Mme Froment, avec la collaboration de plusieurs érudits lillois, entre autres M. Imbert de la Phalecque. M. Bernard n'a pas seulement inspiré ces œuvres et provoqué leur publication; il a donné aussi son contingent de notes.

Ainsi se trouvaient mis en lumière les deux sujets que l'archidiacre de Lille, l'ancien curé de Sainte-Catherine, ne sépara jamais dans ses affections : Notre-Dame de la Treille et la collégiale de Saint-Pierre. Certes, on peut constater des omissions dans ces livres, et les erreurs n'y manquent pas. Néanmoins le public leur fit bon accueil, et avec raison : l'ensemble est intéressant; il forme un tout bien plus complet que ce que l'on connaissait jusqu'alors. M. Bernard ne cessa d'y ajouter, en publiant par intervalles des opuscules qui réveillaient l'attention. Ce furent, en 1865, des extraits du *Trésor spirituel* [2], calendrier de Lille pour l'année 1787, faisant connaître les principales fêtes et dévotions usitées notamment dans la collégiale de Saint-Pierre. Deux ans plus tard, une analyse développée des *Annales* de la

---

1. Lille, Lefort, 1848. In-18 de 72 p.
2. Lille, Lefort. In-12 de 20 p.

même église, composées au XVIIIe siècle par le chanoine Delécaille, et restées manuscrites [1]. En 1872, plusieurs pièces inédites ou trop peu connues, étaient réunies dans une brochure adressée aux amis, aux promoteurs de l'œuvre de Notre-Dame de la Treille et Saint-Pierre [2], En 1874, l'*Histoire* en langue française du P. Vincart fut réimprimée. Le livre latin du même auteur l'avait été en 1859. Nous passons quelques livrets ou quelques feuilles de moindre importance.

La grande pensée de la résurrection de notre ancienne collégiale dans une nouvelle et splendide basilique était lancée, et même entrée déjà dans la période d'exécution. Ce fut un motif de plus pour désirer un travail historique vraiment complet, dans lequel toutes les sources seraient utilisées et leurs indications mises à la portée du public.

Pour un temps, on espéra que l'œuvre ainsi conçue serait réalisée par un archiviste lillois, que son origine et ses attaches dirigeaient vers les recherches d'histoire locale. M. Desplanques n'a livré qu'un *Essai*, du reste intéressant et bien propre à faire regretter qu'il n'ait pu approfondir le sujet, en mettant à profit les Archives du Nord, dont il était le gardien. Cet érudit mourut dans la fleur de l'âge, le 8 février 1871.

Quand parurent le *Cartulaire* et l'*Histoire* de l'abbaye de Flines, en 1873 et 1874, M. Bernard y trouva le vrai plan de la monographie qu'il avait rêvée. Il fallait, pour répondre à ses désirs, étudier d'après la même méthode le riche fonds de Saint-Pierre, conservé aux Archives du Nord ; en publier les documents dans un recueil exact et méthodique ; écrire enfin, à l'aide de toutes les sources, une Histoire complète.

---

1. *Ce qu'était Saint-Pierre de Lille, d'après un manuscrit inédit.* Lille, Lefort, 1867. In-12 de 62 p. Sur Delécaille, v. *Histoire de Saint-Pierre*, t. III, p. 55, 56.

2. *Quelques pièces concernant Saint-Pierre de Lille.* Lille, Lefort, 1872. In-12 de 45 p.

Ce travail fut entrepris sur ses vives instances par l'historien de Flines. Les recherches étaient en bonne voie, et les documents commençaient à s'amonceler, quand un changement de direction dans la vie de l'auteur vint le détourner de cette tâche. L'organisation d'une grande œuvre [1], pour laquelle tout était à créer, réclamait, sans diversion possible, son temps et ses efforts. Il fallut laisser sur le métier une œuvre qu'il avait fort à cœur. Elle fut reprise quand les loisirs se retrouvèrent. De 1894 à 1899 ont paru six volumes contenant le *Cartulaire*, les *Documents* qui le complètent, et enfin l'*Histoire de l'église collégiale et du chapitre de Saint-Pierre de Lille*.

Le promoteur et l'instigateur de ce grand ouvrage n'a point assez vécu pour en voir l'achèvement. Il est allé, le 8 septembre 1882, recevoir la récompense que Dieu réserve à ses bons serviteurs. L'hommage de l'*Histoire de Saint-Pierre* ne put s'adresser qu'à sa mémoire ; une dédicace fut inscrite en tête du livre sous l'image vénérée du défunt, dont le souvenir à Lille demeure impérissable.

Par contre, M. Bernard a contemplé en ce monde, sinon l'achèvement, du moins le commencement riche en superbes promesses, de ce qu'il considérait comme la partie principale de son œuvre. Après avoir relevé le culte de Notre-Dame de la Treille, il voulut lui donner un sanctuaire, et rétablir l'ancienne collégiale dans un édifice où viendraient s'accumuler toutes les splendeurs de l'art.

La correspondance de l'abbé Bernard prouve que de 1835 à 1839 il caressait déjà ce projet. Plus tard il en parlait à ses intimes, il en occupait constamment sa

---

1. L'Université catholique de Lille.

pensée[1]. Mais comment lancer une pareille œuvre ? Comment réunir les ressources nécessaires à sa réalisation ?

Au mois d'août 1847, quand le cardinal Giraud se rendait à Rome pour y recevoir le chapeau, l'abbé Bernard rédigea la supplique ci-dessous, que Son Éminence voulut bien présenter en l'appuyant auprès du Souverain Pontife.

> Très saint Père,
>
> Prosterné aux pieds de Votre Sainteté, Charles-Joseph Bernard, vicaire général de Cambrai, archidiacre de Lille, La prie humblement de lui faire don d'un corps saint, *de nom propre*, en vue de favoriser la reconstruction de l'église Saint-Pierre de Lille, dont la ruine a été une calamité, et dont la résurrection ne pourrait qu'attirer sur la ville de grandes bénédictions.
>
> Votre Sainteté, nous l'espérons, se montrera d'autant plus favorable au projet des habitants de Lille, que l'exécution de ce projet aura pour effet infaillible de resserrer les liens qui les unissent au Saint-Siège, et d'augmenter en eux la dévotion pour l'Église Romaine, mère et maîtresse de toutes les églises.
>
> Cette réédification est d'ailleurs d'autant plus opportune, que par suite de la révolution, bon nombre d'églises et de chapelles ont disparu chez eux, et qu'il ne reste plus, pour une population de 70,000 âmes, que six églises paroissiales, dont plusieurs ne peuvent contenir qu'un nombre assez restreint de fidèles.
>
> Enfin, la pensée de tous est que jamais archevêque de Cambrai ne pourra mieux s'employer à la réédification de notre église de Saint-Pierre, que S. E. le cardinal *Pierre* Giraud, si justement loué par Votre Sainteté dans le dernier consistoire, et qui ayant reçu au baptême le glorieux nom de Pierre, est très enclin à honorer le Prince des apôtres.
>
> Si Votre Sainteté daigne nous exaucer, le corps saint sera porté à Lille avec pompe, et demeurera déposé dans la principale église de cette ville, jusqu'à ce que, grâce aux offrandes des habitants, et à la faveur d'indulgences que nous espérons obtenir plus tard, arrive le jour de la bénédiction de la nouvelle église de Saint-Pierre, que la piété persévérante des fidèles et surtout l'assistance divine, pourront rendre plus glorieuse encore que la première.

---

1. *Vie de l'abbé Bernard*, p. 115, 127, 128.

Pie IX accueillit favorablement cette requête. Le 23 septembre 1847, le cardinal Patrizi, vicaire de Sa Sainteté, remit au cardinal Giraud le corps de sainte Plinia, extrait, disent les lettres testimoniales, par ordre du Souverain Pontife, le 22 avril 1844, du cimetière de Saint-Laurent[1] sur la voie Tiburtine. La relique était accompagné du vase de sang, signe du martyre. La tablette fermant le *loculus* porte l'inscription : PLINIA ANN. XX. Plinia était donc une chrétienne de vingt ans, qui dans cette fleur de sa jeunesse, répandit son sang pour le Christ[2].

La solennelle translation dont il est parlé dans la supplique ne put avoir lieu à cause des circonstances et de la situation politique. Le corps saint, déposé d'abord dans la chapelle des missionnaires diocésains à Cambrai, puis à Lille chez les Sœurs de la Treille, attend aujourd'hui dans la basilique le moment prochain où il prendra sa place sous l'autel de l'une des chapelles en construction.

Pendant que Rome gémissait sous le joug de la Révolution, à la suite des événements de 1848, le cardinal Giraud se rendit auprès de Pie IX, dans son exil de Gaëte. Il était chargé d'une mission confidentielle de la part du gouvernement français. L'abbé Bernard l'accompagna dans ce voyage. A plusieurs reprises, il fut reçu en audience par le Souverain Pontife. D'autre part, dans ses entretiens avec le cardinal, Saint-Pierre de Lille et sa reconstruction venaient souvent sur le tapis.

En quittant Gaëte, Mgr Giraud emportait ce bref, dont il est inutile de faire ressortir l'importance.

---

1. C'est l'ancienne et célèbre catacombe de Saint-Cyriaque, où fut déposé saint Laurent, où l'on a édifié la célèbre basilique connue sous son nom.

2. Le cimetière de Saint-Laurent servit de lieu de sépulture à de nombreuses vierges chrétiennes. V. H. Marucchi, *Éléments d'Archéologie chrétienne*, (Rome, 1900), tome II, p. 234-236.

PIE IX PAPE.

Bien cher Fils, Salut et Bénédiction Apostolique.

Parmi les consolations qu'est venue Nous apporter votre visite à Gaëte, bien cher Fils, Nous aimons à compter ce que vous Nous avez dit du pieux et louable projet que l'on a de rebâtir dans la grande et importante ville de Lille, l'église autrefois dédiée sous le nom de Saint-Pierre. Nous avons éprouvé le plus vif plaisir à entendre parler du zèle éclairé des habitants de cette cité, qui non-seulement songent à relever de ses ruines un sanctuaire insigne et cher à leurs aïeux, renversé pendant les jours lamentables de la révolution du siècle dernier, mais qui aussi travaillent à réparer et à faire oublier les innombrables maux dont fut suivie cette destruction déplorable. C'est pourquoi, bien cher Fils, au moment où vous retournez dans le diocèse de Cambrai, Nous voulons vous mettre en main la présente lettre, en signe de l'approbation que Nous donnons au projet de ces bons habitants de Lille, et comme gage de l'affection particulière que leur porte notre cœur paternel. Nous ne doutons pas qu'aidés de la protection très puissante de la bienheureuse Vierge Marie, les fidèles de la ville de Lille ne s'entendent au plus tôt pour élever ce monument de leur piété, auquel se rattachent tant de glorieux souvenirs, et surtout qu'ils ne reçoivent de la divine bonté des grâces de plus en plus abondantes. Comme présage de ces faveurs et en témoignage de notre vif attachement pour cette ville, Nous vous donnons la bénédiction apostolique dans toute l'effusion de notre cœur paternel, à Vous, très-cher Fils, aux habitants de Lille, puis au clergé, ainsi qu'à tous les fidèles du diocèse de Cambrai.

Donné à Gaëte, le 19 du mois de mars (1849), la troisième année de notre pontificat.

Pie ix Pape.

Après son retour, le cardinal Giraud vint, le 6 mai 1849, déposer ses actions de grâces aux pieds de Notre-Dame de la Treille, et lui consacrer de nouveau, comme il s'y était engagé par vœu, sa personne et son diocèse. Ce fut l'un de ses derniers actes. Une cruelle maladie termina, le 15 avril 1850, sa carrière trop courte et pourtant si féconde. A son successeur, le cardinal Régnier, échut la tâche de faire entrer dans une voie de complète réalisation l'œuvre de la basilique lilloise.

Le centenaire de Notre-Dame de la Treille, célébré en 1854, fut l'occasion dont Dieu se servit pour donner l'impulsion nécessaire.

Auparavant, une grande parole se fit entendre, non plus celle d'un Pontife, mais celle d'un apôtre et d'un homme de Dieu. L'abbé Combalot prêchait le carême à Saint-Maurice en 1853. Vers la fin de la station, un exemplaire de l'*Histoire de Notre-Dame de la Treille* lui fut offert : il lut cet ouvrage avec bonheur, et voulut accomplir son pèlerinage à la sainte Madone. Pendant qu'il célébrait la messe dans sa chapelle, le lundi de Pâques, l'inspiration lui vint de parler en faveur de la construction d'un sanctuaire digne de la Reine de la cité. Il le fit, et remua vivement la nombreuse assistance qui remplissait l'église de Sainte-Catherine. L'affaire était enlevée : la période d'action commençait.

Une réunion eut lieu : un comité se forma, comprenant les hommes que l'on était habitué à voir en tête de toutes les œuvres. Mgr l'Archevêque voulut bien prendre sous son haut patronage le projet des Lillois : il s'inscrivit comme premier souscripteur; le préfet, le maire, et nombre de citoyens suivirent cet exemple. Bien que les démarches faites alors n'aient pas eu tout l'ensemble et l'extension désirables, ce premier élan produisit une somme de trois cent mille francs. Ce résultat était important, en présence d'un projet encore mal défini, dont la réalisation paraissait à plusieurs impossible, aux autres certainement fort éloignée. Bientôt l'été et les absences qu'il occasionne, puis les rigueurs d'un hiver extrêmement dur pour les pauvres, et enfin les difficultés de l'entreprise, toutes ces causes réunies entravèrent la marche en avant. L'action extérieure cessa. Les travaux furent concentrés au sein de la commission. Néanmoins les encouragements ne manquaient pas : l'œuvre éveillait de multiples sympathies; on profitait des occasions pour lui susciter des concours utiles. C'est ainsi que l'Empereur étant venu à Lille dans le cours de cette année 1853, la commission obtint de lui une audience : elle recueillit des paroles encourageantes et des promesses.

Les négociations entamées pour l'achat d'un terrain se heurtaient à des obstacles presque insurmontables. Un coup de la Providence les aplanit, au moment où l'on n'espérait plus une solution, du moins aussi prochaine. Le jubilé du centenaire ne fut pas clos sans qu'une cérémonie solennelle inaugurât les travaux de l'église monumentale de Notre-Dame de la Treille et Saint-Pierre.

CHAPITRE XX.

LE SIXIÈME CENTENAIRE. — JUBILÉ, FÊTES, MANIFESTATIONS PIEUSES.

En 1852, la ville de Cambrai célébra le quatrième centenaire de Notre-Dame de Grâce, avec les splendeurs d'une pompe triomphale, avec les élans de la piété la plus expansive, avec les sentiments d'une tendre dévotion envers Marie.

C'était un exemple pour Lille. La riche capitale de la Flandre française, qui se glorifie du titre de cité de la Vierge, allait avoir elle aussi son centenaire, et dans une manifestation de ce genre, elle ne pouvait céder la palme à personne.

Les premiers miracles de la Vierge à la Treille éclatèrent en 1254 : alors naquit spontanément le concours des pieux fidèles, alors commença la célèbre confrérie instituée sous ce vocable. L'année 1754 a célébré ces souvenirs par d'éclatantes solennités. Il fallait songer à faire aussi bien et mieux encore en 1854[1].

Dès le mois de janvier, on s'occupait des préparatifs.

---

1. Il existe deux relations fort étendues de ces fêtes lilloises : *Histoire complète des fêtes qui ont eu lieu en 1854, à l'occasion du jubilé séculaire de Notre-Dame de la Treille, patronne de la ville de Lille*, par l'abbé Capelle, missionnaire apostolique. Lille, Lefort, septembre 1854. In-8° de 220 pages. — *Histoire du jubilé séculaire de Notre-Dame de la Treille*, par Charles de Franciosi. Lille, Vanackère, juillet 1854. In-4° de 199 pages. Ces deux ouvrages sont l'un et l'autres ornés de nombreuses planches.

L'organisateur des fêtes de Cambrai, l'abbé Capelle, avait bien voulu accepter le même rôle à Lille. Un comité d'ecclésiastiques, comprenant un délégué par paroisse, lui était adjoint. On préparait les plans, on groupait les ressources : on publiait, on répandait des livrets populaires destinés à faire connaître l'histoire de la sainte Madone.

Non content d'inviter pour les fêtes des prédicateurs célèbres, Mgr l'Archevêque voulut lui-même, d'avance, y préparer les âmes : il prêcha le Carême à Saint-Maurice. Sa parole brève, nette, incisive, nourrie d'une forte doctrine et appuyée sur une logique irrésistible, produisit un grand effet sur l'auditoire qui se pressait aux pieds de la chaire.

Un soir, avant son sermon, le prélat fit connaître qu'un bref apostolique accordait pour les solennités du centenaire une indulgence en forme de jubilé[1]. Ce fut une grande joie dans tout Lille. On continua les préparatifs avec une ardeur nouvelle. Les dames exécutaient les riches costumes, les bannières, les oriflammes, les festons, les guirlandes : leurs mains industrieuses faisaient éclore des montagnes de fleurs. Les artistes aussi se mirent à l'œuvre. Les images, les médailles, les statuettes, pouvaient à peine être livrées en nombre suffisant pour satisfaire la pieuse avidité des fidèles. Parmi les souvenirs artistiques, on remarque surtout la belle gravure de M. Hallez, élève d'Overbeck, et la médaille commémorative du jubilé, dont les exemplaires en or, en argent, en bronze, furent distribués aux personnages de marque, et aux principaux organisateurs des fêtes.

L'art décoratif créait des merveilles. Nous en dirons plus loin quelque chose. La sculpture et la peinture apportaient leur concours. Citons seulement la belle

---

[1]. Brefs du 14 et du 22 mars 1854.

pièce qui devait, dans l'église jubilaire et dans la procession, attirer tous les regards : je veux parler de la châsse monumentale, œuvre d'un artiste bien connu, M. Buisine.

Par la délicatesse du travail et l'éclat des dorures, cette châsse en bois, d'une hauteur de sept mètres, produit l'effet d'une œuvre gigantesque d'orfèvrerie. Un soubassement carré, ayant deux mètres d'élévation, présente en avant le portail gothique de l'ancienne collégiale. Sur les faces latérales, trois plaques d'argent offrent les noms et les armoiries des personnages qui appartiennent à l'histoire de Notre-Dame de la Treille. A gauche, Baudouin V, fondateur de l'église et du chapitre de Saint-Pierre (1055-1066); Marguerite de Constantinople, sous laquelle on vit naître la confrérie et la grande procession (1254-1270); Philippe le Bon, qui tint le premier chapitre de la Toison d'or à Saint-Pierre de Lille, sous les auspices de Notre-Dame de la Treille (1431). Sur la plaque du fond : Jean Levasseur, qui lui voua la ville de Lille (1634); Maximilien de Gand, évêque de Tournai, qui lui consacra sa personne et son diocèse (1635); Louis XIV, qui jura devant elle de respecter les privilèges de Lille (1667); le P. Vincart, historien et poète de ses gloires (1636-1671). Sur la plaque de droite : Alain Gambier, sauveteur et gardien de la sainte image (1792-1802); le cardinal Giraud, qui rétablit la confrérie en 1843; Mgr Régnier, qui autorisa et prépara le jubilé séculaire de 1854.

Aux angles de ce soubassement terminé par une treille, s'élèvent quatre clochetons, avec des contreforts soutenant dans le milieu l'édicule où trône la sainte image. Le tout est surmonté d'une flèche à jour, qui porte au sommet l'ange de la ville de Lille.

Sous les contreforts en arcades se dressent les statues, grandeur demi-nature, des quatre saints connus comme pèlerins de Notre-Dame de la Treille : S. Louis, roi de

France; S. Thomas, archevêque de Cantorbéry; S. Bernard et S. Vincent Ferrier.

Ces quatre belles et expressives figures ont été modelées par le statuaire douaisien Blavier. « La forme en est pure et bien accusée sous des vêtements et des ajustements traités avec largeur et abondance; mais ce qui est surtout ravissant, c'est la pureté, la finesse des types de physionomie, soit historiques, soit d'imagination; tous respirent la suavité, l'onction [1]. »

Afin de subvenir aux frais de toute nature, on recueillit des souscriptions et des offrandes assez larges pour que la part des pauvres ne fût point oubliée. Les organisateurs avaient posé en principe qu'une abondante distribution de secours leur serait faite.

De son côté, le conseil municipal, sur la proposition de M. Richebé, maire, vota un subside de dix mille francs. La haute signification de ce vote était d'affirmer la participation officielle de la cité aux fêtes célébrées en l'honneur de sa patronne. C'est dans le même ordre d'idées qu'un groupe de citoyens prépara pour la clôture un banquet auquel seraient invités les évêques, et qui aurait lieu dans les salons de l'hôtel de ville [2].

Les Lillois étaient désireux de voir un grand nombre de prélats participer à leurs fêtes. Les familles les plus distingués se disputèrent l'honneur de les recevoir.

Parmi les évêques sur lesquels on croyait pouvoir compter tout d'abord, plusieurs furent empêchés. Ainsi le cardinal Geissel, archevêque de Cologne; le cardinal Wiseman, métropolitain d'Angleterre; le cardinal Morlot, archevêque de Tours; Mgr Gerbet, évêque de Perpignan; Mgr de Salinis, évêque d'Amiens, et quelques autres également invités.

---

1. Franciosi, op. cit., p. 59, 60.
2. C.-J. Destombes, *Vie du Cardinal Régnier*, tome I, p. 312, 343 : lettre à Mgr Régnier, préparant et motivant cette invitation.

Le cardinal Gousset, archevêque de Reims, rappelait par sa présence les plus antiques souvenirs de Lille et de Saint-Pierre. Jusqu'au milieu du XVIe siècle, en effet, la Flandre française ressortissait à Reims comme métropole, à Tournai comme diocèse. L'évêque de cette ville, Mgr Labis, achevait de personnifier ces souvenirs. Mgr Parisis, évêque d'Arras, complétait auprès de Mgr Régnier la province actuelle de Cambrai. Il y avait encore Mgr Dufêtre, évêque de Nevers, dont la parole éloquente se fit entendre à Saint-Maurice pendant tout le cours des fêtes; Mgr Pallu du Parc, évêque de Blois; Mgr Malou, évêque de Bruges; Mgr de Montpellier, évêque de Liège.

Les prélats originaires de Lille ou du diocèse, méritent une mention à part. C'était l'évêque de Gand, Mgr Delebecque, né à Warneton-France; l'évêque de Fréjus, Mgr Wicart, ancien doyen de Sainte-Catherine; l'évêque de Soissons, Mgr de Garsignies, d'une famille lilloise bien connue, qui avait l'heureux privilège de descendre chez sa vénérable aïeule, Madame de Rouvroy; l'évêque de Saint-Denis de la Réunion, Mgr Desprez, depuis cardinal et archevêque de Toulouse.

Avec le prélat diocésain, Mgr Régnier, ce fut une couronne de douze pontifes, une de ces assemblées qui étaient alors bien rares.

Pour rappeler les liens qui unirent l'ancienne collégiale et Notre-Dame de la Treille à l'ordre illustre de la Toison d'or, la Reine d'Espagne, grande-maîtresse, se fit représenter aux fêtes jubilaires par son ambassadeur auprès du roi des Belges, M. Sancho.

D'après le bref de Pie IX, le jubilé de Notre-Dame de la Treille devait durer huit jours, des premières vêpres du troisième dimanche après la Pentecôte, 25 juin, jusqu'au soir du quatrième dimanche, 2 juillet.

Huit jours auparavant, on lut au prône dans toutes les églises une lettre pastorale adressée au clergé et aux fidèles de la ville de Lille : elle était datée du dimanche de la Trinité, 11 juin. Mgr Régnier parlait en ces termes :

Nous n'avons point à vous dire quel éclat vos pères donnèrent autrefois à cette solennité : des publications pleines d'intérêt viennent de vous rappeler quelles en furent les magnificences dans les siècles précédents, et vous savez tout ce qu'il y a de glorieux, pour l'ancienne capitale de la Flandre, dans les souvenirs qui se rattachent au culte de son auguste Patronne.

Lille ne faillira point de nos jours, nous en avons l'assurance, aux devoirs que son passé lui impose. Bientôt elle montrera une fois de plus, et d'une manière splendide, qu'à travers toutes les vicissitudes que le temps lui a fait subir, les traditions religieuses ne se sont pas plus affaiblies au sein de sa catholique population, que celles du travail, du courage et de l'honneur.

Il a suffi, N. T. C. F., de vous annoncer le retour de cette fête pieusement héréditaire dans votre famille lilloise, pour que parmi vous une même pensée, un même sentiment unissent tous les esprits et tous les cœurs. Toutes les classes, toutes les professions ont offert leur concours et payé leur tribut ; et, replacée sous le patronage antique et vénéré de la Vierge par une administration municipale qui a loyalement interprété les sentiments populaires, et dignement justifié la confiance dont elle est entourée, la Cité a joint son offrande officielle et publique aux offrandes privées de ses généreux enfants.

Combien nous sommes heureux, N. T. C. F., en apprenant chaque jour le bien que produit déjà, et celui que fait espérer pour l'avenir ce concert de pieuses libéralités, et d'intelligents travaux !

Mais vous ne vous méprendrez point sur le caractère que doit principalement avoir la fête que vous préparez avec un zèle si parfaitement unanime, ni sur les résultats essentiels que nous en devons attendre. Par l'imposante grandeur de vos démonstrations religieuses, vous vous montrez les dignes émules des âges profondément chrétiens qui vous ont précédés : soyez les imitateurs exacts et complets de leur foi pratique.

Après avoir donné communication des documents pontificaux, et indiqué les mesures prises pour mettre à la portée de tous les faveurs spirituelles du jubilé, le digne et saint archevêque terminait ainsi ses exhortations au peuple lillois :

Bientôt, entouré de votre pieuse affluence, nous bénirons solennellement vos familles, votre actif commerce et votre féconde industrie : à nos bénédictions se joindront celles d'un grand nombre d'illustres prélats, qui viendront nous apporter l'édification de leurs vertus apostoliques et le secours de leurs puissantes prières. Que rien de votre part, N. T. C. F., n'arrête l'efficacité de ces prières et les salutaires effets de ces bénédictions. Pour être protégés du Ciel, que votre industrie soit chrétienne, que votre travail et votre commerce respectent et sanctifient le dimanche.

Achevez, N. T. C. F., ce que vous avez si bien commencé ; complétez les magnifiques préparatifs de votre fête ; et, dans quelques jours, réunis autour de votre sainte Patronne, pontifes, prêtres et fidèles, nous lui formerons un immense cortège et lui offrirons en commun notre vénération filiale. Par elle nous demanderons à Dieu, pour votre ville et pour tout le diocèse, la paix, l'abondance et toutes les prospérités. Par elle nous prierons pour la France entière ; pour le Prince à qui vous devez le rétablissement de vos solennités religieuses, et dont l'intelligence et le courage sont si nécessaires au repos et à la gloire de la France ; pour notre admirable armée qui, dans les contrées lointaines où elle est appelée à combattre, saura si vaillamment défendre l'honneur et les intérêts de la patrie.

Enfin, N. T. C. F., après que la Reine du Ciel, par sa marche triomphale au milieu de vous, aura solennellement repris possession de votre ville, que la piété, la justice, l'ordre et l'union y demeurent inaltérables ; que dans ces rues et sur ces places publiques qu'aura en quelque sorte purifiées par sa présence Notre-Dame de la Treille, il n'y ait plus jamais rien que la religion désavoue ; que Lille, renouvelant sa consécration de 1634, en garde avec une inviolable fidélité les conditions saintes ; qu'elle reste à jamais la ville de la Vierge : *Insula civitas Virginis !*

L'ouverture de l'octave jubilaire fut annoncée le 24 juin par le son des cloches de toutes les églises. On chanta solennellement les vêpres de la Sainte Vierge, précédées du *Veni Creator :* devant une foule immense, enthousiaste et pieusement recueillie, Mgr Dufêtre prononça une vibrante allocution.

L'éloquent évêque de Nevers fut le vrai prédicateur du jubilé, celui qui remua le plus la population lilloise. Chaque soir, la vaste enceinte de Saint-Maurice se remplissait de fidèles accourus pour recueillir de ses lèvres la parole apostolique. Le matin, à onze heures, c'était le tour des dames, plus libres dans la journée. Le père Lavigne, de la compagnie de Jésus, et le père Souaillard, de l'ordre de Saint-Dominique, prêchaient dans les mêmes conditions, le premier à Saint-André, le second à Sainte-Catherine. Un journal de l'époque rend de la manière suivante les impressions diverses que produisaient les prédicateurs du jubilé.

La chaire de Saint-Maurice, dit-il, encore privilégiée sous ce rapport, est occupée par Mgr l'évêque de Nevers. Nous ne pensons pas, même en faisant abstraction de l'auguste caractère du prédicateur de Saint-Maurice, qu'on y ait jamais entendu une parole plus majestueusement éloquente. La voix grave et imposante de Mgr Dufêtre étonne ses auditeurs, comme sa puissante argumentation les subjugue et les persuade. Où Mgr de Nevers est surtout inimitable, c'est dans ses instructions spéciales pour les dames : il est impossible de déployer tout à la fois plus d'onction, plus de finesse et plus d'esprit...

Depuis huit jours, le P. Lavigne prêche à Saint-André ; depuis dimanche seulement, le P. Souaillard, dominicain, se fait entendre à Sainte-Catherine. La surprise et la satisfaction qu'éprouvent nos bons habitants de Lille, en entendant manier la parole avec cette perfection, peut à peine se dépeindre. On peut, croyons-nous, diviser nos prédicateurs modernes en deux écoles, dont les chefs sont les RR. PP. de Ravignan et Lacordaire. Le P. Lavigne, pour lequel nos habitants montrent une prédilection si prononcée, appartient à la première école : c'est la persuasion, l'entrain et l'abondance du cœur, cette ardente charité qui vous émeut, vous transporte et vous convertit plus aisément que la froide et savante discussion ; ajoutez à cela une diction noble et gracieuse, un geste plein de feu et d'entraînantes inspirations, vous aurez le P. Lavigne tout entier.

Toutes les personnes qui ont eu le bonheur d'entendre le P. Lacordaire ont de délicieuses réminiscences en écoutant le P. Souaillard. L'attitude, le geste, les soudainetés sublimes sont presque les mêmes, avec une voix plus sonore et plus pleine, mais aussi avec moins de rapidité dans l'imagination. La force, la hardiesse des idées et la majesté du discours sont les qualités du prédicateur de Sainte-Catherine [1].

Les fruits de conversion furent abondants. Nombreux étaient les pénitents qui chaque jour assiégeaient les saints tribunaux : le clergé de Lille ne pouvant y suffire, on dut faire appel au dévoûment des prêtres venus en pèlerins. Dans toutes les églises, les communions atteignaient un chiffre énorme.

Chaque jour de la semaine, les pèlerinages se succèdent pendant la matinée. Des villes et des villages d'alentour arrivent des foules recueillies, qu'accompagnent leurs prêtres, et parfois les officiers municipaux ceints de leurs écharpes. Les pèlerins traversent les rues en chantant les litanies de la Vierge et des cantiques en son honneur. Le journal déjà cité constate que dans les rues si encombrées, si bruyantes, d'une ville livrée au mouvement des affaires, ces manifestations pieuses sont accueillies avec le respect et la sympathie qu'elles méritent [2].

La messe solennelle était chantée à dix heures. C'est à ce moment que les paroisses de Lille se succédaient dans un ordre déterminé : le lundi Saint-Étienne, le mardi Saint-Sauveur, le mercredi Saint-Maurice, le jeudi la Madeleine, le vendredi Saint-André. Le samedi 1er juillet, l'office fut célébré par le clergé de Sainte-Catherine. Le spectacle fut plus touchant encore que les autres jours : la nef était presque entièrement remplie par le personnel des hospices et des maisons de charité.

Le pèlerinage de Saint-Étienne se fit remarquer à d'autres points de vue. Avec ses riches bannières, son

---

1. *La Vérité*, journal de Lille, n° du 29 juin 1854.
2. *La Vérité*, n° du 28 juin 1854.

admirable chœur de cantiques, ses groupes de vierges vêtues de robes d'azur, son clergé portant des chapes magnifiques, son cortège de 3.000 personnes, c'était comme un prélude et une représentation anticipée de la grande procession. Mgr Dufêtre officia pontificalement. Le 6ᵉ régiment d'infanterie légère exécuta la messe d'Elsner, orchestrée par son chef de musique, M. Poinsignon. Cent quarante voix, accompagnées de soixante-dix instruments, rendirent d'une façon brillante cette belle composition. C'est que le colonel comte de Clonard était lui-même un musicien, qui avait provoqué au sein de son régiment un véritable mouvement artistique. C'était de plus un chrétien, heureux de s'associer aux fêtes de la Vierge, et si bien secondé par la bonne volonté de ses hommes, que l'on ne put utiliser tous les concours offerts : il fallut faire un choix.

Quelques jours après, à la communion générale de Saint-Maurice, la même messe fut exécutée une seconde fois par ce chœur militaire [1].

La paroisse pauvre, Saint-Sauveur, ne resta point en arrière des autres. Si son cortège ne rappelait nullement les splendeurs de Saint-Étienne et de Saint-André, nombreux furent les braves ouvriers qui suivirent leur pasteur dans sa visite à la Bonne Vierge, plus nombreuses encore les mères qui vinrent lui présenter leurs enfants, et demander pour eux santé, force et vie. Ces bons paroissiens avaient orné leurs rues des

---

1. Franciosi, p. 56, 57. Un jeune vicaire remercia chaudement ces braves militaires. C'est aujourd'hui l'évêque d'Aire, Mgr Delannoy. Le colonel, qui avait assisté à la messe avec son corps d'officiers, fut félicité par Mgr Dufêtre. On est heureux, dit le prélat, de voir à la tête de l'armée des *Généraux* qui prêtent ainsi leur concours à la religion.
— Dans quelle brigade ? Monseigneur, demande en souriant le colonel.
— Ah ! oui, je fais erreur, répliqua l'évêque, mais les colonels sont bien près d'être généraux ; et d'ailleurs l'Église célèbre toujours les vigiles des fêtes.
A peu de temps de là en effet, le comte de Clonard fut nommé général. On sait que sa famille est encore dignement représentée à Lille.

images de la Vierge, et déployé tout le luxe que permettait leur pauvreté. Le clergé de Saint-Sauveur chanta dans l'église jubilaire la messe royale de Dumont, si solennelle et si religieuse.

Les villes plus éloignées eurent aussi leurs délégations. Valenciennes, Aire, Tournai, offrent le cierge traditionnel ; Roubaix, Comines, un cœur richement encadré ; Tourcoing, une couronne de vermeil de près de cinquante centimètres de diamètre ; Douai, une plaque représentant ses armoiries.

On remarque l'*ex-voto* de la ville de Cambrai. C'est un bas-relief en argent, au repoussé, œuvre de l'orfèvre Debouvry, qui représente l'image de Notre-Dame de Grâce. Le cadre est orné de guirlandes de fleurs, en argent ciselé, d'un travail remarquable.

Le don le plus précieux, sans contredit, fut fait par Mgr l'évêque de Gand. C'est un beau reliquaire trilobé, en vermeil, orné de pierres précieuses, renfermant des cheveux de la Vierge Marie. Cette relique insigne provient originairement du prieuré de Watten, qui la tenait de Clémence, épouse de Robert de Jérusalem, comte de Flandre, et sœur du pape Calixte II. Toute une série de pièces, résumées dans un acte de Mgr Delebecque, en établissent l'authenticité.

CHAPITRE XXI.

LA PROCESSION DU 2 JUILLET 1854. — TRIOMPHE DE NOTRE-DAME DE LA TREILLE.

Un écrivain qui nous a laissé l'histoire détaillée des fêtes jubilaires de Lille en 1854, et leur a consacré tout un volume, s'excuse cependant de ne pouvoir dépeindre « cette marche triomphale qui compta dans ses rangs près de huit mille personnes et dont le défilé dura cinq quarts d'heure. Comment décrire, ajoute-t-il, tous ces groupes avec leur variété et leur richesse, les montrer s'amenant les uns les autres, en formant entre eux des contrastes frappants? Et ces dix-huit corps de musique harmonieuse qui semblaient s'interroger de loin, se répondre, s'exciter mutuellement, ne se taire que pour laisser les jeunes gens, les jeunes vierges dont ils animaient les accents, redire à leur tour les cantiques sacrés en l'honneur de la Mère de Dieu? Il est des scènes, des spectacles que la langue est toujours impuissante à raconter, comme la plume et le pinceau sont impuissants à les reproduire. La procession du Jubilé de Notre-Dame de la Treille est de cette nature [1]. »

Pour nous en faire une idée, parcourons avec le même témoin oculaire le cadre somptueux dans lequel

---

[1]. L'abbé Capelle, *Histoire des fêtes du Jubilé séculaire de Notre-Dame de la Treille*, p. 136, 137.

va se mouvoir la pompe triomphale. Vers midi tout est prêt, et dans la rue Royale, et dans toutes celles qui, par la rue Négrier et le Pont-Neuf marquent le circuit de la vieille ville, jusqu'à la rue Saint-Sauveur, et au fort du Réduit : de là par la rue de Paris, l'ancienne rue des Malades, jusqu'à la Grand'Place, itinéraire qui, aux âges précédents, a vu tant de processions religieuses, tant de cortèges princiers.

« Quel spectacle ! Jamais une cité n'a offert un coup d'œil plus animé, plus brillant. Ces milliers d'oriflammes de toutes couleurs, de toutes dimensions, de toutes formes, qui s'agitent, montent, descendent, s'enlacent ; les unes simples, les autres chargées d'images, d'étoiles, d'inscriptions, de fleurs, que l'on retrouve partout, chez les pauvres, chez les riches, dans toutes les rues, nous présentent une de ces manifestations que la Religion seule peut faire naître. Ces oriflammes ne sont pas les seuls ornements qui décorent la *Cité de la Vierge*, transformée aujourd'hui en un temple immense : ici ce sont des roses ou des lis qui, sur une draperie blanche, décrivent le chiffre de Marie ou des invocations vers elle ; là, ce sont des inscriptions tirées de la Sainte Ecriture ou dictées par une confiance et un amour filial ; ailleurs, c'est une Madone placée dans une niche de fleurs ou surmontée d'une couronne, au milieu de guirlandes qui s'étendent du rez-de-chaussée à la toiture. La façade de la maison du bourgeois rivalise avec celle des brillants hôtels de la rue Royale... L'entrée de la préfecture simule le portique d'un temple avec ses colonnes et ses arcades blanches et bleues, que surmonte le drapeau de la patrie. Des maisons sont ornées d'armoiries épiscopales sur fond de couleur rouge, violet, azur : ce sont celles qui ont l'honneur de donner l'hospitalité aux évêques, et ces armoiries, ces couleurs, sont les couleurs et les armoiries de leurs illustres hôtes. Mais il faut aller voir dans la rue de Thionville une décoration qui par sa richesse l'emporte sur toutes les autres. Sur une toile de vingt-cinq mètres carrés est représentée la Trinité adorable, contemplant avec complaisance la Vierge Marie, qui, placée sur un trône d'or, est entourée d'une légion d'anges exaltant sa grandeur. Au premier plan, d'un côté, le maïeur Jean Levasseur, à la tête des échevins, tous agenouillés, offre à la Mère de Dieu les clefs de la ville, tandis que de l'autre côté, la ville elle-même, personnifiée sous les traits d'une femme aux formes vigoureuses, entourée de la Foi, de l'Espérance et de la Charité, ratifie l'offrande présentée en son nom par son pieux magistrat. Cette composition, conçue et exécutée par M. Brébar, peintre décorateur, est complétée par l'histoire du culte de Notre-Dame de la Treille, au moyen d'écussons portant les armoiries ou les noms des personnages qui ont contribué à son développement. M. du Bosquiel, qui a commandé ce grand travail, et qui en a fait couvrir la façade de son hôtel, est un vieillard mourant. Quelques jours avant la fête, il dit à sa famille : Je veux que cette décoration soit placée et je veux qu'elle soit illuminée le soir du jour de la procession, lors même que, ce jour-là, Dieu aurait disposé de moi.

» Outre ces décorations particulières il y a encore les décorations collectives qui, dans la plupart des rues, relient toutes les maisons entre elles. Ces immenses lignes de draperies aux mêmes festons, aux mêmes couleurs, que nulle autorité n'a commandées, et auxquels tous indistinctement ont contribué, disent éloquemment que le culte de Marie a dissipé les dissensions, les rivalités, les différences d'opinions et de partis; que tous sont unis dans les mêmes sentiments, et ne font qu'un cœur et qu'une âme. La rue de la Grande-Chaussée se distingue par une profusion de guirlandes qui, se croisant d'un côté de la rue à l'autre, forment comme une treille de verdure et de fleurs. La rue Esquermoise a élevé, au niveau de ses toits, des dômes aux longs rideaux, qui semblent vouloir offrir à Notre-Dame de la Treille un royal abri sur tous les lieux de son passage, tandis que les invocations de ses litanies, disséminées au-dessus de la porte de chaque demeure, lui font entendre les prières de ses enfants, qui tous ensemble proclament sous tous les titres sa bonté et ses grandeurs [1]. »

Mais le temps passe : il est une heure, il est deux heures, et ce jour qu'on espérait si radieux est voilé par de sombres nuages : la pluie tombe, tombe toujours. Déjà les troupes de la garnison sont échelonnées sur le parcours de la procession : les groupes arrivent, se succèdent à rangs pressés, et prennent leur place. La châsse de Notre-Dame est sortie de l'église. Trente-six prêtres en dalmatique d'or, qui doivent la porter par escouades de douze, se tiennent à leur poste sur la place Sainte-Catherine. Malgré tout, la confiance est inébranlable : la procession aura lieu.

A deux heures et demie, les cloches s'ébranlent dans toute la ville : le canon des remparts leur répond, et soudain la nue se déchire, un rayon de soleil la traverse, il vient illuminer la châsse de Notre-Dame et annoncer au peuple chrétien que le Ciel sourit à ses vœux. *Notre-Dame de la Treille a fait son miracle*, s'écrient-ils dans leur foi naïve et simple, qui trouve ainsi son expression comme elle a reçu sa récompense.

On part. Un peloton de cavalerie ouvre la marche ; puis vient la musique du 8ᵉ hussards, également à cheval. Quatre bannières de drap d'argent brodé d'or rappellent par leurs inscriptions quatre faits principaux de l'histoire du culte de Notre-Dame de la Treille : l'institution de la confrérie, en 1254 ; celle de la procession, 1270 ; le Jubilé séculaire de 1754, et celui de

---

1. L'abbé Cappelle, *Op. cit.*, p. 137-140.

1854. Une cinquième bannière, plus riche encore, représente le *labarum* offert par le magistrat lors de la consécration de Lille, en 1634. On y voit l'image personnifiée de la cité, agenouillée au milieu des attributs du commerce, de l'industrie, de la guerre et des beaux-arts, offrant les clefs de son enceinte à Notre-Dame de la Treille. Sur l'autre face on lit cette inscription, qui est elle-même une réminiscence de la fête de 1634 : *Dicet habitator Insulæ hujus : Hæc est spes nostra.*

Viennent immédiatement après les six paroisses de l'ancien Lille, dont chacune est représentée par un long et riche cortège : croix, bannières et saintes images, emblèmes sacrés, groupes d'œuvres et de confréries, institutions, collèges et pensionnats. Ici, même une simple énumération devient impossible [1]. Qu'il suffise de faire remarquer l'accord déjà constaté à propos de la décoration des rues et des maisons. Tout le monde a voulu figurer dans la procession : le lycée, les écoles, les institutions et pensionnats laïques y occupent leur place. Les musiques militaires, celles des pompiers et des canonniers lillois, les sociétés purement artistiques et sans caractère religieux, tiennent à honneur de s'associer au triomphe de la Reine du Ciel.

Après les paroisses, les maisons hospitalières, les œuvres de charité et de bienfaisance d'intérêt général ; les conférences de Saint-Vincent de Paul établies à Lille et dans toutes les contrées voisines, y compris l'Artois et la Belgique ; les ordres religieux, les congrégations de l'un et de l'autre sexe ; le tout avec musiques, bannières, châsses et emblèmes divers. C'est la seconde partie du cortège, que précèdent les tambours de la garnison.

---

1. La *Vérité*, n° des 3 et 4 juillet, constate que « le magnifique cortège a été infiniment supérieur aux promesses du programme de M. l'abbé Capelle. Ce que le savant ordonnateur n'avait pu prévoir, c'étaient les prodiges de pompe et de richesse que devaient faire surgir la foi et l'émulation des familles lilloises, les vêtements d'or et d'argent ; l'élégance inouïe des costumes, des emblèmes et des bannières était au-dessus de la description. »

Quand l'église de Saint-Pierre fut consacrée en 1065 [1], le comte Baudouin y fit venir les corps saints vénérés dans les églises du comté de Flandre. De même, en une circonstance qui rappelait les grandes solennités de la collégiale, qui allait inaugurer l'œuvre de sa résurrection, les saints de la contrée, dans leurs riches et précieuses châsses, entourées d'un cortège d'honneur, vinrent rehausser la pompe sacrée.

On voit tout d'abord s'avancer saint Evrard, fondateur de l'abbaye de Cysoing. Les prêtres originaires de Bergues portent la châsse en argent ciselé et le buste de même métal renfermant les précieux restes de saint Winoc. La musique de Seclin accompagne les reliques de saint Piat, le premier apôtre connu du pays de Lille et de Tournai. Comines et Werwicq escortent saint Chrysole, dont le nom s'associe à la mission de saint Piat et à la première évangélisation de nos contrées. La châsse de saint Eleuthère [2] est portée par huit lévites tournaisiens, en dalmatiques, et accompagnée d'une délégation du chapitre.

Après les hérauts de la foi dans le pays de Lille arrive saint Marcel, pape et martyr, dont les reliques reposaient jadis à l'abbaye d'Hautmont, et se trouvent aujourd'hui dans l'église paroissiale du même lieu. Les directeurs et professeurs du collège de Marcq portent la châsse : les élèves ont organisé un cortège en rapport avec leur piété et digne de la circonstance.

La grande relique de la Vraie Croix provenant de l'ancienne collégiale, maintenant à Saint-Etienne, trouve ici sa place. Elle est portée dans un édicule de style byzantin, par des prêtres revêtus de dalmatiques

---

1. Et non 1066. V. notre *Histoire de Saint-Pierre*, tome I, p. 18.

2 Ce n'était pas toutefois la splendide châsse que l'on admire sur le maître autel de la cathédrale de Tournai. Celle-ci ne se déplace pas. C'est une des œuvres les plus admirables de l'orfèvrerie du moyen âge. On avait envoyé à Lille une châsse moins précieuse, contenant une importante relique du saint.

rouges : à la suite s'avancent de nombreux lévites, qui répandent des nuages d'encens et jonchent de fleurs les voies qu'elle parcourt.

C'est maintenant la dernière partie de la procession. ce sont les députations historiques de Douai, d'Aire-en-Artois, de Tournai, de Cambrai; ce sont les dames d'honneur de Notre-Dame de la Treille, ce sont ses petits pages avec leur costume pittoresque. Enfin voici la châsse, précédée, entourée, escortée d'un grand nombre de prêtres portant de riches ornements sacerdotaux, suivie des évêques en chape, crosse et mitre. Les autorités marchent derrière en grand costume officiel: l'ambassadeur d'Espagne, le préfet, le sous-préfet, le maire et ses adjoints. La musique des canonniers lillois, un bataillon d'infanterie, un piquet de cavalerie, terminent cet incomparable défilé.

Sur la place, le clergé fait une station, toute la marche s'arrête. Les évêques se tiennent sur le perron large et élevé de la grand'garde ; les prêtres revêtus d'ornements se massent sur les degrés ; la châsse reste entre les deux rampes, faisant face à la rue Esquermoise.

Les escaliers et l'édifice sont de haut en bas couverts de riches tentures de velours pourpre et azur. Se détachant sur ce fond, un immense décor représente la patronne de Lille ouvrant sa Treille pour accueillir Philippe le Bon et Jean Levasseur, le prince du pays et le chef des bourgeois, qui lui offrent l'un le collier de la Toison d'Or, l'autre les clefs de la ville. Au second plan, en arrière des personnages, on voit l'église de Sainte-Catherine et l'ancienne collégiale de Saint-Pierre. Dans le haut, les écussons de Flandre, ancien et nouveau, ceux de la vieille cité communale, des maisons royales d'Autriche et de France, rappellent tout un glorieux passé ; deux médaillons, dans les fausses portes latérales, représentent les bustes de Baudouin V et de Jeanne de Flandre. Sur une frise supérieure on lit :

Lille, cité de la Vierge.

Et la statue de Lille, du haut de sa colonne de pierre, au milieu de la Place, redit sur une banderole qui flotte au vent :

Ave Maria.

Le soleil dore de ces rayons ce superbe ensemble et le fait briller d'un éclat incomparable. Quand tous ont pris leurs places, trois cents voix d'hommes enlèvent avec vigueur un *Salve Regina* composé pour la circonstance. Après l'oraison, de sa voix tonnante qui résonne jusqu'aux extrémités de la vaste enceinte, Mgr Dufêtre prononce l'allocution qui suit :

Habitants de Lille,

Il y a deux cent vingt ans que, dans un jour à jamais mémorable, la ville de Lille se consacra solennellement à Notre-Dame de la Treille.

Plus de quatre siècles auparavant, déjà cette heureuse cité s'était vouée à Marie au milieu des acclamations de joie et des chants de triomphe. Elle avait adopté avec enthousiasme cette antique et glorieuse devise : *Hæc est spes nostra* : c'est là notre espérance.

Vraiment il y avait justice, habitants de Lille : vos ancêtres n'avaient-ils pas éprouvé mille fois les effets de sa miséricordieuse et puissante protection ? N'avaient-ils pas été les heureux témoins des prodiges opérés par son entremise ? Leurs guerriers n'avaient-ils pas proclamé son nom victorieux sur les champs de bataille ? Ah ! Notre-Dame de la Treille s'était bien montrée toujours leur espérance et leur joie : *Hæc est spes nostra*.

Depuis cette époque, et en traversant tous les âges jusqu'à nous, Lille, la vieille et noble cité, demeure toujours vassale et tributaire de Marie, et dans tous les temps elle répète avec transport : C'est là notre espérance : *Hæc est spes nostra !*

Mais que vois-je ? Le vent des révolutions renverse l'antique basilique où l'image vénérée a reçu depuis tant de siècles les hommages des fidèles Lillois ; le marteau des démolisseurs en a brisé jusqu'à la dernière pierre. Dès ce moment, le culte de Notre-Dame de la Treille s'affaiblit ; son image disparaît, et pendant près d'un demi-siècle son nom sacré cesse presque d'être invoqué.

Il fallait une éclatante réparation pour ce long et trop fatal oubli. Habitants de Lille, elle ne pouvait être plus magnifique et plus complète. Quel spectacle! Anges du ciel, contemplez-le avec ravissement. Il n'en fut jamais de plus beau sur la terre. Voyez cette population innombrable, accourue de tous les points de la Flandre et de la Belgique, qui se presse dans l'enceinte immense de cette place. Entendez ces acclamations d'allégresse et d'amour qui retentissent de toutes parts. On voit bien que c'est une souveraine qui rentre dans ses états, qui vient reprendre possession de sa ville bien-aimée !

Vierge de la Treille, vous devez être satisfaite. O Marie, votre cœur est ému, vos entrailles se dilatent en retrouvant l'amour enthousiaste de vos fidèles enfants !

Mais, chrétiens, j'ai une grande mission à remplir. Marie m'envoie pour vous proposer de sa part un serment nouveau, une nouvelle alliance. Elle vous dit, comme nous lisons dans l'Écriture: *Sit juramentum inter nos, et ineamus fœdus*. Promettez de servir toujours son divin Fils, et de conserver inviolable cette foi qui éclate aujourd'hui si ardente et si pure : Elle vous promet en échange toutes les grâces, toutes les bénédictions du ciel : *Sit juramentum inter nos, et ineamus fœdus*. Promettez d'aimer, d'honorer, d'invoquer toujours avec confiance cette incomparable mère : elle vous promet d'être à jamais votre amie, votre patronne dévouée. *Sit juramentum inter nos, et ineamus fœdus*.

Ah ! c'en est fait : l'alliance est conclue. Marie est redevenue votre espérance et votre joie. Hâtez-vous de reprendre la devise de vos pères : *Hœc est spes nostra*.

Pour moi, je ne puis plus contenir les mouvements de mon cœur : mon âme déborde, et je m'écrie avec transport : Vive Marie ! Eh quoi ! Vos cœurs répondent au mien ! Alors qu'un cri unanime s'échappe de toutes les poitrines, que tous ensemble nous répétions : Vive Marie ! Vive Notre-Dame de la Treille ! Une dernière fois que cette immense assemblée redise : Vive Marie !!!

On crie de toutes parts : *Vive Marie! Vive Notre-Dame de la Treille!*

Après la bénédiction pontificale, la procession se remet en marche. Il était plus de sept heures quand elle se termina, laissant à tous un impérissable souvenir.

A huit heures, eut lieu le banquet offert par les

Lillois, dans le salon blanc de l'hôtel-de-ville. A côté des prélats et des autorités principales, vinrent s'asseoir les notabilités de la ville et du pays. Il y avait plus de deux cent cinquante convives.

Vers la fin du repas, le préfet porta la santé de l'Empereur et de l'Impératrice. Puis les toasts se succédèrent dans l'ordre suivant :

Le maire de Lille : « Au digne envoyé de S. M. Catholique la reine d'Espagne ; aux vénérables prélats qui ont honoré de leur présence notre grande fête religieuse. »

Le cardinal Gousset : « A la catholique et industrieuse ville de Lille. »

L'évêque de Gand : « A l'épiscopat français, dont il y a quinze cents ans, saint Jérôme exaltait déjà la science et le dévoûment. »

Mgr Régnier répondit par un toast à l'épiscopat belge, dont il vanta les belles qualités, la science et le dévoûment au Saint-Siège.

Le sénateur Mimerel à son tour remercie les trois éminents prédicateurs. C'est Mgr de Nevers qui répond, et qui déclare que la tâche était facile en présence de la bonne volonté des Lillois. Il termine par un toast au grand ordonnateur des fêtes, M. l'abbé Capelle. Celui-ci répond modestement, et renvoie tout l'honneur au prélat diocésain, dont l'initiative a donné le branle ; « aux Lillois qui ont voulu que la solennité du Jubilé séculaire fût digne de Notre-Dame de la Treille, digne de leur cité et des prélats leurs illustres hôtes [1]. »

Le soir, dans toutes les rues de la ville, une brillante illumination faisait ressortir mieux encore que pendant le jour la richesse et la magnificence des décorations. Ce fut un nouvel hommage rendu à la Reine de la cité.

---

1. *La Vérité*, nᵒ des 3 et 4 juillet 1854.

Au sommet de la tour de Sainte-Catherine, un foyer de lumière électrique transportait jusque dans la nue ce témoignage d'amour et de piété [1].

---

[1]. L'installation du foyer électrique était due à M. Lamy, professeur de physique au lycée. Il voulut, comme il le dit lui-même dans une lettre adressée à la *Vérité* (n° des 3 et 4 juillet 1854), « faire briller, au sommet de la tour, le feu le plus éblouissant que l'on puisse produire, comme glorification de la Vierge, dont on venait de célébrer si splendidement la fête. »

CHAPITRE XXII.

POSE DE LA PREMIÈRE PIERRE DE L'ÉGLISE PATRONALE.
EMPLACEMENT CHOISI POUR L'ÉDIFICE ET SES ANNEXES.

Malgré la magnificence des fêtes que nous venons de décrire, malgré les splendeurs de la procession finale, le fait important du jubilé séculaire est la bénédiction et la pose de la première pierre d'un édifice monumental en l'honneur de Notre-Dame de la Treille. L'édifice est fondé. Il grandit sous nos yeux; il s'achèvera grâce aux efforts persévérants du peuple chrétien, comme nos antiques cathédrales, qui se sont élevées lentement par le travail des siècles.

On peut espérer, même en ces temps malheureux, que les délais seront aujourd'hui moins longs, et qu'au futur jubilé de 1954, nos arrière-neveux pourront offrir à Notre-Dame de la Treille sa basilique enfin complète, dans tout l'éclat, dans tout le rayonnement de sa beauté. C'est le vœu que formulait le P. Lavigne.

Cet éminent religieux ne cessait de ranimer les courages exposés à fléchir, en présence de la grandeur et des difficultés de l'entreprise. « Il y a, disait-il, dans toute œuvre, le jour, l'heure de la Providence : il faut les saisir. Si vous ne profitez pas du moment si favorable du jubilé, votre œuvre est compromise et peut-être perdue. »

Le premier pas à faire, c'était l'acquisition du terrain. Comme emplacement de la future église, le choix de la commission, ratifié par la sanction populaire, se porta sur l'enclos du Cirque. Là fut la Motte-Madame, où se dressait le château, la forteresse féodale près de laquelle Baudouin V bâtit Saint-Pierre et Lille se développa. C'est le berceau de la cité, auquel se rattachent ses plus lointains souvenirs, historiques et légendaires. C'est là que la tradition place le château du Buc, témoin des brigandages de Phinart et du triomphe de Lydéric.

La Motte-Madame éveille aussi des souvenirs plus récents. Elle fut ajoutée au couvent des Dominicains quand, expropriés de leur maison primitive, hors les murs, ils vinrent se fixer dans la rue Basse (1578). Ils possédaient en cet endroit un refuge que Robert de Fiennes, connétable de France, leur donna en 1368. Comme l'espace fut jugé trop restreint pour un nombreux couvent, on y adjoignit, sous condition d'acquitter les charges, le petit hôpital des Grimaretz. Même avec la jouissance de la Motte-Madame, le tout fournit une compensation bien minime pour le vaste établissement que des raisons stratégiques faisaient tomber sous le marteau des démolisseurs.

Après la dispersion des ordres religieux en 1790, la Motte-Madame devint un lieu de promenade et de divertissements publics. Un édifice élégant, construit au sommet de la butte, servait à toute espèce de fêtes : on l'appelait le Cirque. En 1848, pour donner du travail aux ouvriers inoccupés, on imagina de raser le monticule : dans les vues de la Providence, le nivellement préparait la place où bientôt un temple monumental consacrerait les souvenirs du passé, les aspirations du présent, les espérances de l'avenir.

Au point de vue de la situation topographique, on ne pouvait la désirer meilleure et plus avantageuse pour combler le vide laissé par la disparition de Saint-Pierre. C'était l'endroit tout désigné pour un nouveau centre religieux, paroisse d'abord, cathédrale ensuite, quand les circonstances permettraient la création d'un évêché.

Déjà depuis longtemps germaient de secrètes espérances : elles finiront bien par se réaliser un jour, tant elles sont légitimes en présence de l'accroissement énorme de la population, qui appelle la présence et l'action d'un évêque.

Si le choix de l'emplacement s'imposait à tant de titres, il n'était pas si facile d'en acquérir la propriété. Les négociations se poursuivirent à travers mille complications, qui ne permettaient guère d'espérer la solution immédiate vers laquelle les promoteurs de l'œuvre aspiraient de tous leurs vœux. Un voyage à Paris, suprême effort pour conclure, n'amena qu'une déception cruelle. Les conditions proposées par les vendeurs semblaient inacceptables. On dut les repousser, la mort dans l'âme.

Les choses en étaient là quand, la veille de la fête de S. Pierre, quatre jours avant la fin des solennités jubilaires, M. l'abbé Bernard fit entendre, dans la chaire de Sainte-Catherine, ce dernier et pressant appel :

Lillois ! laisserons-nous dans ce temple d'emprunt, et dont l'exiguité ne peut convenir aux splendeurs de son culte, l'image de notre vénérée et bien-aimée Patronne, de celle qui nous a toujours protégés, à laquelle cette ville de Lille s'est consacrée solennellement ? Ne bâtirons-nous pas l'église de Notre-Dame de la Treille ? Est-ce que l'élan qui s'est manifesté parmi les habitants de la cité, lorsqu'il y a un peu plus d'une année l'idée de cette construction fut publiquement émise, et qui produisit une somme de trois cent mille francs, aura été inutile ? Est-ce que les paroles de Monseigneur l'Archevêque, qui a proclamé du haut de cette chaire qu'il acceptait cette œuvre et qu'il la faisait sienne, auront été inutiles ? Est-ce que le désir exprimé par le Souverain Pontife lui-même aura été inutile ? Habitants de Lille, c'est un de vos frères qui vous le demande ; pensez-y sérieusement. Consultez votre foi, consultez votre amour envers Notre-Dame de la Treille ; consultez l'honneur de la religion, consultez Dieu, demandez-lui qu'il vous éclaire, et dites-lui : Seigneur, mon cœur est prêt : *Paratum cor meum, Deus, paratum cor meum* [1].

Il était huit heures et demie du soir quand l'ardent promoteur de l'œuvre de Notre-Dame de la Treille tenait ce langage dans l'église de Sainte-Catherine. A onze heures, l'acte d'acquisition des terrains du Cirque était signé. L'affaire était conclue, l'entrée en jouissance immédiate.

« Ainsi, dit le secrétaire de la Commission, M. le comte de Caulaincourt [2], ainsi tout s'arrangeait au moment où plus que jamais tout paraissait manqué. La position était entièrement changée ; nous n'étions plus qu'en présence d'un ami généreux qui voulait bien nous laisser tous les avantages, et ne garder pour lui que la responsabilité. Grâce à lui, grâce à lui seul, l'œuvre de Notre-Dame de la Treille se trouve en possession d'un terrain immense, susceptible d'acquérir une plus-value considérable, en partie arrenté, en partie patrimonial, dont la partie arrentée seule contient 9.000 mètres. »

Disons de suite que l'œuvre put acquérir dans la suite tout l'enclos des Dominicains, adjacent au Cirque. Ajoutons, pour en finir, que les terrains achetés comprennent une partie de la cour Gilson, — il faudrait dire Gillesson [3], — groupe de maisons qui appartenaient jadis à la collégiale, et qui faisaient partie d'une riche fondation passée depuis à l'administration des Hospices. C'est encore un lien qui rattache au vieux Saint-Pierre l'emplacement actuel de la basilique.

En vertu des arrangements pris avec le mystérieux bienfaiteur, les sommes antérieurement souscrites res-

---

1. L'abbé Capelle, *Histoire du Jubilé de Notre-Dame de la Treille*, p. 71, 72.
2. Rapport du 6 juillet 1854.
3. *Histoire de Saint-Pierre de Lille*, tome II, p. 333-342.

taient disponibles et pouvaient être employées aux travaux de construction. Il n'y avait plus qu'à dresser les plans pour se mettre à l'œuvre.

Il fallait pour cela un certain temps. On voulut du moins que la bénédiction et la pose de la première pierre eussent lieu pendant les fêtes du jubilé. Tout devait être improvisé en deux jours, la cérémonie ne pouvant être retardée au-delà du samedi 1er juillet, veille de la grande procession. Les invitations principales furent faites par démarche individuelle : le public fut averti par des annonces en chaire et par la voie des journaux. Entre temps, on abattait les murs; on préparait sur le terrain une tribune et quelques décorations. Les habitants pavoisaient les rues que devait traverser le cortège.

Bien avant l'heure fixée, malgré le mauvais temps et la pluie continuelle, une foule immense envahit l'enceinte du Cirque. Un détachement d'infanterie formait la haie; la musique du 6e de ligne faisait entendre ses plus brillants accords.

Vers onze heures et demie, Monseigneur l'Archevêque de Cambrai, les évêques présents à Lille et un nombreux clergé arrivèrent processionnellement. Suivaient les principales autorités, militaires et civiles, ayant à leur tête le préfet, M. Besson, le maire, M. Richebé, et ses adjoints, en grand costume officiel.

Quand tout le monde est en place, au milieu d'un silence solennel, le Préfet prend la parole. Il fait l'éloge du gouvernement, des pouvoirs publics, de nos valeureuses armées. Il parle ensuite du peuple, de ses instincts généreux, des tentatives faites pour l'égarer, de la conscience qu'il a maintenant de ses intérêts et de ses destinées, de la paix qui s'est faite dans les esprits, de la confiance qui règne, de la vie religieuse qui renaît. Après quoi il continue en ces termes :

L'histoire des nations est tout entière dans leurs monuments : les nations disparaissent et les monuments subsistent pour révéler aux âges futurs la pensée de leur création. En admirant ces anciennes basiliques qui élèvent leurs dômes majestueux vers le ciel comme pour attester la piété de nos ancêtres, qui de nous n'est saisi de respect pour leur zèle et leur dévotion ?

Dans notre France, sol antique des croyances chrétiennes et catholiques, déjà si riche en monuments consacrés au culte, s'élèvent de tous côtés des temples pieux où l'humanité va puiser cette principale force de l'homme et des peuples : la foi.

Lille, qui a vu disparaître par les malheurs des temps la plupart de ses édifices religieux, ne pouvait rester en arrière dans ce magnifique mouvement de réédification des choses sacrées : elle n'a pas voulu qu'il en fût ainsi, et nous l'en félicitons du plus profond de notre cœur.

Nous consacrons aujourd'hui la première pierre d'une splendide église, sous l'invocation de Notre-Dame de la Treille, la bien-aimée patronne de la ville de Lille.

Sur ce lieu même, berceau de la vieille cité de nos pères, s'élèvera bientôt un monument remarquable par son architecture, remarquable par le sentiment qui préside à son érection. Grâce à la noble émulation qui s'est emparée de notre population si intelligente et si catholique, une souscription spontanée s'est ouverte pour couvrir les premières dépenses de cette insigne église.

C'est le propre de votre diocèse, Monseigneur, vous le savez : il se passionne pour le bien, pour le beau ; on sait y employer généreusement la fortune conquise par le travail probe et laborieux ; nulle contrée n'est plus disposée à secourir l'indigence ; nulle contrée n'est plus disposée à concourir à tout ce qui est véritablement utile, grand et moral.

Nous assistons, Messeigneurs et Messieurs, à un spectacle dont la majesté nous remplit de joie : au milieu des cérémonies imposantes d'un Jubilé séculaire, en présence de tant d'illustres prélats, princes de l'Église par leur savoir et surtout par leurs vertus, en présence de notre vénérable archevêque qui fait de sa mission sur la terre un véritable apostolat, la religion a jeté, dans ce terrain consacré, une semence qui grandira et portera, personne n'en doute, des fruits dignes d'être légués aux générations à venir.

M. le Préfet termine ainsi : « Les temps meilleurs sont arrivés, et, selon les éloquentes paroles de Bossuet, nous pouvons dire : *L'autel se redresse, le temple se rebâtit, les murailles de Jérusalem sont relevées.* »

Alors l'imposante cérémonie commence. Déjà d'avance une croix de bois est plantée sur l'emplacement de la future église, à l'endroit désigné pour l'autel principal. Le Pontife bénit ce lieu, pendant que le chœur chante le psaume LXXXIII : « *Que vos tabernacles sont aimables, Seigneur des armées. Mon âme soupire et languit après les parvis du Seigneur.* » Et le reste.

Ensuite la pierre qui doit être la première base de l'édifice est bénite au nom du Christ, la pierre éprouvée, la pierre angulaire, la pierre précieuse, le fondement unique et inébranlable.

D'autres prières, d'autres psaumes se font entendre pendant que le Pontife asseoit la pierre fondamentale, pendant qu'il asperge d'eau bénite l'espace que doit occuper le lieu saint.

Tout à coup retentit le cantique de joie et d'allégresse : *Je me suis réjoui de ce qui m'a été dit : Nous irons dans la maison du Seigneur.* (Psaume CXXI.)

L'hymne *Veni, Creator* sollicite la venue de l'Esprit-Saint et de ses dons, afin que l'édifice demeure inaccessible aux puissances mauvaises, et que le peuple fidèle y recueille les grâces en abondance.

Alors d'une voix forte, à travers laquelle perce une vive émotion, le P. Lavigne prononce cette allocution magnifique :

Messeigneurs, Messieurs,

L'inclémence du temps ne sera pas capable d'arrêter l'émotion et les transports qui s'emparent de nos cœurs à la vue de ce grand spectacle que vous présentez à la terre et au ciel ; spectacle digne des âges passés, dont vous rappelez les magnificences et les splendeurs, spectacle digne des siècles à venir.

Pourquoi ce peuple immense ? Pourquoi ces pontifes, ces autorités, ces sommités de l'armée, de la magistrature, qui les représentent ici en ce moment ? C'est qu'une grande pensée a saisi toutes les âmes. La Vierge, pour laquelle la ville entière s'est ici donné rendez-vous, avait dans cette cité un temple digne d'elle. Les orages révolutionnaires passèrent, et le temple renversé ne présenta plus que des ruines. Mais la statue bénie, l'image vénérée avait été sauvée. Tout un peuple redemandait à grands cris un temple pour sa protectrice, pour sa Madone. Comme le royal Prophète, il s'écriait : Je ne donnerai pas le sommeil à mes yeux, ni le repos à ma tête fatiguée jusqu'à ce que j'aie retrouvé le tabernacle saint : *Si dedero somnum oculis meis.... et requiem temporibus meis, donec inveniam.... tabernaculum Deo Jacob.* Et soudain, avant-hier, une grande voix dit : Voici que nous l'avons trouvé, nous avons rencontré le temple de notre mère : *Ecce audivimus eam... invenimus eam in campis silvæ.* Aussitôt l'allégresse s'empare de la cité. Levez-vous, Seigneur, dans votre repos : *Surge, Domine, in requiem tuam.* Que dans ce champ où se presse ce peuple s'élève un temple pour vous, Seigneur ! pour vous et pour l'arche de votre sanctification, pour Marie : *Tu et arca sanctificationis tuæ.*

Ce n'est pas à vous seuls, Messieurs, que je m'adresse ; je parle à toutes les générations à venir. — Sachons laisser tomber cette pluie qui s'acharne comme pour faire ressortir notre énergie et notre courage plein de foi. — Cette église que vous allez élever, c'est une dette que vous payez à l'église de Saint-Pierre. Savez-vous que vous êtes nés de cette église? Autour de ce chapitre de cinquante chanoines, les demeures autrefois s'étaient multipliées davantage, là s'était faite la ville.

Une église est une médaille pour les générations futures. A vos enfants vous donnez une médaille, une image de Notre-Dame de la Treille, un souvenir qui passe. Vous traitez la génération à venir d'une manière plus grandiose: vous lui donnez une médaille digne d'un peuple, un temple, une église magnifique qui s'élèvera pour l'année séculaire de 1954.

Ainsi la foi est harmonisée avec l'industrie, avec les arts. Notre esprit est fait pour les grandes choses, comme dit saint Thomas. Je comprends comment vous avez des ateliers si admirables ; mais vous n'aviez pas de temple sacré qui fût en harmonie avec eux. Il vous fallait une église où vinssent ceux qui aiment les grandes choses.

Qu'est-ce qu'une église? C'est un symbole en harmonie parfaite avec vous-même. La pierre fondamentale est le lien de toutes les pierres de l'édifice, c'est l'image de votre union, de votre unité en Jésus-Christ. Toutes les pierres du temple ne forment qu'un tout, de même qu'ici je vous vois rassemblés ne formant qu'un tout, à droite et à gauche, la vie du temps et la vie de l'éternité. A droite et à gauche, je vois ceux qui sont chargés de la mission de Dieu.

A droite, le vicaire de Dieu, *Dei vicarius*, c'est le Pontife représentant la puissance de Pierre. A gauche, c'est l'Empereur, *Fidei defensor*, le défenseur de la foi, représenté par un de ses préfets. C'est le pouvoir protecteur qui a compris l'Église et Dieu, entre les mains de qui Dieu a mis le glaive pour défendre, soutenir et protéger.

Laissez-moi maintenant évoquer le passé des âges catholiques qu'a traversés votre ville. Quelles pensées me remplissent en ce moment ! Savez-vous bien que la terre que vous foulez est sainte, qu'elle était sainte avant que vous ne vissiez le pontife y répandre tout-à-l'heure ses bénédictions ? Ecoutez. Il y a quelques siècles, des religieux dévoués à Marie furent appelés par l'un des prédécesseurs d'un des vénérables prélats que nous voyons au milieu de nous, par l'évêque de Gand. Ils passèrent par Lille, et là, les citoyens de votre ville s'écrièrent : Enfants de saint Dominique, ne nous quittez pas, restez avec nous, nous vous élèverons une demeure. — Et sur la terre que vous foulez s'éleva le couvent de Saint-Dominique [1].

Ainsi le Ciel avait fait que les chanoines de Saint-Pierre appelassent à Lille les dominicains pour évangéliser le peuple ; n'est-ce pas encore une vue du Ciel qui a fait appeler, pour vous adresser la sainte parole dans ces solennités séculaires, un enfant de saint Dominique, dont la voix éloquente ravit la ville tout entière ? Ah ! dans cette circonstance, moi enfant de saint Ignace, je salue mon frère de saint Dominique, je suis heureux de lui donner la main.

Gardez, Messieurs, ce souvenir. Si les hommes des âges passés pouvaient se lever de leurs tombeaux, ils se réjouiraient de notre allégresse.

---

1. Ce passage renferme des erreurs bien excusables chez l'éminent religieux étranger à notre pays, et par suite peu au courant de notre histoire.

Les Dominicains furent appelés à Lille et fondés par le prévôt de Saint-Pierre, Willaume du Plouich, avec le concours du chapitre. La première demande remonte à 1219, l'arrivée des religieux à 1224.

Il n'est pas vrai qu'ils fussent destinés à Gand. Encore moins étaient-ils appelés par l'évêque de cette ville, dont le siège épiscopal fut créé seulement en 1559.

Enfin, le couvent où s'établirent les Frères-Prêcheurs n'était point situé dans l'intérieur de Lille, mais comme nous l'avons dit ci-dessus, hors la porte de Saint-Pierre, à l'endroit où se trouvent maintenant les rues de Voltaire et d'Anjou. (V. *Histoire de Saint-Pierre*, tome I, p. 330-334. — Richard, *Histoire du couvent des Dominicains de Lille en Flandre*, p. 61-64, 72-76.)

Tout à l'heure, le vénérable pontife disait dans sa prière : Seigneur, accordez à tous ceux qui prendront soin de cette église le salut du corps et de l'âme. Unissons nos vœux aux vœux du pontife ; que tous soient bénis pour le temps et pour l'éternité, depuis les sommités du pouvoir jusqu'au dernier enfant de la cité.

N'oublions pas non plus ces braves soldats d'une armée qui soutient si bien en ce moment, dans les contrées lointaines, l'honneur de la France ; dont on admire le courage dans les combats, la magnanimité dans la victoire. Nous les remercions d'avoir embelli de leur présence cette cérémonie.

Selon le rit marqué dans le Pontifical, le prélat officiant, en crosse et en mitre, donne la bénédiction solennelle et accorde une indulgence aux assistants.

Le procès-verbal de la cérémonie, signé par les évêques, par les hautes autorités, par les membres de la commission de l'œuvre, fut enfermé dans la pierre fondamentale, avec les précautions voulues pour assurer sa conservation. Ce document fait savoir aux âges futurs que, l'an de la Rédemption 1854, le 1er jour de juillet, veille de la solennité du jubilé séculaire concédé en l'honneur de Notre-Dame de la Treille ; dans l'Ile d'où la cité tire son origine et son nom ; l'Illustrissime et Révérendissime René-François Régnier, archevêque de Cambrai, a bénit et posé la première pierre du temple à ériger comme monument jubilaire, en l'honneur de Notre-Dame de la Treille et de Saint-Pierre, prince des apôtres, pour remplacer l'antique église collégiale, maintenant détruite. Ce qui s'est fait aux applaudissements et avec le concours de toute la cité.

Tous en effet étaient heureux et de l'entreprise elle-même, dans laquelle revivent les plus précieux souvenirs de Lille ; et de l'emplacement choisi, auquel ces souvenirs se rattachent d'une façon si intime.

Depuis que dans une enceinte considérablement agrandie, à côté de la vieille cité flamande, ont surgi de nouveaux et splendides quartiers, cette question s'est posée plus d'une fois : N'est-il pas à regretter que l'on ait marché aussi vite, que la situation ait été prématurément engagée? Dans la nouvelle ville on eût trouvé facilement, aux meilleures conditions de prix, de vastes terrains où la basilique se fût développée tout à l'aise, où l'espace nécessaire pour un évêché, pour ses diverses dépendances, eût pu être réservé largement. L'Université catholique, et les établissements religieux, collèges, institutions, pensionnats, établis dans le quartier Vauban, se fussent groupés autour de la cathédrale comme leur centre naturel, et en eussent formé le magnifique rayonnement. On retrouve dans ces parages nos plus anciens souvenirs, le bois Sans-Merci et la fontaine del Saulx, la vision d'Ermengarde et la naissance de Lydéric.

Quoi qu'il en soit de ces considérations, elles ne pouvaient se présenter à l'esprit des Lillois en 1854. D'ailleurs, au point de vue des traditions, la basilique est bien dans le cadre et à l'endroit qui lui convient. Notre-Dame de la Treille reste au berceau de son vieux Lille, près de l'antique Saint-Pierre et du palais des Comtes, au sein d'une population qui depuis des siècles vécut à l'ombre de son sanctuaire, dans ces quartiers qui sans elle resteraient sombres et mornes, ayant perdu avec les institutions anciennes la vie et l'activité qui maintenant se transportent ailleurs.

En 1858, quand l'agrandissement de la ville était décidé, puis en 1863, quand il se trouvait en pleine voie de réalisation, la commission de Notre-Dame de la Treille justifiait ainsi le choix de l'emplacement [1].

Après avoir établi qu'une église était absolument nécessaire sur le point dont il s'agit, ce qui désignait tout spécialement le

---

1. Rapport de 1858, cité et confirmé dans le Compte-rendu de la période décennale 1853-1863. p. 11, 12.

terrain du Cirque, c'est sa valeur, son importance historique. Comment la méconnaître? N'est-ce pas en effet le sol qui a été le berceau de la ville de Lille et dont elle tire son nom ; qui a vu dans les premiers siècles de son histoire s'élever le château du Buc ; qui plus tard s'enorgueillissait de cette grande et belle église des Dominicains, l'une des gloires artistiques et religieuses de la cité ? Ce sol ne touchait-il pas à la collégiale de Saint-Pierre ? N'est-il pas comme le témoin et le dépositaire de tous les grands souvenirs légués à notre reconnaissance et à notre amour par l'administration paternelle, glorieuse, libérale, des comtes de Flandre ; par l'histoire si particulièrement dramatique et touchante des comtesses Jeanne et Marguerite ; par leurs fondations charitables, gages de leur profonde piété comme de leur ardente sollicitude pour le bien de leurs sujets ? N'est-ce pas le sol où devait s'asseoir le religieux monument dans lequel viendront se résumer l'ensemble de nos traditions, l'existence historique de notre cité ?

Cette terre, toute remplie de la vie de nos ancêtres, pourrait-elle nous être indifférente et nous trouver moins fidèles au culte des souvenirs que ces peuplades éloignées, qui refusaient de quitter les lieux où elles avaient vécu dans leur misère native, parce que les ossements de leurs pères ne devaient pas les accompagner sur le sol étranger ?

En terminant son *Histoire de Lille*, à la veille de la révolution de 1848, Derode émettait le vœu que la Motte du châtelain fût consacrée par un monument qui rappellerait les gloires militaires de Lille, de même que le palais Rihour évoque toute sa vie municipale et politique. Sur un autre point, une grande église dédiée à Notre-Dame de la Treille et offerte à sa patronne par la cité elle-même, devait être l'expression de la vie religieuse. L'historien trace le plan assez original de la construction et de l'ornementation : il donne même le texte de l'inscription votive à graver sur le fronton de l'édifice [1].

---

1. *Histoire de Lille*, tome III, p. 445, 446. Derode voulait placer cette église sur l'emplacement de Saint-Maurice, qu'il fut question autrefois de démolir, parce que l'on croyait sa solidité compromise ; ou sur l'emplacement de l'ancienne église de Saint-Etienne, détruite par le bombardement de 1792.

Ce que la municipalité n'a point fait, la pieuse initiative des Lillois le réalise. Mieux que tout autre monument, l'église de Notre-Dame de la Treille et Saint-Pierre résume les souvenirs, les gloires, les aspirations de la cité, dans ce qu'elles ont de plus grand, de plus noble, de plus élevé, de plus consolant. Sa place est bien celle que la Providence elle-même semble avoir désigné et préparé pour elle.

CHAPITRE XXIII.

Organisation de l'œuvre. — Les plans de l'église mis au concours.

A peine les fêtes du Jubilé sont-elles closes, que l'on songe à prendre les mesures nécessaires pour élever le monument qui en sera le souvenir durable.

Le jeudi 6 juillet, à dix heures du matin, une réunion de dames, sous la présidence et la direction du P. Lavigne, inaugure un comité de propagande. Sa mission sera de réchauffer et d'entretenir le feu sacré, de stimuler les dons sous toutes les formes, d'user des pieuses industries qu'une maîtresse de maison sait découvrir. Chacune des zélatrices s'engage pour son compte à donner une modeste cotisation chaque année. A leur tête se trouve une commission composée d'une présidente générale, Mme la marquise de Venevelles ; d'une présidente d'honneur, Mme Besson ; d'une présidente active, Mme Guilhem. Puis viennent les vice-présidentes, secrétaires, trésorières, simples membres, parmi lesquelles on trouve les plus beaux noms de la cité [1].

---

[1]. Vice-présidentes : Mmes de Courcelles, Cuvelier-Bernard, Boutry-Van Isselsteyn, Kolb, Casteleyn ; Mlles de Grimbry et J. Flamen. Secrétaires : Mlle Delerue et Mme Vanackère. Trésorière : Mme Delannoy.

Membres : Mmes Virnot, Dambricourt, de Melun, Balson, Ch. Verley, Charvet-Fockedey, Lallier, Charvet-Barrois, du Lac, de Renty, Dehau, Verley-Charvet ; Mlles de Gennevières, Aubriot, Jamet.

Le même jour, à midi, le groupe de chrétiens éminents et dévoués qui avaient jusque-là conduit toute l'affaire, se réunit à son tour dans la salle de l'Association lilloise. Devant une nombreuse assistance, le secrétaire, M. le comte de Caulaincourt, donne lecture d'un remarquable rapport qui contient l'historique de l'œuvre et l'exposé de sa situation [1].

Le comité d'hommes, alors, considérant sa mission comme terminée, remit ses pouvoirs entre les mains des souscripteurs. Ceux-ci s'empressèrent de lui donner une nouvelle institution. La commission était composée comme suit :

MM. Charvet-Barrois, président honoraire ; Kolb-Bernard, président ; le comte de Melun et L. Défontaine, vice-présidents ; Félix Dehau, trésorier ; le comte de Caulaincourt et L. Tailliar, secrétaires.

MM. L. de la Chaussée, Henri Bernard, le comte de Germiny, Olivier Charvet, J. Mourcou, Agache, Pajot, membres.

La commission fut autorisée à s'adjoindre MM. Guilhem, trésorier-général ; Desrousseaux, notaire, et Scrive-Bigo.

En outre, M. l'abbé Bernard était délégué comme représentant de Mgr l'Archevêque.

Le premier soin de la Commission ainsi reconstituée fut de préparer les plans de l'église à construire. Pour cela, on résolut de provoquer un concours : « c'est le mode impartial par excellence ; il laisse libre carrière à toutes les prétentions. » Mais aussi, « pour éviter le défaut de goût et se mettre à l'abri de l'esprit d'intrigue et de coterie », il était nécessaire d'instituer « un jury placé au-dessus de toutes les influences, un jury composé de noms connus et respectés dans toute l'Europe, et dont l'autorité fût irrécusable. »

---

[1]. Publié dans les ouvrages déjà cités de MM. Capelle, p. 203-210, et de Franciosi, p. 83-86.

Etant données l'importance du but et les garanties offertes à tous, on espérait provoquer un concours européen. « Dans cette œuvre où tout doit être grand, disait la Commission, les architectes chrétiens trouveront une excellente occasion d'étudier un monument dans son ensemble et dans ses détails. Ce travail, n'en doutez pas, sera fécond pour l'art, et aura des résultats précieux pour les nombreuses églises qui s'élèvent de toutes parts, trop souvent en dehors de toutes les règles du goût, et de toutes les saines traditions [1]. »

Les bases du programme à rédiger sont résumées dans ces quelques points : Il faut une église monumentale, digne d'être offerte à la patronne de la cité, rappelant et dépassant les splendeurs de l'ancienne collégiale, pouvant enfin servir de cathédrale quand Lille sera devenue le siège d'un évêché. Le style choisi est le gothique pur du XIIIe siècle, qui représente les meilleures traditions et le plus complet développement de l'art religieux.

Le programme détaillé, avec le plan du terrain, les renseignements et pièces à l'appui, fut déposé dans les villes regardées à ce point de vue comme les principaux centres : Paris, Rome, Milan, Turin, Genève, Vienne, Leipzig, Cologne, Londres, Oxford, Bruxelles et Amsterdam. Tous les architectes indistinctement étaient admis à concourir.

Le jury fut composé de MM. de Contencin, directeur général des cultes, président ; de Caumont, directeur de l'Institut des provinces et de la Société française pour la conservation des monuments historiques ; le R. P. Martin, auteur de travaux remarquables sur l'art religieux ; Didron aîné, directeur des *Annales archéologiques* ; Reichensperger, membre de la commission pour l'achèvement de la cathédrale de Cologne, promo-

---

1. Rapport de la Commission, 6 juillet 1854.

teur fervent et convaincu du style ogival ; Le Maistre d'Anstaing, connu par sa participation aux travaux de restauration de la cathédrale de Tournai.

Tous ces hommes étaient d'une notoriété scientifique, d'une valeur et d'une indépendance indiscutables. Ils représentaient avec la France, la Belgique et l'Allemagne catholiques. Plus tard, sur leur demande, on leur adjoignit deux architectes du gouvernement : l'un, M. Dangoy, chargé des travaux de la cathédrale de Coutances ; l'autre, M. Questel, chargé du palais de Versailles.

L'annonce du concours de Lille fut accueillie dans toute l'Europe avec enthousiasme. Un architecte belge qui obtint un rang distingué parmi les concurrents, exprimait ainsi son opinion :

Disons-le de suite et bien haut, puisque c'est justice avant tout : la première en France, depuis le commencement de ce siècle, et la seule en Europe, Lille a eu réellement et complètement une inspiration religieuse. Edifier, privilège cher par-dessus tout aux cœurs chrétiens ; édifier dans le triple sens spirituel, moral et matériel de ce mot profond, telle est la mission qu'elle s'est imposée. Bâtir *a priori*, qu'on nous permette cette expression, élever une église mère et maîtresse, qui n'est, après tout, que l'édifice ou l'édification à sa plus haute puissance, tel est le dessein qu'elle a conçu....

Lille donc, sans secours, sans encouragement, sans autre impulsion que la piété de ses habitants, merveilleusement résumée dans le zèle intelligent et fécond de quelques-uns d'entre eux, Lille a formé le grand projet qu'aucune de nos provinces depuis plus de cinquante ans, qu'aucun Etat même de notre continent n'aurait osé, jusqu'à présent, aborder. Avec ses volontaires et uniques ressources, confiante en l'auguste appui qui ne fait jamais défaut aux grandes choses, elle ne prétend rien moins que de construire une cathédrale elle-même [1].

A son tour, M. Didron présente ainsi le programme tracé aux concurrents, l'apprécie dans ses grandes lignes, et fait ressortir la haute portée de l'œuvre :

---

1. *Concours d'architecture pour la construction de la cathédrale de Lille. Notice relative au projet portant pour épigraphe :* Zelus domus tuæ comedit me (Paris, 1856), p. 3, 4.

Lille, on va le voir par le programme, demande qu'on lui bâtisse une église en style ogival de la première moitié du XIII⁰ siècle. National comme à la cathédrale de Reims, beau comme à celle d'Amiens, solide comme à celle de Chartres, ce style, qui régna de Philippe-Auguste à saint Louis, se prête à l'économie et à la sévérité comme à la richesse, suivant l'argent dont on dispose ou le goût que l'on professe... C'est donc une église ogivale et du XIII⁰ siècle qu'il s'agira d'élever au centre même de la grande ville flamande. Tout projet en style prétendu moderne sera impitoyablement refusé. Le roman, qui est l'ogival en germe, le XIV⁰ et le XV⁰ siècles, qui sont l'ogival malade ou agonisant, ne seront pas admis : on ne veut, je le répète, que du XIII⁰ siècle pur et solide...

Puisque Lille demandait aux concurrents une église en style ogival du XIII⁰ siècle, elle devait, pour être conséquente, exiger de chacun d'eux l'ornementation et l'ameublement du futur édifice. C'est la première fois, depuis la renaissance, qu'un pareil programme aura pu se lancer en Europe. Mais aussi, pour un architecte, quelle occasion merveilleuse de produire son génie, si le génie existe encore ! Non-seulement il s'agit de bâtir une église dont le plan et les proportions révèlent une idée, mais une église qui, par son pavé, ses murailles, ses fenêtres et ses voûtes, par son ameublement fixe et même mobile, tienne un langage uniforme. Il ne faut pas désespérer de voir arriver au concours un ou plusieurs projets issus d'une pensée complète, comme sous le ciseau d'un sculpteur habile naît une statue harmonieuse dans son ensemble et ses moindres détails.

Après avoir donné *in-extenso* le texte du programme, l'éminent archéologue conclut en ces termes :

Cette église, longue de cent à cent dix mètres [1], plus grande que la cathédrale de Noyon, presque aussi allongée que la cathédrale de Reims ; ce bel emplacement, au cœur même de la cité ; ces trois millions pour les seuls travaux de construction ; cet ensemble d'architecture, de décoration et d'ameublement ; ce XIII⁰ siècle dans sa fleur, que l'on exige exclusivement, sont autant de motifs pour séduire l'élite des architectes français et étrangers. Déjà nous le savons, il viendra des artistes concurrents d'Angleterre, d'Allemagne, de Belgique et de Suisse, et nous

---

[1]. Elle aura, d'après le plan définitivement adopté, 132 mètres à l'extérieur, 123 mètres dans œuvre.

pouvons annoncer, sans indiscrétion, que les premiers de France se proposent de concourir.

En présence d'un pareil résultat, nous n'avons pas besoin de justifier le concours à l'encontre du choix direct... D'ailleurs, disons-le, en faisant appel au concours, la ville de Lille ne songeait pas à elle seule ; à bon droit, elle voulait servir, en Europe et dans toute la catholicité, l'art religieux par excellence. En excitant, par ces travaux de trois millions, par ces primes de six mille, quatre mille et trois mille francs, la science et l'imagination des architectes nationaux et étrangers, elle s'attendait à susciter peut-être plus de deux cents projets de cathédrale, et des projets, comme nous l'avons dit, d'architecture, de statuaire, de peinture historique, d'ornementation et d'ameublement. Sur ce nombre, que le quart ou le huitième seulement, proportion fort admissible, révèle des qualités réelles, et voilà cinquante ou au moins vingt-cinq grandes églises qui pourront se construire en France, en Angleterre, en Allemagne, en Belgique et ailleurs. Dernièrement, nos voisins les Anglais publiaient hardiment, dans une de leurs « revues » que nous aimons beaucoup, qu'ils étaient bien plus avancés, bien plus forts que les Français en architecture moderne du style ogival : voilà une occasion, belle s'il en fût jamais, de faire, devant l'Europe entière et en plein jour, la preuve de cette assertion courageuse [1].

Si le nombre des concurrents ne fut pas aussi considérable que le prévoyait Didron, il fut toutefois très important, et la valeur des résultats atteignit une proportion inespérée. En un mot, ce concours fut une manifestation sans précédent dans l'histoire de l'art.

---

1. *Annales archéologiques* de Didron, tome XIV, p. 381-389.

CHAPITRE XXIV.

EXPOSITION DES PLANS. — DÉCISIONS DU JURY.

Quand expira le délai fixé aux concurrents, le 1ᵉʳ mars 1856, la Commission avait reçu quarante-un projets, formant un total de plus de six cents dessins de grande dimension.

En présence de cette masse, il fut impossible d'utiliser les salons de l'hôtel de ville, gracieusement concédés pour l'exposition des plans. On aménagea bien vite le vaste local de la Halle aux sucres.

Le 12 mars, les préparatifs étant terminés, l'exposition fut ouverte en présence des autorités principales, préfet, maire, généraux commandant la division et le département. Les représentants du clergé, l'administration des hospices, les dames patronnesses avaient aussi reçu des invitations. Le lendemain seulement, à deux heures, l'exposition fut rendue publique.

Depuis ce moment, les salles furent constamment assiégées, non-seulement par la population lilloise [1],

---

[1] « Pendant trois semaines, les visiteurs ont été très nombreux ; et si tous ont manifesté leur surprise sous le rapport de la quantité des projets soumis à l'examen du jury, et leur admiration sous celui de l'exécution grandiose des tracés et du fini des détails, c'est qu'en effet, il est vrai de dire que toutes les espérances ont été dépassées, et que ce concours international a été une véritable fête de l'art.

« Aussi, dans un pays où les questions industrielles dominent ordinairement toutes les autres, la présence de tant d'œuvres remarquables que tous voulaient voir, analyser et apprécier, donnait ample matière à des discussions sur le mérite relatif des plans ; et, malgré de légères dissidences, il était mais aussi par une foule d'artistes et d'étrangers de distinction : la Société ecclésiologique de Londres fut particulièrement remarquée.

Le 25, Mgr l'archevêque de Cambrai, venu tout exprès à Lille, célébra, dans l'église de Sainte-Catherine, une messe solennelle pour appeler les bénédictions de Dieu sur les opérations du jury, qui allaient commencer. Les autorités civiles et militaires assistaient à la cérémonie. On remarquait également dans le chœur la présence de Mgr Malou, évêque de Bruges, que la réputation du concours avait attiré. L'infatigable promoteur de l'œuvre de Notre-Dame de la Treille, M. l'abbé Bernard, fit entendre une fois de plus sa chaude parole.

Le même jour, la Commission, accompagnée des dames patronnesses, fit aux deux prélats les honneurs de l'exposition. Ils la visitèrent dans le plus grand détail, et avec un intérêt marqué.

Pendant ce temps, le jury commençait ses travaux, qu'il continua jusqu'au 30. Il y eut alors une interruption : les juges du concours renvoyèrent les plans retenus par eux comme les meilleurs à l'examen des architectes locaux, sous le double point de vue de la dépense et de la solidité.

Cette épreuve ayant eu lieu, et l'avis sollicité étant obtenu, le jury siégea de nouveau le jeudi 10 avril, jusqu'au dimanche 13. C'était le jour fixé pour la séance solennelle qui termina le concours et en fit connaître les résultats.

Beaucoup avant l'heure indiquée, le grand salon de l'hôtel de ville était envahi par une assistance d'élite. M. le préfet voulut bien présider, en dépit d'une extinction de voix qui l'empêcha de prendre

---

facile de voir que tous se laissaient guider par l'instinct du beau qui avait recouvré tous ses droits.» (Article de *l'Union*, de Paris, reproduit par *la Vérité*, de Lille, n° du 16 avril 1856.)

la parole. Dans une lettre dont il fut donné lecture, le premier magistrat du département disait :

Je regrette bien vivement ce contretemps qui me prive d'exprimer, une fois de plus, mes sympathies pour la construction d'une église monumentale dans notre grande cité. Par ma présence du moins, je ne resterai pas étranger aux nobles efforts de la Commission. Il m'eût été bien agréable de donner publiquement, aux notabilités de la science qui composent le jury du concours, un témoignage de ma reconnaissance.

Après la lecture de cette lettre, M. de Contencin, président du jury, prononça un discours dont nous allons citer quelques passages.

Dans un de ces mouvements d'enthousiasme religieux où le zèle surabonde, pour ainsi dire, et s'épanche en manifestations extérieures, les pieux habitants de Lille ont fait vœu d'élever un temple à la Mère de Dieu. Ils le placent sous l'invocation de *Notre-Dame de la Treille*, patronne vénérée de la grande et industrieuse cité, et aussi sous le vocable de Saint-Pierre, afin de rappeler le souvenir de cette célèbre Collégiale dont l'histoire se lie à celle de l'illustre maison de Flandre et finit avec le XVIIIe siècle, au moment où commencent nos discordes civiles. Sans vous laisser effrayer par les difficultés d'une telle entreprise, digne de vos grands siècles de foi, vous avez constitué une Commission d'exécution, en fondant l'œuvre à laquelle vous nous avez fait l'honneur de nous associer pour un instant, et qui reçoit aujourd'hui sa plus solennelle consécration.

Ce qui se passe en ce moment, Messieurs, est un évènement considérable, il faut le reconnaître ; un de ces évènements que l'art religieux aime à inscrire dans ses annales. C'est peut-être la première fois depuis des siècles que, sans autre impulsion que sa piété, sans autre direction que sa confiance et son dévoûment, toute une population s'accorde pour poser les bases d'un monument qui doit le disputer, en importance et en splendeur, aux plus remarquables créations du moyen âge. N'est-ce pas ainsi qu'ont commencé, dans ces temps que l'on pourrait appeler héroïques, nos vénérables cathédrales ? Ne sont-elles pas sorties de terre, sous le souffle créateur de la religion ?

Mais, ce qui ne doit pas paraître moins digne d'admiration, et ce qui caractérise, pensons-nous, notre époque de civilisation et de progrès, c'est ce brillant tournoi auquel vous avez appelé les artistes de tous les pays. Il nous appartient, à nous juges du camp, chargés de l'importante et périlleuse mission d'exprimer une opinion sur tant d'œuvres distinguées à des titres divers, de féliciter la Commission et d'applaudir à la pensée de ce concours, qui attire, en ce moment, sur la ville de Lille, l'attention sympathique du monde catholique et des amis des arts.

Après quelques réflexions sur le choix du style imposé aux concurrents, comme « la plus haute expression de cette civilisation religieuse qui a créé tant de merveilles », M. de Contencin présente ses vues et ses espérances d'avenir :

> Messieurs, quand, au moyen âge, une population jetait les fondements d'un grand monument religieux, elle ne se demandait pas si elle verrait la fin de son entreprise. On n'était guère dans l'usage alors de préparer de longue main ce que nous appelons aujourd'hui les voies et moyens. Pour mener l'œuvre à bon terme, on comptait sur le zèle des générations futures. Et, en effet, elles acceptaient toujours l'héritage avec ses charges, et ne manquaient pas de faire honneur au mandat de la foi. Plus heureux que nos pères, vous pouvez espérer de voir s'élancer dans les airs les flèches du monument qui va sortir de terre. Notre siècle, que l'on entend parfois décrier, est meilleur que ne le disent ses détracteurs. Les bonnes œuvres abondent ; la religion et la charité enfantent des prodiges ; la Providence bénira vos efforts. Les vives sympathies qu'ils rencontrent, et dont nous avons la preuve dans l'empressement de vos honorables magistrats à venir présider la solennité qui nous réunit, disent assez ce qu'il faut attendre d'une population au sein de laquelle se manifeste un tel accord pour une telle entreprise.

Enfin, le président du jury rappelle des souvenirs qui font espérer un puissant appui en faveur de cette grande œuvre.

> Messieurs, vous comptez sur une auguste protection. Vous avez gardé le souvenir d'une parole encourageante, dite dans une circonstance mémorable. Et, vous rappelant aussi ce qui s'est passé ailleurs à l'aurore d'un règne que la religion a inauguré, vous vous demandez si la main qui a posé la première pierre des

cathédrales de Marseille et de Moulins, qui recherche toutes les occasions de se faire bénir, ne s'étendra pas sur le monument que vous allez fonder. Ce monument, lui aussi, grâce à l'affectueuse entente qui n'a jamais cessé de régner entre l'empereur Napoléon et le Saint-Père, peut devenir un jour, vous l'espérez, le siège d'un nouveau pontife. Je m'associe à ces espérances, que j'entends exprimer autour de moi, et je crois sincèrement que si Dieu nous prête vie, tous, tant que nous sommes ici, nous pouvons nous donner rendez-vous à la première messe dans l'église de Notre-Dame de la Treille.

A son tour, M. Kolb-Bernard, président de l'œuvre, prend la parole. Il remercie les hauts personnages qui ont encouragé, protégé, soutenu la noble entreprise dont on voit apparaître les premiers résultats. Puis, arrivant aux chefs de la cité, il continue en ces termes :

Que M. le maire de la ville de Lille, que l'administration municipale tout entière reçoive nos remerciements empressés. Nous lui rendons grâces de nous être venue en aide avec tant de bienveillance et un amour si éclairé des arts, en nous procurant les moyens d'accueillir dignement les œuvres magistrales que notre concours a réunies de tous les points de l'Europe et qui lui donnent, ainsi que le proclame la voix publique, le caractère d'un évènement destiné à faire époque dans les annales de l'archéologie chrétienne ; évènement que notre cité peut être justement fière d'avoir vu s'accomplir dans son sein, et dont elle pourra revendiquer l'honorable initiative, en même temps que l'influence heureuse sur l'avenir de l'art.

L'orateur adresse les remerciements les plus chaleureux aux hommes éminents, qui, sans tenir compte des distances et de leurs propres occupations, se sont empressés de répondre à l'appel qui leur était adressé, apportant à l'œuvre, comme membres du jury d'examen, « l'autorité de leur nom, de leur haute position, de leur célébrité, de leurs connaissances profondes, de leur jugement impartial et éclairé ». A des remerciements mérités, M. Kolb joint des considérations générales d'un ordre supérieur.

Que MM. les architectes dont les œuvres sont venues illustrer notre concours reçoivent, eux aussi, le tribut de notre gratitude. Et c'est à divers titres que nous la leur devons. Ils ont fait plus que participer à une grande manifestation artistique. La réunion si importante et si rare, jusqu'ici, de leurs nombreux et remarquables travaux, a été une révélation consolante du mouvement qui pousse les esprits, et comme un heureux symptôme de la régénération religieuse que tant de vœux et de besoins appellent. Car l'art, ainsi que la littérature, et sous une forme peut-être plus populaire, est, lui aussi, l'expression de la société. Et comment nos cœurs ne battraient-ils pas d'espérance, alors que nous sommes les heureux témoins de ces grandes et pieuses inspirations, qui, sur tous les points et avec un caractère d'incontestable universalité, signalent les tendances nouvelles et la louable émulation dont les œuvres exposées sous nos yeux sont, en quelque sorte, les preuves vivantes ?

L'orateur montre le doigt de la Providence dans les évènements qui ont préparé et rendu possible la grande entreprise issue de la foi et de la piété du peuple de Lille. Le passé est garant de l'avenir. D'illustres patronages sont acquis, mais avant tout l'œuvre est et restera populaire. « La précieuse obole de l'ouvrier se placera à côté du don généreux du riche. Chacun apportera sa pierre : Notre-Dame de la Treille et Saint-Pierre se construira, s'élèvera, s'achèvera. »

L'heure solennelle est arrivée. Au milieu du silence et de l'attention générale, le secrétaire du jury, M. Le Maistre d'Anstaing, donne lecture du rapport. Puis, reprenant les devises par lesquelles seules les plans sont désignés, il invite M. le président de la Commission à ouvrir les enveloppes correspondantes, et à proclamer les auteurs des plans distingués par le choix du jury.

Il est intéressant de parcourir, avec le rapporteur, la suite des opérations, avant d'enregistrer et d'apprécier les résultats.

Quarante-un projets ont été envoyés de tous les pays de l'Europe. Ce chiffre élevé est déjà par lui-même un fait important. Si tous les plans ne sont point parfaits, l'ensemble, du moins, témoigne du remarquable mouvement qui s'opère partout en faveur de l'art du moyen âge.

Le concours de Lille, dit le rapporteur, vient de donner, à cette résurrection du style ogival, une nouvelle évidence. Il en constate les progrès et l'universalité, en mettant sous nos yeux des projets dûs aux différents peuples qui nous entourent.

Et, veuillez le remarquer en passant, ces plans ne sont pas de ceux qu'une main exercée peut tracer en quelques jours : au contraire, ils exigeaient des études étendues et variées, un travail assidu et des dépenses sérieuses.

Il est tel projet qui comprend trente ou quarante dessins, et qui représente plus d'une année de travail. Pour que le concours ait pris un tel développement, il a fallu que le sentiment religieux, source des grandes inspirations, ait profondément pénétré les âmes.

Le jury s'est livré à l'examen le plus détaillé, le plus attentif, le plus consciencieux, des projets qui remplissent les vastes salles de l'exposition.

Il a procédé par voie d'élimination, allant du médiocre au bon et au meilleur.

Vingt-deux plans ont été tout d'abord écartés, ou parce qu'ils ne remplissaient pas les conditions du programme, ou parce qu'ils étaient en dehors du style désigné, ou encore à cause d'un dessin trop incorrect. Plusieurs, néanmoins, présentaient des parties recommandables ; d'autres révélaient des études excellentes et pleines de promesses pour l'avenir.

Neuf concurrents obtiennent une mention honorable : deux sont désignés en première ligne, *ex œquo* [1] ; les sept autres viennent à la suite, sans classement,

---

[1]. MM. Georges Goldie, à Sheffield, Yorkshire ; Georges-Adelmard Bouet, à Caen. « Ces deux études, dit le rapport, sont marquées au coin du goût et d'un véritable sentiment artistique. »

le jury n'ayant entendu leur assigner aucun rang [1].

Dix concurrents restaient sur la brèche. Il n'y avait que trois prix à décerner. En présence du nombre et de la valeur des travaux formant la tête du concours, le jury demanda qu'il fût créé en sus trois médailles d'or et quatre médailles d'argent. La Commission s'empressa d'accéder à cette requête : plus tard, elle augmenta le chiffre des primes accordées aux trois premiers lauréats. Il était d'ailleurs stipulé que les plans ainsi récompensés demeuraient la propriété de l'œuvre, qui ne s'engageait à en exécuter aucun, mais qui pouvait en disposer et leur faire tous emprunts qu'elle jugerait à propos.

Le classement des dix projets réputés les meilleurs réclamait une attention et un soin particuliers. Le jury fut surtout perplexe à propos des trois prix. Les concurrents restés en présence étaient supérieurs à des titres divers : leur position relative changeait suivant le point de vue auquel on se plaçait. De même, tel qui n'obtint qu'une médaille d'or ou d'argent, avait cependant révélé des qualités géniales et un talent hors ligne. Il fallut en reléguer quelques-uns à un rang qui semblait inférieur à leur mérite. Et cela, parce que la construction n'était pas suffisamment étudiée au point de vue des garanties de solidité, ou parce que les dessins n'étaient pas assez complets, assez fouillés, ou encore parce que l'exécution eût entraîné des dépenses trop énormes et en dehors des prévisions obligatoires.

Finalement, les vainqueurs du concours furent :

1er prix : MM. Henri Clutton, et William Burges, à Londres.

2e prix : M. Georges-Edmond Street, à Oxford.

3e prix : M. Jean-Baptiste-Antoine Lassus, à Paris.

---

[1]. MM. James Lyndon-Pealey, à Birmingham ; Charles Arendt, à Greewenmacker (Grand-duché de Luxembourg) ; Johann Müller, à Cologne ; Auguste Ostmar Essemwein, à Carlsruhe ; John Robinson, à Londres ; Ferdinand Stadler, à Zurich ; Ferdinand Kirschener, à Vienne (Autriche).

Les médailles d'or échurent, par ordre de mérite, à M. Henri-Eugène Leblanc, de Reims, en collaboration avec MM. Reimbaut et Ventzlmann ; M. de Curte, à Gand, avec deux collaborateurs anonymes ; M. Vincent Statz, à Cologne.

Les médailles d'argent furent décernées dans l'ordre suivant : MM. Isaac Holden et fils, à Manchester ; M. Cuthbert Brodrick, à Leeds ; MM. Georges Evans et Richard Popplewell-Pullan, à Londres ; M. Leroy, à Lille.

Tels furent les résultats de ce mémorable concours. Comme on le voit, l'Angleterre s'est particulièrement distinguée : le talent de ses architectes a justifié leurs prétentions [1]. Quinze projets présentés ont obtenu huit nominations ; la France n'en a que quatre avec le même nombre de concurrents [2]. Il est vrai que parmi les plans de ses architectes, il y en a qui sont d'une très haute valeur : la défaite, si défaite il y a, est, dans tous les cas, glorieuse. La France obtient le troisième prix et la première médaille d'or, le 3e et le 4e rang dans ce magnifique tournoi. Et encore, le rapporteur constate que le résultat eût pu être différent : si le plan de Reims n'obtient qu'une médaille d'or,

---

1. Moins de dix minutes après la proclamation du résultat du concours, MM. Clutton et Burges, avertis par dépêche, répondaient ce simple mot : *Well*. (*Vérité*, n° du 17 août 1856.)

Deux ou trois jours plus tard, l'homme qui avait le plus contribué à faire connaître le concours en Angleterre, et à stimuler le zèle des architectes de ce pays, M. Beresfort-Hope, écrivait à l'un de ses correspondants français : « Monsieur, je m'empresse de vous remercier de tout mon cœur de votre grande obligeance à m'annoncer le résultat du magnifique concours de Lille. L'impartialité du jury a éclaté d'une manière digne de votre grande et noble nation et de la renommée des sommités *ecclésiologistes* qui en faisaient partie... Les auteurs des deux projets sont parmi les premiers de nos architectes ecclésiologiques (comme nous disons en Angleterre). Dans le rapport que donne l'*Ecclesiologist*, MM. Webb et Scott signalent ces dessins comme ceux qui semblent les meilleurs. » (*Vérité*, n° du 18 avril 1856.)

2. Un des quinze concurrents britanniques appartient à l'Ecosse. L'Autriche, le Hanovre, la Silésie prussienne, la Belgique, la Hollande, le grand-duché de Luxembourg, figurent aussi par unité dans le concours. La Prusse rhénane a envoyé trois projets : le grand duché de Bade en a deux.

ce sont « les dures lois de l'économie » qui ont rendu « le jury quelque peu sévère. » L'œuvre, d'ailleurs, « est magnifique, et l'ornementation polychrome franchement abordée, ajouterait à la splendeur. »

Ce n'est pas sans de longues hésitations, sans des alternatives et des retours d'opinion, que le jury assigne le troisième prix seulement à M. Lassus[1]. Son projet « brille par la sagesse et le goût. Le style adopt frappe par sa noble simplicité, et la perspective intérieure, surtout, présente un caractère imposant de beauté sévère. Tout l'édifice accuse un grand savoir, un esprit élevé, une main habile, et cette délicatesse de goût que perfectionne l'étude assidue des grands maîtres. Nous aurions seulement souhaité, continue le rapport, que l'auteur se fût plus constamment livré à l'inspiration qui préside à plusieurs parties de sa grande composition. Cette composition était tout à fait digne de répondre à vos vœux, s'il ne s'était rencontré dans la lice deux concurrents plus favorisés du ciel. »

Un éminent archéologue, M. Cloquet, professeur à l'université de Gand, regrettera, par la suite, que l'on n'ait point préféré « le beau projet de Lassus, moins approfondi dans les détails, moins savant peut-être, mais plus inspiré et plus français[2]. » On lui a, du moins, fait des emprunts dans le plan définitif, qui est la synthèse des projets couronnés.

Les deux projets anglais, que le jury a placés au premier et au second rang, brillent « l'un par un singulier mélange de raison et d'originalité, l'autre par

---

1. M. J.-B. Antoine Lassus, né à Paris le 19 mars 1807, a été enlevé prématurément par la mort le 15 juillet 1857. C'est un des hommes qui ont le plus contribué à remettre en honneur le style ogival. Il a dirigé, de concert avec Viollet-Leduc, la restauration de la Sainte-Chapelle, de Saint-Germain l'Auxerrois et de Notre-Dame de Paris. Il a construit les églises de Belleville, à Paris, et du Sacré-Cœur, à Moulins. Outre de nombreux travaux, on lui doit une *Monographie de la Cathédrale de Chartres*, 1843. Grand in-folio.

2. *Les grandes Cathédrales du monde catholique*, p. 361. Comme on le verra plus loin, ce jugement s'accorde avec celui de M. Didron.

l'énergie virile ». Une rare puissance de conception signale l'œuvre de M. Street : elle porte le cachet d'un grand maître.

Le rapport félicite l'auteur « d'avoir répondu à toutes les exigences du programme, et d'avoir, plus franchement que personne, abordé les difficultés de l'application de la brique à un édifice monumental. Si la vigueur, plutôt que la grâce, signale généralement cette majestueuse création, l'élégance trouve sa place dans le ciborium, où elle s'associe à une véritable splendeur. »

Dans le projet Clutton-Burges, auquel est échue la palme enviée, « les dispositions architectoniques n'ont pas été toujours prises avec tout l'énergique élan remarqué dans le projet précédent. » Toutefois, « l'artiste s'est montré constamment dirigé par une sagacité profonde et un sentiment élevé de l'art. » Bien que son procédé de dessin fût moins propre à flatter les regards de la foule, « plus la composition a été approfondie, et plus les membres du jury, familiarisés avec les lois de la construction, se sont plus à rendre hommage à une habileté supérieure.

« En même temps que les combinaisons de l'art de bâtir se faisaient apprécier par une admirable mesure, la partie de l'ornementation, ajoute le rapporteur, provoquait notre intérêt par l'originalité la plus piquante et un luxe d'idées que nous eussions en vain cherché ailleurs. L'auteur a fait preuve, dans les détails, d'une science archéologique et d'une habileté de main de premier ordre.

« Examinez sa chaire si caractéristique, ses fonts baptismaux d'un symbolisme si neuf, l'autel et le *ciborium* aux lignes si nobles, aux ornements si gracieux, et le pavé d'un dessin si étudié et si riche ; partout se fait jour la même fécondité d'esprit, partout circule une sève poétique comme intarissable. Honneur à l'artiste qui a su, dans un concours si nombreux, au milieu d'une lutte si bien disputée, remporter un de ces triomphes qui jettent un rayon de gloire sur une carrière ! »

L'archéologue belge que nous avons déjà cité à propos du plan de Lassus, rend justice aux lauréats anglais, dont le style s'inspire aussi, quoique moins complètement peut-être, des monuments français.[1]
« Leur projet rappelle la cathédrale de Reims par les embrasures des portes, Notre-Dame de Châlons par la rose occidentale, la cathédrale de Chartres par la chapelle absidale, la cathédrale de Saint-Omer par le dallage historié, et celle de Reims par sa splendide iconographie. Leurs plans sont souverainement remarquables, ils sont merveilleux au point de vue de la décoration sculptée et peinte, de l'ameublement. Jamais on ne vit dessins plus généreusement fouillés dans leurs riches et somptueux détails. Il faut, pour s'en faire une idée, relire les belles pages que Didron a consacrées à analyser cette partie de l'œuvre de MM. Clutton et Burges[2]. »

---

1. Cloquet, *les Cathédrales*, p. 362.
M. Didron nous apprend qu'au sein du jury ce sont les architectes qui ont donné la préférence au « projet archéologique » de MM. Clutton et Burges, dont « la grande originalité repose sur l'iconographie beaucoup plus que sur la partie architecturale. » Quant aux archéologues purs, « leurs voix se sont égarées ou perdues sur des projets où l'architecture brillait en beaux et magnifiques dessins. » Pour moi, conclut M. Didron « tous défauts et toutes qualités compensés dans les divers projets de ce concours, c'est à M. Lassus que j'assigne hautement le premier rang. Mais, si l'on place l'architecture en seconde ligne et qu'on s'attache surtout à l'ornementation, à l'ameublement, et, plus spécialement encore à l'iconographie, c'est à MM. Clutton et Burges que je donne la palme. Je serre donc ici bien cordialement la main à mes deux amis, et je leur déclare qu'ils ont réalisé, en grande partie, l'idéal que je nourris depuis longtemps. Personne autre, en France, en Allemagne, en Angleterre ou en Belgique, n'est, au même degré, doué de ce que je me permets d'appeler le génie de l'iconographie chrétienne. » (*Annales archéologiques*, tome XVI, p. 228-230.)

2. *Annales archéologiques*, tome XVI, p. 207 et suivantes.
Cet article, de Didron, est très instructif. On devra s'en inspirer pour tout ce qui concerne le mobilier et l'ornementation de Notre-Dame de la Treille. Le projet d'orgues est rendu par une fine gravure, d'après un nouveau dessin

qu'a fourni M. Burges. Il est discuté, complété, rectifié par de savantes observations (p. 223-228).

A recommander aussi le labyrinthe que M. Burges a déroulé dans la grande nef, comme aujourd'hui à Chartres et à Saint-Quentin, comme autrefois à Reims et Amiens. Au moyen âge, on appelait cette mosaïque, ainsi disposée, Palais de Dédale, ou Labyrinthe proprement dit, ou Chemin de Jérusalem. M. Burges a préféré cette dernière appellation, qui est chrétienne, et je l'en félicite. » Suit la description du voyage en partant de Lille, représentée par les flèches de Notre-Dame et les hautes cheminées industrielles, — pour aboutir à Jérusalem par les mille circuits de la route tracée sur le pavement. « Tout ce labyrinthe est vraiment bien ingénieux et bien poétique, et nous pouvons dire que dans ce cadre, inventé par le moyen âge, M. Burges a placé une idée nouvelle. » (P. 211, 212.)

CHAPITRE XXV.

COMMENCEMENT DES TRAVAUX. — CE QUE SERA LA BASILIQUE DE NOTRE-DAME DE LA TREILLE ET SAINT-PIERRE.

Par suite du concours, la Commission possédait un ensemble de documents tout à fait remarquable. Elle pouvait ou confier l'exécution de l'église à l'un des trois lauréats, ou se servir d'un autre architecte et utiliser à sa guise les travaux dont elle était devenue propriétaire.

C'est à ce dernier parti qu'elle s'arrêta. En effet, le plan Clutton-Burges, classé en première ligne, n'avait pas enlevé le suffrage unanime des artistes et du public. Le monument manquait d'élévation, et l'aspect dans l'ensemble paraissait un peu lourd. Quant à la science consommée qui se montre dans les détails, dans l'ornementation, l'ameublement et le symbolisme, tout le monde n'était pas en état de s'en rendre compte : pour les initiés eux-mêmes, ou pour certains d'entre eux, elle rachetait d'une manière incomplète ce que le côté architectural offrait de moins séduisant.

Puis, il faut bien l'avouer, la proclamation des vainqueurs, anglais et protestants, avait produit un embarras, une surprise pénible. Comment confier à des étrangers qui ne partageaient point notre foi la construction de ce sanctuaire, la plus haute manifestation de la piété lilloise, l'hommage offert par la cité à son auguste Reine ?

Au sein du jury se rencontra un archéologue éminent qui, lui non plus, ne se déclarait point satisfait. C'était le R. P. Arthur Martin, l'auteur des *Mélanges archéologiques* et de la *Monographie de la cathédrale de Bourges*. Tout en admirant beaucoup les plans distingués par le choix du jury, ce savant, cet artiste qui constamment dans ses rêves poursuivait la création d'une cathédrale gothique, homogène en toutes ses parties, et réalisant la perfection du genre, ne trouvait son idéal dans aucun d'eux. Il lui sembla que de cet immense effort, de l'ensemble des résultats obtenus dans le concours, pouvait surgir quelque chose de plus parfait, de plus accompli.

Ces plans qu'il avait étudiés, analysés et contemplés avec amour, il les unit dans une synthèse merveilleuse. Son esprit du moins conçut ce plan définitif, dont il traça quelques grandes lignes. C'est ainsi que la voie fut ouverte à son collaborateur, l'architecte Charles Leroy, un de ceux que le concours avait mis en relief et classés dans les premiers rangs. Associé dès la première heure à l'œuvre du P. Martin, il se pénétra de sa pensée, et, devenu l'architecte du monument, il en fit le but, l'objet principal de sa carrière.

Le 9 juin 1856 est une date mémorable dans l'histoire de la basilique de Notre-Dame de la Treille et Saint-Pierre. Ce jour-là, le P. Martin posa la pierre initiale : ce n'était plus cette fois un simple symbole, mais le commencement effectif du monument qui allait germer dans le vieux sol de Lille, et s'élancer de là pour porter jusqu'aux nues un hymne triomphal en l'honneur de Marie.

L'éminent religieux avait comme un pressentiment de sa fin prochaine. Quelques mois plus tard, le 24 novembre 1856, la mort le terrassa dans toute la force de l'âge et la plénitude du talent. Presque en même temps, on apprenait la conversion de M. Henri Clutton, l'un des auteurs du plan couronné en première ligne. La Vierge, pour laquelle le savant architecte avait travaillé avec tant d'amour, lui obtint la plénitude de lumière qui le fit entrer dans l'Église.

Les chantiers de Notre-Dame de la Treille étaient alors en pleine activité. Les fondations ouvertes se remplissaient : bientôt les premières assises parurent au jour.

La nature du terrain obligeait à faire plonger les murs profondément dans la terre, pour y trouver une assiette solide. De là naquit l'idée d'une crypte, qui sera la plus vaste du monde, et qui donnera au monument un caractère unique. Elle régnera sous toute l'étendue de l'édifice. L'appareil, très soigné, est en briques, avec colonnes et nervures de pierre. Déjà, d'après les parties construites, on peut se représenter ce temple souterrain, dans son austère majesté, dans sa grandiose et saisissante immensité. Outre l'effet monumental, outre les utilités pratiques déjà entrevues, la crypte favorise singulièrement la conservation de l'édifice, qu'elle protège contre l'humidité du sol.

Cette conception est due à M. Leroy, qui jusqu'à sa mort (10 août 1879) a dirigé les travaux et préparé dans le détail ce qu'il n'a pu réaliser lui-même, ce qui demeure la tâche de l'avenir. Il a laissé d'admirables dessins de façades, des coupes, des élévations, des études de détail, en un mot une masse énorme de documents qui restent la propriété de l'œuvre et qui seront utilisés. En outre, il a consacré plusieurs années de sa vie à établir une maquette, maintenant exposée dans une des chapelles de la basilique. Ce beau travail donne une idée nette de ce que sera la cathédrale de Lille, quand avec l'aide de Dieu et le concours du peuple chrétien elle aura vu son complet achèvement. Enfin, M. Leroy s'est occupé de l'iconographie, de ce monde de statues qui peupleront le vaste temple, des scènes, des personnages qui doivent animer les vitraux, des bas-reliefs qui complèteront l'ornementation. Il a écrit sur ce sujet un important mémoire. Telle est l'œuvre de l'artiste éminent dont le nom reste indissolublement uni à l'histoire de notre église monumentale [1].

Que sera ce monument ? Peut-on espérer qu'il réponde aux espérances conçues, qu'il prenne place parmi les créations les plus remarquables de l'art religieux ? Un homme compétent va nous le dire. C'est un étranger, un professeur d'université belge : son opinion a d'autant plus de valeur, qu'il voit les choses du dehors et n'est point exposé aux illusions du patriotisme local.

Auteur de nombreux travaux archéologiques, M. Cloquet a publié en 1894 une étude sur *la Basilique de Notre-Dame de la Treille, à Lille* [2]. Depuis, ce mémoire est passé dans son ouvrage : *les Grandes Cathédrales du monde catholique* [3]. Voici dans ses grandes lignes l'exposé du savant professeur de l'Université de Gand.

« Toutes les cathédrales françaises du XIIIe et du XIVe siècle gravitent autour d'un idéal, d'un type de perfection, dont celles de Reims, de Chartres, d'Amiens,

---

1. Il ne faut pas oublier que l'iconographie occupe une place importante dans le projet de MM. Clutton et Burges. On devra constamment avoir sous les yeux leur travail, en tenant compte des judicieuses observations de M. Didron, dans l'article déjà cité des *Annales archéologiques*.
L'ornementation de notre basilique devra être harmonieuse et bien étudiée dans toutes ses parties. On évitera autant que possible les répétitions. Pour les grandes fenêtres de la nef, les auteurs du premier plan couronné indiquent « des grisailles tout simplement, mais pour les petites roses qui surmontent toutes les fenêtres, portraits des donateurs. » Cette sobriété est de bon goût. Elle repose l'œil, ménage une lumière plus abondante, et diminue les frais qui deviendront énormes si l'on veut poser partout des vitraux à scènes et personnages, d'une exécution vraiment artistique.
M. le chanoine Delassus a publié dans la *Revue de l'Art chrétien*, en 1895, un article très étudié sur l'*Iconographie de la basilique de Notre-Dame de la Treille et Saint-Pierre*, dont il existe un tirage à part (22 pages in-4°). C'est une excellente base de recherches et de discussion. L'auteur ne s'est pas proposé autre chose pour le moment.

2. *Revue de l'Art chrétien*, 1894, 5e livraison. Publié aussi séparément, 12 pp. in-4°, avec plusieurs gravures.

3. Société de Saint-Augustin, 1897. In-4° de 380 pages.

s'approchent par des côtés divers. L'archéologie a pu fixer et préciser l'archétype de la basilique chrétienne : c'est Notre-Dame d'Amiens qui dans l'ensemble y est le plus conforme. Mais dans aucun des monuments anciens cet idéal n'a été réalisé d'une manière complète; dans les plus admirables le manque d'unité dans l'exécution, des adjonctions, des remaniements, des lacunes originelles ou des mutilations troublent l'harmonie du chef-d'œuvre, ou en déforment l'ensemble. Notre-Dame de la Treille est appelée à réaliser ce rêve : tel fut du moins l'espoir de ses promoteurs ; ils ont voulu qu'elle fût ce monument sans pareil, *qui sera national comme la cathédrale de Reims, beau comme celle d'Amiens, solide comme celle de Chartres*, selon l'expression de Didron [1]. »

Nous ne sommes plus au temps de l'évolution du génie architectural. Mais cependant on sait analyser, pénétrer, imiter les chefs-d'œuvre du moyen âge. « En ces temps malheureux où l'art chrétien n'a guère marché qu'à tâtons, on aura pu du moins fixer la formule générale du beau monumental et religieux, et la génération qui grandit aura sans doute le loisir de le réaliser par une cathédrale nouvelle, d'ériger dans son unité parfaite, grâce à l'arrêt même du progrès artistique, une grande église gothique, qui sera non pas certainement plus belle, ni aussi géniale, mais aussi correcte et plus complète peut-être que toutes ses aînées. »

Le tracé de la cathédrale de Lille « semble être le dernier mot de la conception liturgique ». La forme générale est celle de la croix latine, avec transept saillant. « Les triples nefs de cinq travées sont dépourvues de ces chapelles latérales, qui ont déformé le plan de la plupart des cathédrales anciennes. Au-dessus des grandes arcades règne un faux *triforium*, au lieu des tribunes

---

1. *Annales archéologiques*, tome XIV, p. 384.

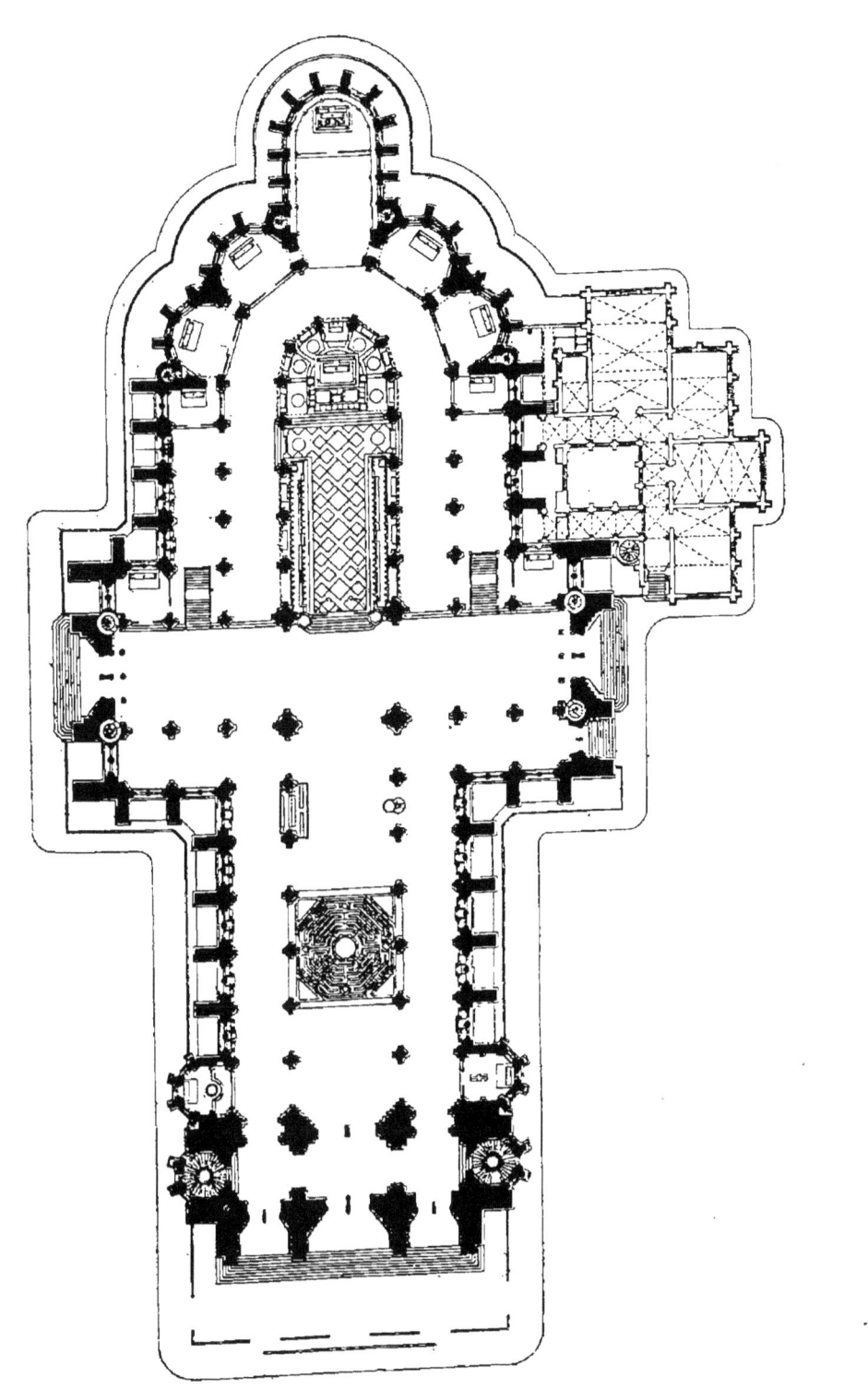

PLAN DE LA BASILIQUE

qui, dans les édifices de l'époque de transition, trahissent la timidité des constructeurs. Le collatéral fait retour sur les bras du transept, en donnant à celui-ci l'ampleur qu'il offre dans les principales cathédrales du monde. Il se prolonge aux flancs du sanctuaire, doublé d'un second bas-côté. Au rond point se développent cinq chapelles absidales ; celle du chevet, dédiée à Notre-Dame, suivant la tradition séculaire, prend ici une importance exceptionnelle. »

Deux chapelles en hors-d'œuvre sont prévues au bas des petites nefs. L'une est la chapelle des fonts, qui a bien là sa place. L'autre est née d'une préoccupation de symétrie que M. Cloquet juge trop moderne.

Somme toute, « il serait difficile de reprocher quelque chose à ce plan, qui réalise la formule de la cathédrale complète, par la combinaison des plans des plus belles cathédrales gothiques. La seule innovation consiste dans l'extension considérable donnée à la chapelle de la Vierge, au chevet du chœur. » Cette extension est justifiée par la destination de cette partie de l'édifice, qui est le sanctuaire de Notre-Dame de la Treille, le lieu de pèlerinage et de dévotion préparé à la piété des fidèles, pouvant recevoir leurs groupes et offrant un asile à la prière isolée.

« L'intérieur de la future cathédrale de Lille sera sans aucun doute des plus imposants. Comme pureté de style, elle n'aura pas sa pareille, puisque toutes ses rivales du moyen âge ont perdu l'unité de leur ensemble, et qu'aucune des principales n'a eu la bonne fortune de parvenir à son entier achèvement. Comme étendue et comme proportions, elle prendra rang parmi les grandes cathédrales anciennes. Elle ne couvrira que 5.000 mètres carrés de superficie, tandis que celle d'Amiens, la plus vaste de celles de France, en occupe 8.000 ; mais, grâce à l'extension de la chapelle du chevet, elle atteindra sensiblement la longueur de cette dernière. Du chevet au porche, elle mesurera 132 mètres ; elle aura 54 mètres 80 de largeur au transept, 24 mètres 80 à la nef, et 38 mètres 80 dans le pourtour du chœur[1]. »

Le pilier gothique, à colonnes engagées, à chapiteaux distincts et saillants, est le type de l'organe le plus essentiel, après la voûte, de la construction ogivale. « C'est cet idéal de perfection, encore exempt de toute trace de décadence, non encore dégénéré en un faisceau de nervures, qu'on a adopté pour la construction des nefs. Quarante-six de ces colonnes, cantonnées de huit colonnettes aux bases pattées, étalant leurs boudins aplatis sur de larges socles, supportent par des corbeilles aux luxuriants crochets les larges abaques qui reçoivent les grandes arcades. De ces chapiteaux s'élancent, en lignes simples, des faisceaux de colonnettes pour recevoir les nervures croisées des voûtes barlóngues. Celles-ci soutiennent leurs clefs à 32 mètres de hauteur. L'ossature des églises du XIIIe siècle est reproduite ici avec la

---

1. Voici les dimensions de nos cathédrales gothiques les plus célèbres :
Amiens. Longueur, 138 m. 35 ; largeur dans œuvre, 32 m. 65. La croisée a 60 m. de longueur sur 14 m. 25 de largeur. La hauteur sous voûte est de 44 m. dans la nef, 43 m. dans le chœur.
Chartres. Longueur totale, 128 m. 47 ; largeur, 33 m. 47 ; hauteur sous voûte, 34 m. 35. Longueur du transept, 63 m. 37.
Paris. Longueur, 125 m. ; largeur, 48 m. ; hauteur sous voûte, 35 m.
Reims. Longueur, 148 m ; largeur, 31 m. ; hauteur sous voûte, 37 m. 60. La croisée est large de 50 m.
Citons encore comme monuments de grande importance :
Bourges. Longueur, 116 m. ; largeur, 41 ; hauteur, 37.50.
Laon. Longueur, 110 m. ; largeur, 24 m. à la nef, 30 au transept. Hauteur à la lanterne, 40 m.
Noyon. Longueur, 100 m. ; largeur, 30. La plus grande hauteur est de 33 m.
Senlis. Longueur, 98 m. ; largeur, 23. Transept, 35 m. Hauteur sous voûte, 30 m.
L'église métropolitaine de Cambrai n'a que 75 mètres 93 de longueur, et 41 m. 90 de largeur au transept. Les trois nefs mesurent ensemble 18 mètres 25. Arras a 80 mètres de longueur, sur 15, largeur des trois nefs réunies.
Notre-Dame de la Treille, avec ses 132 mètres, sera une des plus grandes églises du monde et méritera d'être inscrite sur le pavé de Saint-Pierre de Rome avant Sainte-Sophie de Constantinople, 108 mètres, et Sainte-Justine de Padoue, 118 mètres. Saint-Paul de Londres a 158 mètres 60. Saint-Pierre de Rome dépasse toutes les autres, 187 mètres de longueur dans œuvre.

simplicité des grandes époques, avec la vigueur, alliée à l'élégance, qui caractérise les organismes purs de toute dégénérescence. Nulle part cette forêt de colonnes et de nervures, qui donne tant de prestige à l'architecture gothique, n'aura atteint un effet plus saisissant que dans cette triple nef à six travées, dans ce vaste transept à double collatéral et dans ce large déambulatoire qui contournera le chœur.

« Le triforium est également d'un grand caractère. Il offre à chaque travée deux arcades occupées par une double baie, que partage une élégante colonnette et que surmonte un *oculus* à six redents. Au-dessus le mur s'amincit et, derrière un garde-corps percé de quatre-feuilles, règne un chemin de ronde qui passe derrière les colonnettes et dosserets portant les voûtes, auxquelles ce passage donne une allure plus svelte. »

L'archéologue belge loue dans la chapelle absidale le tracé des voûtes, qui portent sur des colonnettes isolées du mur sur plus de moitié de leur hauteur. Cette disposition, hardie et savante, « contribue avec les baies à lancettes, avec les puissantes nervures se ramifiant autour de la clef du chevet, et avec les arcatures aveugles du stylobate, à faire de cette chapelle une conception digne de l'âge d'or de l'architecture. »

M. Cloquet fait ressortir la magnificence de la façade principale, qui se distingue « par son grand caractère d'unité, par sa grande pureté de lignes, et par la richesse contenue de sa décoration. »

Cette façade a 37 mètres de largeur, et s'élève sur un perron de douze degrés. « Des statues rangées sous leurs dais ornent les embrasures profondes des porches et une nuée d'anges plane dans les voussures. Au-dessus des baies géminées des portes, que divise une statue, règnent des tympans à trois étages de bas-reliefs. » Une rose de 8 mètres 50 de diamètre s'ouvre au premier étage. Dans le haut règne une galerie analogue à celle des Rois et des Prophètes que l'on trouve dans les grandes cathédrales françaises. Ici c'est la série des comtes de Flandre qui semble avoir sa place marquée.

« Puis se dégagent élancées, presque téméraires, les deux grandes flèches qui doivent couronner cette noble façade. Ces tours seront, si elles voient le jour, les plus audacieuses dont l'art gothique aura lancé dans les airs un couple achevé. Elles dépasseront de huit mètres le *Clocher vieux* de Chartres, le plus imposant qui existe. »

L'extérieur de l'édifice, dans son pourtour « est de grande allure. Les contreforts et piliers-butants sont hardis et sobrement ornés de glacis imbriqués et de pinacles en forme de niches, abritant des anges et des saints, comme à Reims. Les arcs-boutants à deux étages ont des formes austères et une belle envolée... La corniche supporte, à la base du comble, une balustrade ajourée. Les grands pignons du transept s'ouvrent à leur base par de triples portails presque aussi riches que ceux de la façade occidentale, comme à la cathédrale de Chartres; au-dessus, de belles roses ajourent les murs, terminés par des pignons garnis de fleurons en forme de crosses. »

Une flèche en charpente s'élève sur la croisée et porte à 82 mètres la croix triomphante. « Elle rappelle par son élégance et sa richesse celle de la Sainte-Chapelle. Son aiguille, hérissée de crochets, naît d'une souche légère, contrebutée par des sortes de contreforts en chêne habillés de plomb et historiés de statuettes, à l'instar des flèches flamandes et bourguignonnes. »

Les gargouilles, les corbeaux, les balustrades bordent les combles; les crêtes, les épis, les aigrettes et les croix en fer forgé, « agrémentent noblement la superstructure, tandis que le gros œuvre, projeté, pour la masse intérieure, en pierre blanche demi-roche et banc royal de l'Oise, pour l'extérieur et pour les colonnes et ner-

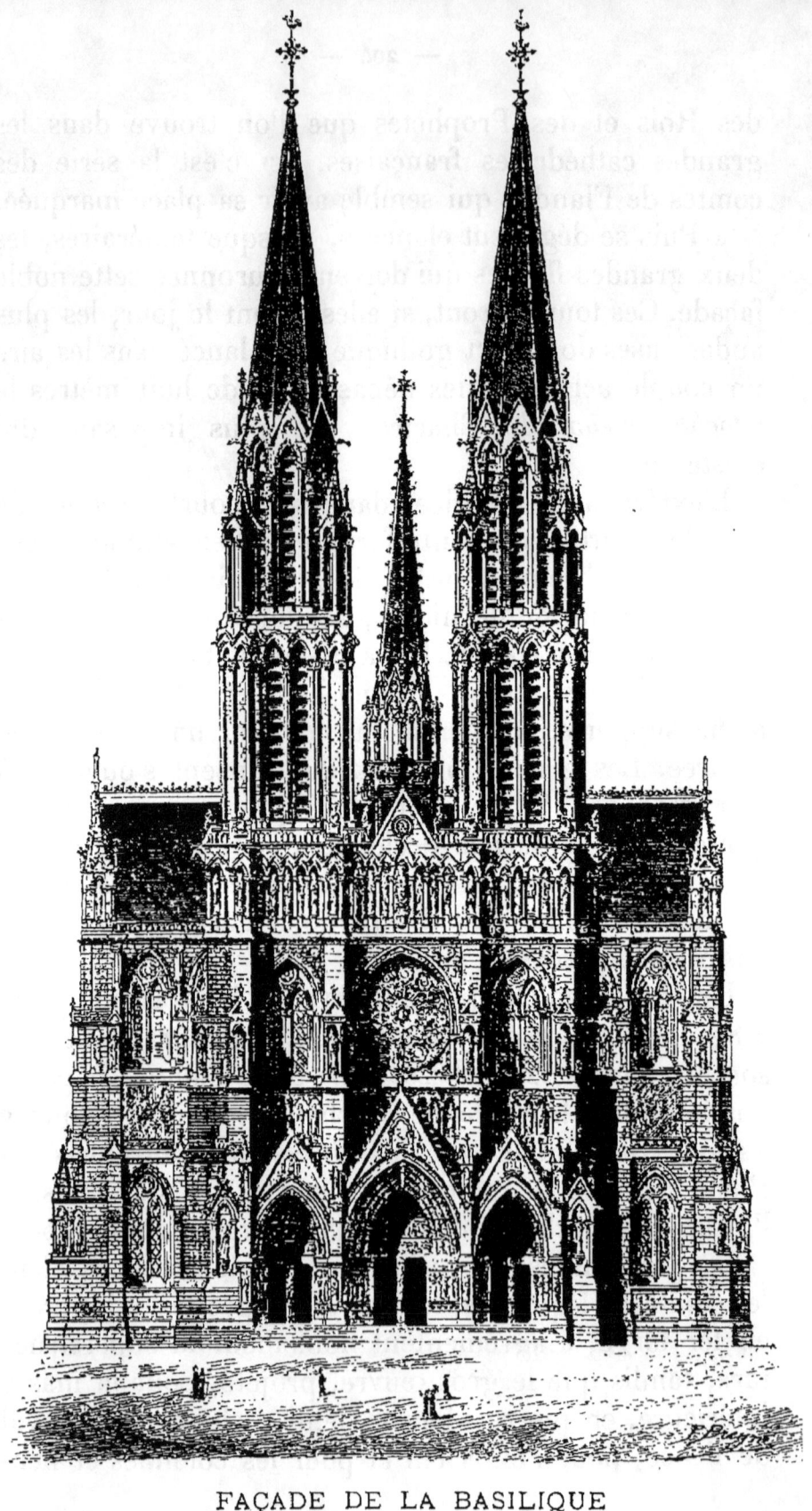

FAÇADE DE LA BASILIQUE

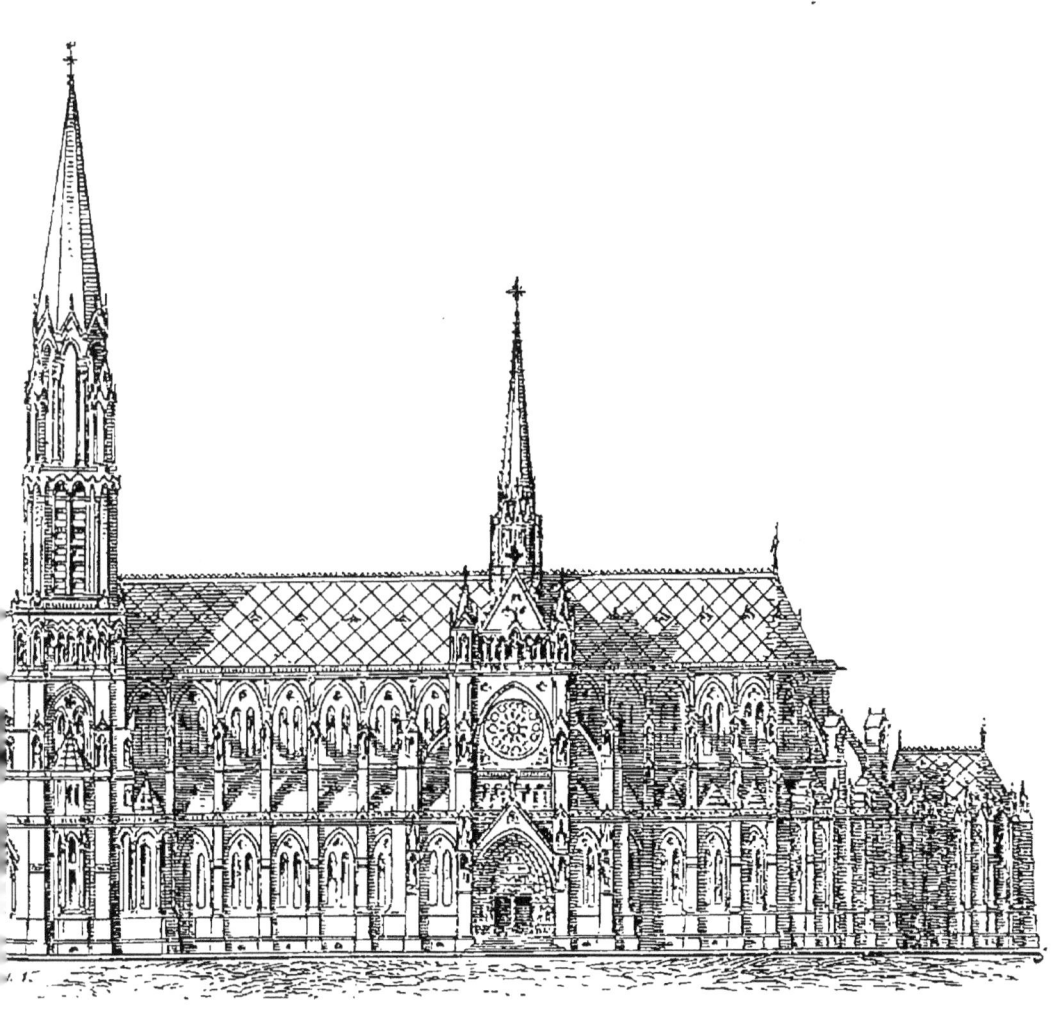

CÔTÉ MÉRIDIONAL

vures en pierre de Soignies, sera d'une belle allure[1]. Les moulures sont sobres, le décor est contenu, et la masse de même que les détails sont tenues dans le majestueux équilibre que l'art avait désappris depuis le XIIIe siècle. »

Tout ceci n'est encore qu'un projet, dont la réalisation lentement poursuivie à travers les mauvais jours, semble devoir être lointaine. Mais « on peut avoir foi dans la vaillance des catholiques du Nord, et s'attendre à voir debout l'œuvre si bien conçue, arrêtée dans ses moindres lignes par le talent des plus illustres architectes du siècle. » Et par-dessus tout, comme on l'a proclamé au début de l'entreprise, alors que s'accumulaient des obstacles depuis heureusement surmontés, *Dieu le veut!* Donc, un peu plus tôt, un peu plus tard, la basilique de Notre-Dame de la Treille et Saint-Pierre s'achèvera dans les splendides conditions qui s'annoncent.

---

1. On peut en juger par ce qui existe déjà, la chapelle de Notre-Dame de la Treille, et les parties avoisinantes.

CHAPITRE XXVI.

L'ÉGLISE PROVISOIRE. — PRISE DE POSSESSION DE LA CRYPTE ET DE L'ÉGLISE SUPÉRIEURE.

Tandis que les travaux suivent leur cours, la Commission s'occupe d'assurer à l'œuvre les ressources nécessaires. Reçue en audience par l'Empereur au commencement de 1857, elle put mettre sous ses yeux les plans de l'église monumentale. Napoléon III voulut bien les examiner, les discuter même avec le plus bienveillant intérêt. Les ministres de l'intérieur et des cultes se montrèrent également sympathiques. Le résultat, pour le moment, fut un don de dix mille francs sur la cassette de l'empereur, et plus tard l'autorisation d'une loterie dont on retira une somme importante, plus de 167,000 francs. On pouvait espérer bien davantage si l'opération eût été engagée sur des bases plus larges.

Toutes les sociétés chorales de la ville de Lille s'offrirent spontanément à donner un concert en faveur de l'œuvre de Notre-Dame de la Treille. La musique de la Garde de Paris, qui jouissait d'une juste renommée, vint apporter son concours ; de plus, comme nouvel hommage, cette musique parisienne donna, dans l'église Saint-Maurice, une fête en l'honneur de la patronne de Lille. Ce fut un régal pour les amis de l'art et un profit appréciable pour la grande entreprise.

Les dons individuels, les offrandes plus ou moins considérables, l'obole du pauvre, si précieuse devant Dieu, tout cela se présentait au hasard des pieuses inspirations, sans offrir la régularité, la fixité nécessaires au fonctionnement d'une œuvre. Pour canaliser, en quelque sorte, les bonnes volontés, pour les entretenir et les stimuler au besoin, et aussi pour laisser aux familles un témoignage durable de la part prise à la construction du sanctuaire, la Commission créa des titres de fondation. Quatre catégories de diplômes mettent ce concours à la portée des plus humbles. Cent francs, un grand nombre de personnes peuvent les donner : on a vu des ouvriers économiser sur le salaire de chaque semaine pour atteindre ce chiffre et figurer en première catégorie au rang des bâtisseurs de Notre-Dame de la Treille et Saint-Pierre. Beaucoup tiennent à dépasser cette somme. A ceux qui ne peuvent en faire le sacrifice, une offrande de 25 francs, de 5 francs, de 1 franc 50 même, donne le droit de participer aux mérites et aux privilèges des fondateurs. Une messe est célébrée à leur intention, tous les samedis, à l'autel de la Madone. Chacun d'eux reçoit une vue intérieure de la chapelle, en format plus ou moins grand, d'après la catégorie à laquelle appartient son titre. Ce souvenir vraiment artistique est dû au talent et au zèle désintéressé de l'architecte Leroy.

En même temps que cette impulsion était donnée à l'œuvre, dans ses conditions extérieures et matérielles, une chapelle provisoire s'élevait près des constructions commencées. Bénite le 21 février 1857, elle fut d'abord desservie par le R. P. Desnoyers, religieux du Précieux-Sang, venu de Rome pour recueillir les informations nécessaires au procès de béatification et de canonisation de saint Benoît Labre. Peu après, les Rédemptoristes, qui projetaient de s'établir à Lille, eurent pour premier centre d'action cette humble chapelle. Ce fut dès lors un foyer religieux, où le divin sacrifice fut régulièrement offert, où les sacrements étaient administrés, où l'on commença les pieux exercices en l'honneur de Notre-Dame de la Treille, et notamment la messe du samedi pour les associés de l'œuvre.

Le 18 avril 1858, Mgr l'Archevêque vint lui-même y célébrer : il adressa aux fidèles réunis dans la modeste enceinte une allocution toute remplie d'espérance et de précieux encouragements.

Déjà une partie des fondations de la basilique était achevée : cet immense travail, accompli dans un terrain difficile, avec une prudente, sage et vigilante énergie, fit taire les préventions et dissipa les pronostics qui annonçaient d'effrayantes catastrophes. Sur des massifs solides, qui plongent à une profondeur de quatre mètres, reposent ces belles cryptes, qui font l'admiration des visiteurs. Encore quelques mois, et le sanctuaire souterrain allait pouvoir être livré au culte.

La section construite comprenait les cinq chapelles absidales et les premières travées du chœur. A elle seule, c'était déjà une église, bien éclairée grâce à la disposition des fenêtres, assez saine pour qu'on pût l'utiliser d'une manière habituelle, susceptible enfin d'être chauffée par les calorifères prévus dans le plan de l'édifice.

Il n'y avait plus qu'à donner la vie à ce temple en y introduisant le Dieu de l'Eucharistie. La consécration de l'autel principal, en l'honneur de saint Joseph, fut accomplie le 4 juin 1859. A la messe célébrée par Mgr Régnier, le P. Lavigne, l'éloquent apôtre qui, cinq années auparavant annonçait ces merveilles, développa, dans un magnifique langage, la puissance de la prière qui maintenant, de ces voûtes sanctifiées, montait jusqu'au trône de Dieu.

Le lendemain dimanche, une cérémonie également imposante réunit la population lilloise sur les chantiers de Notre-Dame de la Treille. Un autel était dressé au-dessus des voûtes de la crypte, à l'endroit fixé pour le maître-autel de la basilique. Une foule énorme, qui rappela les manifestations du jubilé de 1854, se pressait dans le vaste espace à ciel ouvert, sur les fondations, sur les amas de matériaux, envahissant toutes les fenêtres et jusqu'aux toits des maisons voisines. Soudain, des entrailles du sol, par un escalier ménagé à travers les murs en construction et les montagnes de pierres, un imposant cortège monte et se déroule jusqu'à l'autel. Les chants sacrés retentissent ; la musique guerrière leur fait écho et les prolonge aux alentours. La bénédiction du Saint-Sacrement est donnée à cette multitude immense, qui est là, pieusement agenouillée, pendant que Dieu et Notre-Dame prennent possession à la face du jour de cette terre qui est à eux, de ce temple tracé dans ses premiers contours.

L'officiant était Mgr Haffreingue, le prélat célèbre qui par ses efforts persévérants, dans l'espace de trente années, a édifié la cathédrale de Notre-Dame de Boulogne. Sa présence était à la fois un encouragement et une espérance : comment toute une ville et tout un peuple ne pourraient-ils pas ce qu'un homme a su réaliser par la vivacité de sa foi et l'ardeur de son zèle ?

La crypte inaugurée en 1859, offrait déjà de vastes dimensions. Les travaux se continuèrent pour se prolonger jusqu'à la dernière travée du chœur avant le transept. C'était la limite fixée pour la première période de construction : au-dessus de ces voûtes montait peu à peu la partie correspondante de l'église.

Le 29 juin 1868, fête de S. Pierre, la crypte fut livrée au culte dans son entier. Elle recouvre 1.280 mètres, plus grande par conséquent que toutes les églises paroissiales de l'ancien Lille, sauf celles de Saint-Sauveur et de Saint-Maurice [1].

Ce magnifique hypogée offre de grandes surfaces, qui serviront à consacrer la mémoire des défunts. Les familles retrouveront là de précieux souvenirs, les noms de leurs auteurs et de leurs membres, les titres de leur participation à l'œuvre de Notre-Dame de la Treille et Saint-Pierre.

Dans l'ordre d'idées qui correspond à cette destination d'église funéraire, la grande chapelle absidale est dédiée à S. Joseph, époux de la Sainte-Vierge et patron de la bonne mort. Après les chapelles rayonnantes, qui portent les noms de Sainte-Catherine, Saint-Etienne, Saint-André et Saint-Maurice, les autels du transept seront ceux de Notre-Dame des Sept-Douleurs et du Calvaire. Au chœur, sous l'autel principal de la basilique, le tombeau du Sauveur, foyer de la Rédemption, espoir et fondement de la Résurrection future.

Déjà les murailles de la crypte se couvrent de pierres funéraires, exécutées d'après un plan d'ensemble, sous la direction de l'architecte. Chacun de ces petits monuments comporte un sujet pieux, une inscription, un encadrement, le tout d'un grand style et d'un effet superbe. On y voit figurer les familles Van der Cruisse de Waziers, de Pas, de Courcelles, de Germiny, de Vilmarest, du Haÿs, de Lencquesaing, de Briffœuil, de Caulaincourt, Jonglez de Ligne, de Muyssart, d'Hespel, de Renty, Baillieu d'Havrincourt, de la Grandville, de Beaufort, et les noms connus des Bernard, Bigo,

---

[1]. Voici les dimensions respectives de ces édifices : La Madeleine, 996 mètres ; Sainte-Catherine, 1160 ; Saint-Etienne, 1184 ; Saint-André, 1268 ; Saint-Sauveur, 1672, Saint-Maurice (avant l'agrandissement), 2207. L'église de l'Immaculée Conception (PP. Jésuites), ne mesure que 480 mètres.

La basilique achevée aura des dimensions doubles par rapport à Saint-Maurice (état actuel), triples par rapport à Saint-Sauveur.

Boutry, Charvet, Clainpanain, Coevoet, Colombier, Connelly, Cussac, Danel, Decoster, Delcourt, Dehau, Deleruyelle, Delemer, Descamps, Droulers, Féron, Fockedey, Gennevoise, Gonnet, Kolb-Bernard, Lefebvre-Mention, Loncke, Masse-Meurisse, Remy, Scalbert, Scrive, Théry, Vandame, Verley, Vrau, etc., etc. [1]

Ces souvenirs répondent à des dons d'une certaine importance, faits pour la construction de la basilique [2]. C'est une des principales ressources de l'œuvre, et l'un des moyens sur lesquels on peut compter pour la conduire à terme.

Quelques-unes des pierres commémoratives sont le témoignage d'une reconnaissance motivée par des titres spéciaux : on y lit les noms de M. l'abbé Bernard, du P. Vitse, de l'architecte Leroy. D'autres les suivront dans cette galerie, où les a précédés Jean Le Vasseur, le maïeur de Lille qui, en 1634, consacra la cité à Notre-Dame de la Treille. Sa pierre tombale, arrachée aux mains des révolutionnaires, fut retrouvée en parfait état, et placée dans la grande chapelle de la crypte, dédiée à saint Joseph [3].

Dans l'espace livré au culte en 1859, les cérémonies religieuses pouvaient se déployer à l'aise. A partir de l'année suivante, pour renouer les traditions de la collégiale, on célèbre solennellement la fête et l'octave de saint Pierre. Un bref du 8 mai 1860 accorde une indulgence plénière à ceux qui visiteront à pareil jour le

---

1. V. l'appendice A, à la fin du volume.

2. Les dons de 10.000, 8.000, 6.000 et 5.000 fr., donnent droit à des pierres commémoratives de différents modèles.

3. Jean Le Vasseur était inhumé à la Chartreuse de la Boutillerie, dont il fut le fondateur. Un membre de la famille racheta sa pierre sépulcrale, quand l'église fut démolie à l'époque de la Révolution. Il la conserva dans sa propriété de Verlinghem. Ses héritiers voulurent bien s'en dessaisir en faveur de Notre-Dame de la Treille. Placée d'abord à Sainte-Catherine, en 1854, cette pierre fut transportée dans la crypte de l'église en construction le 18 avril 1858 et fixée, le 27 novembre suivant, à la place qu'elle occupe.

nouveau temple, en remplissant les conditions ordinaires. Même faveur est octroyée pour les fêtes de la Chaire de Saint-Pierre, 18 janvier, et de la Dédicace des basiliques de Saint-Pierre et de Saint-Paul, 18 novembre. Le Souverain Pontife concède une indulgence de sept ans et sept quarantaines le dimanche dans l'octave de l'Ascension, en mémoire de la consécration du premier autel de la crypte ; et aussi, aux fêtes de saint Vincent Ferrier, saint Bernard, saint Louis et saint Thomas de Cantorbéry, qu'une pieuse croyance désigne comme pèlerins de Notre-Dame de la Treille.

En 1861, c'est l'ancienne Festivité qui renaît, sans ses processions, hélas ! et même sans office liturgique spécial, mais avec une neuvaine de dévotion, allant du samedi qui précède le dernier dimanche de juin, jusqu'au lundi, lendemain du premier dimanche de juillet. Une indulgence plénière est accordée ; même faveur pour les deux fêtes de saint Joseph. Une indulgence de 300 jours est offerte *tous les jours de l'année*, à ceux qui visiteront l'église de Notre-Dame de la Treille et Saint-Pierre (23 mars et 23 juillet 1861).

Déjà en 1857, par bref du 29 avril, Pie IX avait octroyé une indulgence plénière, que les fidèles peuvent gagner une fois l'an, au jour de leur choix, en visitant la susdite église et en remplissant les conditions habituelles.

A plusieurs reprises encore, de vive voix et par écrit, ce grand Pape se plut à encourager l'entreprise des catholiques lillois, à la couvrir de ses bénédictions. Les archives de la basilique conservent de lui deux précieux autographes remis, l'un à M. le comte de Caulaincourt, en 1863, l'autre trois années plus tard, à un prêtre de Lille [1], après l'avoir spontanément et de la façon la plus bienveillante, interrogé sur l'état d'avancement des

---

1. M. l'abbé Scalbert, depuis doyen de Saint-Jean-Baptiste, à Dunkerque.

travaux. Il fit plus. Afin de donner un témoignage visible et durable de ses sentiments, il offrit à la basilique de Notre-Dame de la Treille et Saint-Pierre un calice dans lequel lui-même avait célébré [1].

En même temps que ces grâces et ces faveurs descendaient du trône apostolique, le trésor de notre église s'enrichissait de reliques et de souvenirs sacrés. M. Bernard obtint de l'évêque de Gand, Mgr Delebecque, un notable fragment de la vraie Croix, dont on suit l'histoire jusqu'à l'époque des croisades et à Richard Cœur-de-Lion ; il put se procurer aussi une parcelle de la Sainte Couronne d'épines, détachée en 1806 par le cardinal de Belloy, et depuis possédée par Mgr de Quélen, archevêque de Paris. Par les soins et la munificence du pieux archidiacre, ces deux reliques furent réunies dans une grande et riche croix en vermeil, surmontée d'une couronne, et ornée de pierres précieuses.

A la demande de deux prêtres lillois [2], pèlerins de Jérusalem, le patriarche, Mgr Valerga, voulut bien envoyer, avec une lettre très encourageante et très sympathique pour l'œuvre, des reliques du Calvaire et de la Crèche [3]. Le Révérendissime Custode des Lieux-Saints ajouta une lampe qui, pendant plusieurs siècles, a brûlé sur le tombeau de Jésus-Christ, dans l'église du Saint-Sépulcre. Pour comprendre le prix qui s'attache à ce don, il faut savoir que les souverains seuls, et dans de rares circonstances, en ont reçu de semblables.

Le saint évêque de Marseille, Mgr de Mazenod, s'est dessaisi avant sa mort (1861), en faveur de la basilique

---

[1]. Pie IX remit de ses propres mains ce calice à M. le comte de Caulaincourt, le 24 avril 1863.

[2]. MM. Félix Gennevoise et Cambier.

[3]. La lettre est datée de Jérusalem, 20 avril 1860.

lilloise, de l'une des plus belles reliques de saint Louis qui existent actuellement en France. A M. l'abbé Bernard on doit les reliques des quatre pèlerins, obtenues à Rome lors des fêtes de canonisation des martyrs japonais, en juin 1862.

Le concours d'architecture et l'exposition qui le couronna en 1856, apportèrent à Notre-Dame de la Treille l'hommage du plus noble des arts, et préparèrent la construction du monument qui s'élève en son honneur. La musique voulut se joindre à l'architecture : Rome et l'Italie apportèrent leur hommage sous cette forme. En septembre 1861, le maestro Salvator Meluzzi, compositeur célèbre, envoya deux grands morceaux, écrits tout spécialement pour notre basilique, un *Sub tuum* et un *Tu es Petrus*. Pour bien faire ressortir la pensée qui inspirait son œuvre, et pour établir un lien de plus entre Saint-Pierre de Lille et Saint-Pierre de Rome, le maestro data sa partition du jour de la fête du Prince des apôtres.

L'année 1866 ramenait le centenaire de la consécration de notre ancienne collégiale : on le croyait du moins, avant que des recherches plus exactes eurent fixé la date de ce grand évènement une année plus tôt, 1065 au lieu de 1066 [1]. Un tel souvenir ne pouvait passer inaperçu dans le nouveau temple, construit pour renouer les traditions de l'ancien. Il fut célébré par des fêtes solennelles. Le matin, à la messe, ce fut un enfant de la cité, M. Scalbert, qui occupa la chaire sacrée. Il revenait de Rome, tout embaumé des souvenirs de Pie IX, tout pénétré des paroles tombées des lèvres du Pontife, en faveur de l'œuvre de Notre-Dame de la Treille. Le soir, ce fut l'archidiacre, M. Bernard, qui, une fois encore, retraça les glorieux souvenirs de la Collégiale, les espérances

---

1. *Histoire de Saint-Pierre*, tome I, p. 18.

qui s'attachaient à l'œuvre de résurrection, et le rayonnement de vie religieuse déjà constaté[1].

En 1868, les murs du nouveau temple étaient assez élevés pour qu'on pût établir une toiture provisoire, et une cloison légère qui ferma par le devant les parties construites. On obtint de la sorte une église suffisante pour servir au culte, et pour donner une première idée des magnificences que promet l'avenir.

La date fixée pour l'inauguration, 1869, rappelait l'origine de la célèbre procession de Notre-Dame de la Treille, établie par une charte du mois de février 1269, vieux style, l'année commençant à Pâques, en réalité 1270 selon notre manière actuelle de compter. Une supputation exacte eût renvoyé le centenaire à l'année suivante, au lieu de le rattacher à 1869[2]. C'eût été dommage, puisque tout se trouvait prêt pour l'inauguration et la prise de possession, qui marqua ce centenaire d'un signe si consolant et si plein de promesses.

Le 26 juin donc, Mgr Fruchaud, évêque de Limoges, délégué par Mgr l'Archevêque, procède à la bénédiction du saint lieu, et commence une neuvaine préparatoire à des fêtes solennelles que le Nonce apostolique, Mgr Chigi, couronnera par un office pontifical. Chaque soir, la parole éloquente du P. Monsabré réunissait un nombreux auditoire.

Le 29, la fête de saint Pierre fut célébrée avec pompe. Une statue du Prince des apôtres, copie exacte de celle qui se trouve à Saint-Pierre de Rome, fut inaugurée ce jour-là.

Le samedi 3 juillet, l'autel de Notre-Dame de la Treille fut consacré par un prélat originaire du diocèse, Mgr d'Herbomez, évêque de Mélitopolis et vicaire

---

1. Ces deux discours ont été publiés dans le *Compte-rendu* de la fête, imprimé chez Lefort.
2. V. ci-dessus, p. 8.

apostolique de la Colombie britannique. Deux autres autels étaient consacrés en même temps : celui de Saint-Pierre par Mgr Forcade, évêque de Nevers, et celui de Saint-Joseph par Mgr Lequette, évêque d'Arras.

Le soir même arriva le Nonce apostololique. Mgr l'archevêque l'avait précédé à Lille, ainsi que NN. SS. de Limoges, de Nevers, d'Amiens, d'Arras, et trois évêques missionnaires enfants de la province, NN. SS. Dupont, d'Herbomez, Dubar.

L'envoyé du Saint-Siège fut reçu à la descente du train par Mgr l'Archevêque en personne. Bien que sa visite ne fût pas officielle, le Conseiller d'État préfet du Nord, les Généraux, le Maire de Lille, s'empressèrent de lui porter leurs hommages.

Le dimanche 4, dans la nouvelle église, décorée avec goût et magnificence, on vit se déployer toutes les pompes de l'office pontifical. Une foule énorme se pressait dans l'enceinte beaucoup trop étroite pour la circonstance, et en obstruait les abords. On remarquait des délégations de Douai, Cambrai, Valenciennes, Dunkerque, Tournai, etc.

Aux vêpres, la foule fut plus considérable encore. Tous les recoins étaient envahis; le cortège eut peine à se frayer passage. Les vêpres finies, le P. Monsabré prononce un discours empreint d'une haute éloquence. Il retrace à grands traits l'histoire du culte de Notre-Dame de la Treille, son éclipse momentanée à la Révolution, le réveil admirable dont le jubilé de 1854 fut la manifestation, et dont la nouvelle basilique perpétuera le témoignage. Puis il continue :

La voilà qui sort de terre et qui commence à montrer ses robustes et magnifiques colonnes, cette basilique qui sera la gloire de votre piété filiale... Vous vous êtes jetés dans une entreprise immense, une entreprise que les *timides* et les *empressés* vous ont sans doute reprochée plus d'une fois.

Pourquoi, disent-ils, un monument gigantesque qui semble

vouloir effacer les merveilles d'un âge où l'art avait des ressources que nous n'avons pas ? En demeurant plus simples, nous pourrions encore être magnifiques et jouir plus vite du fruit de nos labeurs. Jouir plus vite ! Voilà bien une pensée digne de notre siècle. Votre noble ambition n'en a pas tenu compte, Messieurs, et je vous en rends grâces, au nom de la religion et de la patrie, car vous avez fait un grand acte de foi et de patriotisme.

Vous avez eu foi dans le secours de Dieu... Vous avez eu foi dans l'avenir religieux de la société, malgré les tempêtes d'erreur qui l'agitent aujourd'hui. Un jour le peuple se lassera d'être trompé par ceux qui conspirent contre sa foi. Désabusé des promesses menteuses de l'impiété, mieux éclairé sur ses devoirs et ses véritables intérêts, il reviendra aux pieuses habitudes de ses pères. Les pèlerins en foule se précipiteront vers ces autels d'où descendent les vrais biens qu'un chrétien doit désirer. Voilà pourquoi vous avez voulu que votre temple fût admirable à l'égal de ces Notre-Dame de Paris, de Chartres, d'Amiens, de Reims, qui chantent la gloire du moyen âge. Vous avez voulu que la France du XIXe siècle eût son poème de pierre, et, en cela, vous avez fait acte de patriotisme.

Après l'office, les neuf archevêques et évêques présents vinrent, en crosse et en mitre, se ranger en avant de la basilique : tous ensemble donnèrent la bénédiction pontificale à l'immense multitude qui garnissait la place et ses abords.

On avait espéré qu'en ce jour un cortège triomphal ramènerait la Sainte Image de son asile provisoire dans la demeure définitive que lui élève la munificence du peuple chrétien. Mais des attaches profondes s'étaient formées. Il n'était ni prudent, ni aisé, de heurter de front un sentiment respectable. En principe, la translation était absolument décidée : tout le monde le savait, tout le monde y consentait. Cependant, l'heure de la Providence n'avait point sonné encore. Il fallut se résigner à l'attendre : en somme, ce ne fut qu'un retard de quelques années.

CHAPITRE XXVII.

TRANSLATION DE LA SAINTE IMAGE. — NOTRE-DAME DE LA TREILLE ET NOTRE-DAME DE LOURDES.

En 1870, quand le sol de la patrie était foulé par l'étranger, quand les désastres s'accumulaient sur les désastres, quand Rome était envahie par les hordes révolutionnaires, les catholiques lillois suivirent l'exemple de leurs aïeux. Ils organisèrent de solennelles supplications dans le sanctuaire de leur Patronne. Un appel fut adressé à toutes les âmes pieuses. Cinq journées de pèlerinages furent indiquées, du lundi 24 octobre au vendredi 28, jour anniversaire de la consécration de la ville à Notre-Dame de la Treille.

Il y eut tout le temps une affluence considérable, une explosion de foi et de ferveur vraiment admirable. Le premier jour, ce fut le pèlerinage des hommes, spécialement les confrères de Saint-Vincent de Paul, venus de Lille, Roubaix, Tourcoing, Armentières, et aussi des villes plus éloignées, Douai, Valenciennes, Cambrai, Hazebrouck, Dunkerque. Nombre de prêtres les accompagnaient. A la communion générale, plus de deux mille personnes s'approchèrent de la sainte table, et les messes se succédèrent sans interruption à tous les autels pendant la matinée. Un témoin oculaire exprime ainsi son impression : « Nous avons vu des solennités plus imposantes et des réunions plus nombreuses dans les jubilés séculaires de Cambrai, Lille,

Douai, Valenciennes, et lors de l'inauguration de la basilique de Notre-Dame de la Treille : nous n'avons pas assisté à une cérémonie plus édifiante, à la fois plus chrétienne et plus française [1]. »

Le vendredi 28 coïncidait avec la fête de l'Adoration et l'anniversaire du vœu. Les dames étaient spécialement convoquées : ce fut leur jour, comme le lundi avait été celui des hommes. Les mères, les sœurs, les épouses de ceux qui se trouvaient engagés dans la fatale guerre vinrent déposer aux pieds de la Madone leurs larmes et leurs supplications. Françaises, elles priaient pour la patrie ; chrétiennes, elles demandaient la fin des épreuves de l'Église et de la tentation qui ébranle les âmes faibles.

Le soir une éloquente parole se fit entendre. C'était l'appel au repentir, à une vie plus chrétienne, mais aussi au courage et à la confiance. L'orateur termina en renouvelant l'acte de consécration à Notre-Dame de la Treille, au nom de la cité, de ses représentants, et de ceux du diocèse [2].

Deux années encore, la sainte Image demeura dans son asile provisoire à Sainte-Catherine. L'autorité qui aurait pu trancher le nœud, préférait attendre ce qu'une dévotion bien comprise finirait par imposer : un fait providentiel amena la solution inévitable.

Sophie Druon était une pauvre orpheline, reçue dès ses plus tendres années dans la maison des Filles de la Charité, dite de Sœur Sophie, près l'église de Sainte-Catherine. Vers l'âge de onze ans, elle fut atteinte d'une paralysie qui la priva totalement de l'usage de ses membres inférieurs, et qui rendit très bornés, très difficiles ses autres mouvements. Un chirurgien

---

1. *Semaine religieuse*, 1870, p. 435.
2. *Discours de M. l'abbé Fichaux, prononcé dans l'église de Notre-Dame de la Treille et Saint-Pierre, le 28 octobre 1870.* Lille, Lefort, 1870. In-8 de 30 pages.

renommé, le docteur Parise, déclara son état incurable. On voyait cette pauvre infirme traînée dans une voiturette, quand parfois elle sortait avec les autres orphelines ; dans l'intérieur de la maison, il fallait la porter. Cette lamentable situation durait depuis quinze ans : Sophie en avait alors vingt-six. Il semblait qu'elle dût abandonner tout espoir, et cependant sa confiance n'était point ébranlée : elle multipliait les prières, elle voulait en quelque sorte faire violence au Ciel. A la fin du mois d'août 1872, elle commença une neuvaine à Notre-Dame de Lourdes, pour obtenir de pouvoir marcher, fût-ce à l'aide de béquilles : ainsi serait évitée à ses compagnes la rude tâche de la porter toujours, et leur foi recevrait de ce miracle un nouvel accroissement.

La neuvaine, à laquelle s'associèrent les religieuses et les enfants de Marie, se termina le 8 septembre, fête de la Nativité de la Sainte Vierge. Le matin de ce jour, Sophie Druon fut portée à la chapelle, où elle communia ; puis au réfectoire, à la salle d'études, à la salle de récréation. Elle se trouvait avec quelques orphelines dans ce local quand vers neuf heures elle demanda un peu d'eau de Lourdes : elle en but, et pria une de ses compagnes de réciter avec elle un *Ave Maria*. A peine avait-elle achevé cette prière, qu'elle ressentit une forte commotion dans ses membres ; ses jambes se redressèrent et prirent une ferme rigidité qu'elles ne connaissaient plus ; la jeune fille se leva, pour retomber d'abord sur elle-même ; puis, sa compagne l'ayant prise par la main, elle se leva de nouveau et marcha. Aussitôt une clameur d'allégresse retentit dans la maison. Tout le monde accourt à ce spectacle si nouveau : Sophie traverse la cour, gravit sans difficulté l'escalier, et monte à la chapelle pour remercier sa bienfaitrice.

Une heure après, les paroissiens de Sainte-Catherine la virent arriver à l'église, se soutenant et marchant seule. Une foule compacte se réunit sur son passage. On n'hésitait point à crier : Miracle, miracle ! Pendant huit jours, une multitude d'ecclésiastiques et de personnes de toutes conditions allèrent voir Sophie Druon, l'interroger, s'extasier sur le changement produit, changement qui se soutint et qui fut le commencement d'une existence nouvelle.

Ces faits, attestés par de nombreux témoignages et par un certificat médical très explicite [1], produisirent une profonde émotion. Le culte de Notre-Dame de Lourdes, déjà populaire, prit un essor vigoureux. Plusieurs se disaient : Puisque Notre-Dame de la Treille doit entrer dans sa basilique, pourquoi retarder encore sa prise de possession ? Pourquoi ne pas donner à Notre-Dame de Lourdes la place qui restera vide sur l'autel de Sainte-Catherine ? Sous divers titres, c'est la même Vierge que l'on invoque dans les sanctuaires où elle se plaît à manifester sa puissance. Lillois, nous irons vénérer dans son sanctuaire la Reine et la Patronne de la cité. Notre piété filiale ne sera aucunement diminuée parce que nous l'invoquerons ailleurs sous le vocable de Notre-Dame de Lourdes, comme on l'invoque depuis si longtemps dans notre ville sous le

---

1. Voici le texte de cette pièce :

« Le soussigné, docteur-médecin, certifie que Mlle Sophie Druon, âgée de vingt-six ans, pensionnaire de l'Œuvre de la Miséricorde de Lille, était atteinte d'un rachitisme très prononcé, ayant pour principal résultat de rendre difficiles et très bornés les mouvements des membres supérieurs, et de rendre complètement inertes les membres inférieurs.

» Cet état d'infirmité, considéré comme incurable, m'était connu depuis douze à treize ans, lorsque le 8 septembre dernier, à neuf heures du matin, j'ai été en position de constater : 1° que le redressement et le mouvement des membres inférieurs étaient assez accentués pour permettre une marche facile ; 2° que les membres supérieurs avaient acquis, dans l'étendue de leurs mouvements, une amélioration remarquable.

» Ce résultat est d'autant plus extraordinaire qu'il s'est produit spontanément et sans aucune transition de nature à permettre de l'attribuer à l'influence d'aucun traitement.   « MASUREL.

« Lille, le 12 septembre 1872. »

titre de Notre-Dame de Tongres, de Notre-Dame de Hal et d'autres encore. Est-ce que les pèlerins de Lourdes ne vont pas visiter les sanctuaires de la Salette, du Puy, de Fourvières ? Est-ce que leur dévotion ne s'allume pas à tous ces foyers, et ne s'édifie pas des spectacles qu'on y rencontre ?

Le vénérable prêtre qui venait de remplacer M. Aernout à la tête de la paroisse de Sainte-Catherine, partageait ces sentiments. Aussi la décision fut bientôt prise. Le 21 septembre 1872, veille de la fête de Notre-Dame des Sept-Douleurs, la sainte image alla occuper sa place dans la basilique. Pour ne point troubler les pieux paroissiens de Sainte-Catherine, la translation eut lieu sans apparat. Les pompes triomphales étaient réservées pour une autre circonstance.

Les temps calamiteux que traversait le pays, les souvenirs récents de la guerre civile et de la guerre étrangère, les menaces d'un avenir dont aucune perspective n'éclairait les sombres horizons, tout cela créait chez les fidèles un immense besoin de prière. De là l'idée d'un pèlerinage national, où toutes les Madones vénérées dans nos divers diocèses seraient représentées par leurs bannières.

Au jour fixé, le dimanche 6 octobre, trois cent douze étendards de la Vierge, rappelant toutes les contrées de la France, se déroulaient sur les hauteurs de Lourdes, avec les multitudes de pèlerins formant leur escorte. En tête de la procession s'avançait Notre-Dame des Victoires : l'idée du pèlerinage national émanait du comité de Paris. Puis, les bannières d'Alsace et de Lorraine, marquées de signes de deuil, celles de Notre-Dame d'Alger, notre récente conquête, et des antiques sanctuaires du Puy, de Lyon, de Marseille, etc. Notre-Dame du Saint-Cordon, de Valenciennes, Notre-Dame de Grâce de Cambrai, Notre-Dame de Loos et plusieurs autres, rappelaient les gloires de

Marie dans la France du Nord et groupaient autour d'elles les enfants de nos provinces.

Laissons parler maintenant un témoin dont la relation fut publiée à cette époque [1].

Parmi ces deux ou trois cents oriflammes, celle qui concentrait surtout l'attention des pèlerins était la bannière de *Notre-Dame de la Treille de Lille* : aucune n'était plus remarquable par sa richesse, par la délicatesse de ses broderies, par son immense développement. Il fallait, à ceux qui la portaient, des muscles d'acier, une vigueur trempée dans la foi, pour soutenir un tel poids sous le souffle de la brise. Son passage était un triomphe. Lorsqu'elle arriva devant NN. SS. les évêques, ils ne purent retenir un cri d'admiration et de bonheur ; ils se levèrent et l'acclamèrent. Les pèlerins s'étaient interdit toute manifestation publique ; mais la vue de la bannière de *Notre-Dame de la Treille* triomphait de leur volonté, et vingt fois j'ai entendu la foule battre des mains au moment où passait l'étendard de la capitale de la Flandre, et s'écrier, pleine d'enthousiasme : *Vive Lille ! vive Lille !* Notre bannière a eu le privilège de faire retentir des acclamations, avec les bannières de l'Alsace et de la Lorraine, qui ont fait retentir un cri plus noble et plus glorieux encore : *Vive la France !*

.... Cependant, la tête du cortège avait franchi le pont jeté sur le Gave, et s'était avancée vers l'autel dressé sur la grande prairie, au milieu d'arbres verdoyants, en face de la grotte et de l'église de l'apparition, et avait défilé devant les neuf évêques qui étaient debout, la mitre en tête et la crosse en main, sur l'escalier de la haute estrade, et devant vingt-six membres de l'Assemblée nationale, occupant des places d'honneur. Les bannières, sur l'ordre des maîtres de cérémonies, allèrent se ranger sans confusion autour de cette estrade, aux places qui leur avaient été marquées ; trois d'entre elles seulement eurent le privilège de gravir les marches et d'être arborées près de l'autel : c'étaient les bannières voilées de crêpe de Metz et de Strasbourg, à l'aspect simple et lugubre, et au milieu, au-dessus d'elles, la radieuse bannière de *Notre-Dame de la Treille de Lille*, dont les broderies formaient, derrière l'autel, une paroi de soie et d'or. Je ne saurais vous dire ce qui se passa dans mon âme de catholique et de Français, en voyant la bannière de la Flandre abriter, en quelque

---

1. *Semaine religieuse*, 1872, p. 393, 394.

sorte, les bannières de l'Alsace et de la Lorraine ; ces provinces ravies à la France, sont tout spécialement nos sœurs, par l'aspect, par l'industrie, par la langue, par les mœurs, par la date de leur réunion à la patrie, par leur esprit de nationalité, par leur foi et leur dévotion.

Au retour de la procession, la bannière de Notre-Dame de la Treille fut placée derrière l'autel, comme elle l'avait été sur l'estrade, entre les bannières de l'Alsace et de la Lorraine.

On se trouvait encore sous le coup de ces émotions pieuses, quand le samedi 12 octobre, un prêtre dont toute la carrière s'était passée à Lille, un serviteur de Notre-Dame de la Treille, intimement mêlé aux fêtes jubilaires de 1854, Mgr Delannoy, ancien curé de Saint-André, reçut la consécration épiscopale dans cette même église qui auparavant le possédait comme pasteur. Pareille solennité ne s'était point vue depuis le sacre de l'Electeur de Cologne par Fénelon, dans la collégiale de Saint-Pierre (1707). Curieuse coïncidence ! un arrière-petit-neveu de l'illustre archevêque de Cambrai, le général de Salignac de Fénelon, commandait la division militaire à Lille et assistait officiellement à la cérémonie.

Le prélat consécrateur fut Mgr Desprez, archevêque de Toulouse, auquel Mgr Delannoy succédait sur le siège de Saint-Denis, dans l'île de la Réunion. Le nonce apostolique, Mgr Chigi, et plusieurs évêques rehaussaient la solennité par leur présence. Après l'évangile, Mgr l'archevêque de Cambrai prit la parole, et dans un langage éloquent fit ressortir la mission divine de l'épiscopat.

Le nouveau Pontife voulut offrir immédiatement son hommage à Notre-Dame de la Treille. En sortant de Saint-André, il se rendit à la basilique où depuis trois semaines l'Image vénérée avait pris place. Les rues étaient richement pavoisées sur le passage du cortège, qui comprenait toutes les paroisses de Lille et constituait une magnifique procession. L'évêque alla s'agenouiller devant la Madone, pour lui consacrer sa nouvelle carrière : il offrit comme ex-voto un émail de toute beauté, représentant ses armoiries, dans lesquelles figure Notre-Dame de la Treille, avec l'antique devise : *Hœc est spes nostra*. Vingt-cinq ans plus tard, lors de ses noces d'argent, Mgr Delannoy, alors évêque d'Aire sur l'Adour, reparaissait en pèlerin dans ce même sanctuaire, et offrait un autre émail, œuvre merveilleuse d'Armand-Calliat, qui représente la visite du prélat au jour de son sacre.

Ce pèlerinage de l'évêque, le 12 octobre 1872, était en même temps celui de toute la ville, qui pour la première fois venait visiter sa Patronne dans le nouveau temple, et renouveler la consécration faite en 1634. A cette occasion, chacune des paroisses offrit en ex-voto une plaque d'argent délicatement ciselée, sur laquelle se détache un cœur de vermeil, avec l'effigie du patron. Les paroissiens de la Madeleine, pour rappeler que l'emplacement de l'ancienne collégiale se trouve dans leurs limites, voulurent que leur présent se distinguât des autres par un cachet de plus grande richesse.

CHAPITRE XXVIII.

LE COURONNEMENT. — FÊTES ET PÈLERINAGES.

Les Souverains Pontifes ont l'usage de décerner les honneurs du Couronnement aux Madones les plus célèbres, à celles que signalent leur antiquité, le concours des fidèles, le nombre et la continuité des faveurs obtenues à leurs pieds. Le 24 avril 1873, une dépêche de Rome annonçait le prochain couronnement de Notre-Dame de la Treille : un bref du 5 août octroyait effectivement cette faveur, et le cardinal Régnier, visitant Rome au printemps de 1874, en recevait la confirmation de la bouche du Souverain Pontife. Il obtint que la Patronne de Lille fût couronnée sous le titre de Mère de Grâce. La cérémonie fut fixée au 21 juin, jour où Pie IX avait reçu la tiare, vingt-huit ans plus tôt.

Dans une lettre pastorale publiée le 14 mai, le cardinal Régnier fit un appel pressant aux Lillois tout d'abord, en exprimant le vœu que les fêtes fussent célébrées avec la même piété et la même splendeur que celles de 1854 ; ensuite à ses diocésains, qu'il invitait à profiter des grâces offertes par le Souverain Pontife[1] et à choisir cette année comme but

---

1. Indulgence plénière le jour du Couronnement ou l'un des sept jours suivants. Même indulgence chaque année au jour anniversaire.

principal de pèlerinage le sanctuaire de Notre-Dame de la Treille.

Depuis le mois de mars une commission s'occupait activement des préparatifs. Rien ne fut négligé pour donner aux solennités le plus grand éclat possible : un pèlerinage de toute la région fut annoncé ; une exposition d'art religieux, un concours de musique et de poésie augmentèrent la pompe de ces fêtes, en les prolongeant de plusieurs semaines.

La maréchale de Mac-Mahon offrit le manteau royal dont la sainte Image devait être revêtue au jour du triomphe. Les dames de la ville se chargèrent des deux couronnes, pour la Vierge et pour l'Enfant Jésus : leur pieuse munificence n'oublia rien de ce qui pouvait les rendre dignes de leur destination. Ces couronnes furent portées au Vatican, par des envoyés spéciaux, afin que le Souverain Pontife pût les voir, les bénir et les faire imposer en son nom.

Avant tout, c'était une fête de dévotion qui se préparait. On voulut y disposer les âmes par un *Triduum* de pieux exercices. Des prédicateurs choisis se firent entendre. A la basilique, c'était Mgr Mermillod, évêque-administrateur de Genève, un apôtre bien connu dans toute la France. Le matin, il s'adressait aux dames ; le soir, il réunissait les hommes dans cette enceinte toujours trop étroite pour contenir le flot des auditeurs, que remua profondément sa parole facile, éloquente et tout embaumée des parfums d'une suave piété. M. l'abbé Brettes, chapelain de Sainte-Geneviève, parlait aux ouvriers dans la vaste église de Saint-Maurice. Il faisait passer ses sentiments et ses convictions dans ces âmes sincères, que l'on atteint si facilement quand on peut les arracher aux influences néfastes. Enfin, Mgr Capel, recteur de l'Université catholique de Londres, un des orateurs les plus accomplis d'outre-Manche, s'adressait dans l'église des Dominicains à la colonie anglaise, et aux nombreux lillois que les relations d'affaires ont rendus familiers avec la langue d'Albion.

Enfin, le jour solennel arrive. Laissons la parole aux témoins. Rien ne vaut la relation de ceux qui ont vu, et qui écrivent sous le coup de l'impression du réel.

A l'heure du lever, un cri de reconnaissance est parti de toutes les lèvres et de tous les cœurs, en voyant le soleil qui dorait les toits de ses premiers rayons, indice d'une belle journée d'été. La ville, déjà richement parée hier, était dès le matin complètement transformée. Toutes les rues par lesquelles doit passer le cortège sont ornées de mâts, portant de longues banderoles, et reliés entre eux par diverses décorations. Dans chacune de ces rues une ornementation différente; ici, de larges bannières chargées d'étoiles d'or; là, de petites flammes offrant des symboles différents; ailleurs, des guirlandes de roses et des oriflammes légères qui s'entrecroisent, formant un gracieux toit de fleurs et de gaze que fait onduler la brise du matin. On remarque la décoration de la rue Négrier, de la rue Royale, de la rue Nationale. Cette ornementation est due à l'activité d'un certain nombre de comités paroissiaux, qui ont trouvé, dans les paroisses de la ville, les ressources nécessaires pour orner chaque rue. La décoration des maisons particulières provient complètement de l'initiative privée; et il est glorieux pour la ville de Lille, que presque toutes les habitations présentent des décors et des ornements; c'est à peine si trois ou quatre façades font tache au milieu de ce magnifique ensemble. Le pauvre a paré sa demeure de quelques tentures blanches, de quelques fleurs, d'une image de la sainte Vierge, à côté du riche dont les fenêtres laissent flotter de splendides bannières. Rien de beau comme le coup d'œil que présentent les larges rues de la cité, ornées avec ensemble et variété, avec simplicité et richesse! Rien de touchant comme cette unanime démonstration, déclarant par sa spontanéité que la ville se rappelle toujours la devise des siècles : *Insula civitas Virginis* ! *1*

A deux heures et demie, le cortège se met en marche. En tête s'avancent un demi-escadron de cavalerie, les clairons, les tambours, un bataillon d'infanterie

---

1. *Semaine religieuse*, 1874, p. 189.

avec sa fanfare ; puis la croix de la paroisse de Saint-Etienne, et, tout entourée de lumières, la grande relique de la Vraie Croix provenant de l'ancienne collégiale.

La procession se compose de trois parties : la première est formée des statues et des images de la Vierge autrefois vénérées à Lille ; la seconde représente les formes actuelles de la dévotion des Lillois envers Marie. Douze madones de part et d'autre, chacune ayant son groupe et son cortège. La troisième et la plus importante section de cette marche religieuse est consacrée à Notre-Dame de la Treille, que précèdent les saints apôtres du pays, avec les nombreuses députations envoyées par les villes et les contrées voisines.

Les musiques guerrières alternent avec les chants sacrés. Un pieux enthousiasme éclate partout ; des foules immenses remplissent les places et les rues. Les Lillois remarquent avec plaisir que l'escorte d'honneur des prélats et de la sainte image est empruntée à leur antique bataillon des canonniers bourgeois. C'était justice, car la fête était bien une fête lilloise.

Les évêques présents, outre le cardinal Régnier, étaient NN. SS. l'archevêque de Tours, les évêques de Beauvais, Limoges, Arras, Angers, Amiens, Tournai, l'évêque démissionnaire d'Autun, Mgr de Marguerie, les évêques titulaires d'Hébron et de Lydda, le vicaire apostolique d'Annemour, Mgr Faraud. On remarquait encore les abbés mitrés de Notre-Dame du Mont, de Port-du-Salut, de Saint-Michel, et les prélats de la maison du Pape, NN. SS. Scott, Namèche, Bastide, Capel, Duplessis. Mgr Cataldi, maître des cérémonies de la chapelle pontificale, était venu de Rome pour assister au rit sacré du couronnement et pour en dresser acte comme protonotaire apostolique.

Tel était dans ses grandes lignes l'ensemble du cortège. Laissons encore une fois la parole au témoin qui donne son impression toute chaude :

Ce que nous ne saurions exprimer, c'est l'esprit, la physionomie de la procession, la richesse des costumes, des statues, des bannières et oriflammes, l'ordre parfait, la suite non interrompue qui n'a cessé de régner.... Parmi les grandes processions de notre siècle célébrées en Belgique et dans le nord de la France, ce pays des magnifiques cortèges religieux, nous en avons vu peut-être d'aussi riches, d'aussi splendides ; aucune, selon nous, n'a été dirigée avec autant d'ordre et d'ensemble. Un caractère plus marqué encore, c'était la modestie, le recueillement, la dévotion profonde et vraie des personnes qui faisaient partie des groupes ; on entendait la voix puissante d'un homme, la voix claire et sonore d'une jeune personne commencer l'*Ave Maria*, et des voix nombreuses répondaient à cette pieuse salutation ; parfois, c'était le chant d'un cantique, des litanies, d'une hymne liturgique, dont les refrains et les invocations étaient répétées par des centaines de voix ; et souvent la foule s'unissait à ces cantiques, à ces prières en l'honneur de la Mère de Grâce. Ce qui a encore distingué la procession de Lille, c'est la spontanéité, l'unanimité qui se sont produites pour la décoration des façades, des habitations privées ; c'est le sentiment de piété et de respect qui était empreint dans l'attitude, l'aspect, la physionomie et les paroles de tous les spectateurs ; c'est l'ordre général qui n'a cessé de régner au milieu de cette foule de cinq cent mille personnes, et qui s'est traduit par ce fait remarquable que, le jour de la procession, aucune arrestation n'a été opérée, aucun procès-verbal n'a été dressé, dans une ville où les dimanches ordinaires la police est souvent obligée de verbaliser contre quinze personnes [1].

La cérémonie du couronnement eut lieu sur la place de la République, double en étendue de ce qu'elle est restée depuis la construction du Palais des Beaux-Arts.

On avait dressé une estrade immense, sur laquelle prirent place le cardinal et les évêques : la statue miraculeuse en occupait le centre. Quand par la main du prince de l'Eglise, agissant comme délégué du Pape, les deux couronnes reposèrent sur la tête de l'Enfant divin et sur celle de la Mère, l'antique statue fut tournée vers la foule, une immense acclamation

---

1. *Semaine religieuse*, 1874, p. 196, 197.

retentit : *Vive Notre-Dame de la Treille! Vive Pie IX!* Les évêques, groupés auprès du Cardinal, entonnèrent tous ensemble le *Sit nomen Domini benedictum*, et donnèrent la bénédiction solennelle.

Un télégramme fut envoyé au Souverain Pontife, qui répondit aussitôt par l'intermédiaire du cardinal Antonelli : « Le Saint-Père remercie et bénit de tout son cœur Lille et le diocèse de Cambrai. »

Au milieu d'une émotion profonde, que traduisaient partout des cris d'enthousiasme, le cortège reprit sa marche; il fit une station sur la Grande-Place, à la demande des habitants de l'ancien Lille, qui voulaient avoir aussi leur bénédiction.

Vers neuf heures, un banquet réunit dans les salons de l'hôtel-de-ville les évêques, le général commandant la division, le préfet, le maire, la commission des fêtes et un certain nombre de notabilités, parmi lesquelles figuraient plusieurs députés du Nord. De nombreux toasts furent prononcés, entre autres par le cardinal; « A Pie IX! au succès complet de l'entreprise qu'il a si souvent encouragée et bénie, à l'achèvement de la basilique de Notre-Dame de la Treille [1] ! »

---

1. Les journaux de Lille ont tous publié d'amples récits de ces fêtes merveilleuses : un ou deux seulement ont cherché par des insinuations à en diminuer le caractère et la portée. C'était bien inutile devant l'évidence des faits. Le *Mémorial*, aujourd'hui disparu, qui n'appartenait pas à la presse religieuse, a donné la note juste, tout en voilant quelque peu l'expression. Il constate que les promesses du programme ont été dépassées. L'immense cortège, sorti de Notre-Dame de la Treille à deux heures et demie, « avait depuis longtemps atteint la place de la République, quand la fin arrivait, à quatre heures un quart seulement place du Théâtre. » Le défilé durait deux heures. Partout une foule immense, « avide de contempler, et, pourquoi ne le dirions-nous pas, avide aussi d'espérer. » Dans les décorations, ce qui frappe, c'est de voir tant de drapeaux français unis aux couleurs de Notre-Dame de la Treille et du Saint-Père. Les Francs de Clovis et de Charlemagne, les Français de S. Louis, de Louis XIV et de Napoléon, sont toujours les soldats du Christ et de son Eglise. » Sur la Grande-Place, « toutes les façades sont décorées avec goût, hors trois ou quatre que l'on est habitué à voir protester ainsi. » Aucun accident ni incident fâcheux Le soir, « un grand nombre de maisons sont illuminées d'une manière complète. » Le *Mémorial* fait remarquer qu'il n'y a aucune comparaison à établir entre cette illumination et celle

Durant le banquet du palais de Rihour, la joie régnait dans la demeure du pauvre comme dans celle du riche; des mains généreuses versèrent dix mille francs pour une distribution de pain et de viande.

La fête se prolongeait également dans la rue. Les façades des maisons s'illuminaient; des lampions, des lanternes vénitiennes, des transparents aux fenêtres proclamaient encore une fois d'une façon éclatante le pieux enthousiasme des Lillois, leur dévotion ardente pour la patronne de la cité.

Le lendemain lundi commence la série des pèlerinages, qui va se prolonger pendant une quinzaine. De la ville et des environs, du diocèse et de toute la province, les catholiques viennent vénérer la Vierge dont le front porte la couronne envoyée par le Chef de l'Eglise. Le premier jour, Mgr Lequette, évêque d'Arras, célèbre la messe à huit heures pour les membres des conférences de Saint-Vincent de Paul des deux diocèses et leur adresse la parole; ils sont de douze à quinze cents. Les pèlerins de Cambrai leur succèdent, et présentent comme *ex-voto* une magni-

---

du dimanche précédent, jour de la fête communale. « Et encore ici l'enthousiasme n'est-il pas primé. » Ce passage est une réponse indirecte à un confrère.

Le *Monde illustré* a consacré plusieurs gravures aux fêtes du Couronnement. Voici comment il les caractérise dans son n° du 27 juin 1874 : « Les fêtes en l'honneur de Notre-Dame de la Treille, à Lille, ont eu un éclat splendide. La foule était énorme, les décorations des maisons et des rues que devait traverser la procession étaient des plus variées. La procession, formée par toutes les congrégations religieuses de Lille, par des députations des villes voisines, par le cortège de quinze évêques, occupait une grande partie de la ville. Au moment où Son Éminence le cardinal Régnier a couronné la statue de Notre-Dame de la Treille, une immense acclamation de piété et de joie s'est élevée de la foule.

« Le coup d'œil était indescriptible... On nous signale le luxe inouï des ornements sacerdotaux... Les façades des maisons disparaissaient sous les tentures : les rues semblaient plafonnées d'oriflammes et de bannières, les balcons transformés en corbeilles de fleurs ; devant les magasins s'élevaient des estrades où se pressaient les fidèles et les curieux.

» Jamais, procession de Tolède ou de Marseille n'attira une pareille affluence et ne revêtit de pareilles splendeurs. »

fique bannière. L'évêque auxiliaire, Mgr de Lydda, offre pour eux le saint sacrifice : le soir, avant de partir, ils vont de nouveau dans la basilique recevoir la bénédiction du Saint-Sacrement. Une surprise leur était réservée. Mgr Mermillod, l'illustre proscrit de Genève, monta en chaire et fit entendre de mâles accents, qui remuèrent profondément les âmes.

La cérémonie incomparable d'hier est la suite du mouvement sublime qui entraîne le monde aux pieds de Marie. Où ne règne-t-elle pas ? Lourdes, La Salette, Fourvières, répondent à la question. Le couronnement de Notre-Dame de la Treille est une nouvelle victoire de la Mère de Dieu. Invoquez-la en ce jour pour vous-mêmes, mais songez aussi aux besoins de vos frères, et rappelez-vous la maxime du plus illustre de vos évêques : « J'aime mieux mon diocèse que ma famille, disait Fénelon ; j'aime mieux l'Eglise que mon diocèse. » Priez pour les membres souffrants de la grande communauté chrétienne, pour ceux qui sont privés de la liberté religieuse. Vous qui êtes nés dans un pays catholique, vous ne saurez jamais combien il est dur de vivre au sein des contrées déchirées par le schisme et l'hérésie.

Le défilé des pèlerins continue, toujours nombreux, toujours édifiant, toujours accueilli par la respectueuse sympathie des habitants. Ce sont les paroisses du pays de Lille, qui se rendent à la basilique en faisant entendre des chants pieux ; c'est Bergues, c'est Dunkerque, c'est Douai, c'est Béthune, Calais, Boulogne, Saint-Omer. Il faudrait nommer une foule d'autres villes, dont les populations se distinguent par leur tenue et leur piété.

Le samedi 4 juillet, il y eut une manifestation des plus touchantes. Un grand nombre d'ouvriers et d'ouvrières des fabriques de Lille, portant sur la poitrine la croix rouge des pèlerins, vinrent s'agenouiller devant Notre-Dame de la Treille et beaucoup d'entre eux firent la sainte communion. Le P. Boulanger, dominicain, leur adressa une émouvante allocution.

Le dimanche 5, on vit arriver de Roubaix 650 tertiaires franciscains et 200 membres du cercle ouvrier de la Sainte-Famille. Ils traversèrent les rues de Lille en chantant l'*Ave, Maris stella*, de même qu'au départ ils avaient entonné le *Magnificat*, et qu'ils avaient prié pendant tout le voyage.

Une solennité musicale vint ajouter ses splendeurs aux témoignages si touchants de la piété des humbles envers Notre-Dame de la Treille. Il s'agit de l'audition des chants du XIIIe siècle, retrouvés, interprétés par M. Félix Clément. Exécutés pour la première fois dans la Sainte-Chapelle, en 1849, ces chants ont été entendus avec admiration à Rome, à Londres, à Moscou. Le célèbre musicologue à qui l'on doit cette restauration, vint à Lille, avec ses soixante exécutants, pour offrir à l'occasion de nos fêtes ce spécimen d'un grand art longtemps oublié, longtemps méconnu. L'effet produit fut considérable. Les artistes et le public ne soupçonnaient pas ce qu'il y avait d'élevé, de sublime, d'original, dans ces productions inspirées par l'esprit de foi comme nos cathédrales, comme tant d'œuvres de l'art plastique au moyen âge.

CHAPITRE XXIX.

EXPOSITION D'OBJETS D'ART RELIGIEUX. — CONCOURS DE POÉSIE ET DE MUSIQUE.

Le mardi 23 juin, une séance eut lieu pour la lecture des rapports sur l'Exposition des objets d'art religieux, par M. Van Drival, chanoine d'Arras ; sur le concours de poésie et de musique, par M. G. Champeaux ; et enfin, sur la fondation de l'Université catholique, par M. l'abbé Dehaisnes, archiviste du département du Nord. C'était la suite des fêtes, l'hommage des arts et des lettres à Notre-Dame de la Treille.

A cette séance assistaient plusieurs évêques et prélats, des personnages officiels, entre autres M. le maire de Lille, et un public nombreux qui renfermait l'élite de la société lilloise.

L'exposition artistique battait alors son plein. Elle occupait tout le local de l'ancienne Préfecture, qui bientôt allait devenir le siège provisoire de l'Université catholique. Le rapporteur constate un succès qui dépasse toutes les espérances : la Belgique a manifesté ses sympathies par d'importants envois ; il en est venu de Beauvais, d'Angers et autres lieux. Mais, tout naturellement, c'est surtout dans la région que l'appel a été entendu, et qu'il a produit des résultats extraordinaires.

Le département du Nord nous a prodigué ses richesses, dit le rapporteur, et Lille en particulier a exhibé des trésors que l'on ne soupçonnait pas. Cambrai et Valenciennes ont rivalisé d'ardeur avec Douai et les autres villes ; et cette exposition fournira l'inventaire, utile à consulter, des richesses artistiques de ce grand département.

Le Pas-de-Calais a tenu dignement son rang dans ce concours fraternel et tout de bonne amitié. Saint-Omer nous a donné des objets hors ligne ; Arras nous a laissé prendre, dans sa bibliothèque et dans son musée, tout ce qui était à notre convenance ; Boulogne nous a envoyé ses plus beaux manuscrits ; de toute part, les objets d'art appartenant à des particuliers ou aux églises nous ont été prodigués. Quant au département de la Somme, on peut affirmer qu'il s'est noblement dépouillé pour nous enrichir, et, à chacun des pas que l'on fait dans les vingt-six salons de l'Exposition de Lille, on rencontre un objet venu de cette Picardie dès longtemps illustre par son amour pour les arts....

Les manuscrits, comme nombre et comme importance, forment une collection fort remarquée. Il en est de même des toiles peintes et des tapisseries, de même encore des tableaux anciens et d'un certain nombre de plus modernes. Les émaux se trouvent en quantité étonnante, ainsi que les ivoires, et certaines pièces sont tout-à-fait supérieures. L'orfévrerie a des objets hors ligne, et c'est justice de dire que la région du Nord a fourni, presque à elle seule, ces splendides objets. Je ne parlerai pas des autres collections, car je n'ai pas à faire ici un inventaire qui se trouve ailleurs.

Qu'il me soit permis seulement de dire que notre exposition a réussi près de trois fois au-delà de ce à quoi nous avions pensé ; que l'œuvre a été si bien comprise que les visiteurs remplissent à la lettre toutes les salles, de trois heures à six heures du soir, et qu'hier il a même fallu prolonger d'une heure l'ouverture. Les exposants doivent être heureux de l'enseignement qu'ils procurent ainsi à tous, du progrès que vont faire, par suite, dans les esprits, les doctrines saines de l'art religieux.

Cette mémorable exposition, ouverte le 14 juin, fut close le 13 juillet.

Comme l'exposition des objets d'art, le concours de poésie et de musique fut un succès. A ne considérer que le nombre des œuvres présentées, on peut même dire que ce succès fut extraordinaire. Malgré le peu de temps laissé à ceux qui voulaient entrer en lice, — moins de six semaines depuis la publication du programme, — 310 pièces de poésie et 42 partitions de musique furent envoyées : 352 littérateurs et artistes travaillèrent pour la gloire de Notre-Dame de la Treille.

Nous n'étonnerons personne en disant que parmi les pièces envoyées, aucune n'était de tout premier ordre : les chefs-d'œuvre sont rares, on ne les fait point surgir à volonté par un appel. Peut-être trouvera-t-on que le jury se montra sévère et méconnut cette loi des concours, en n'allouant pas une seule fois la plus haute des récompenses dont il pouvait disposer en faveur des poètes.

Les concurrents devaient présenter : une poésie lyrique, ou un poème ayant au moins 150 vers, ou enfin un sonnet. Ces compositions, consacrées à la glorification de la Sainte Vierge, devaient, autant que possible, s'inspirer de l'histoire de Notre-Dame de la Treille et de la cérémonie du Couronnement. Ce n'était pourtant point une condition absolue.

A chacun des trois genres était affecté un prix qui pouvait être, suivant le mérite de la pièce, une médaille de vermeil et 500 francs ; ou une médaille d'argent et 300 francs ; ou enfin une médaille de bronze et 200 francs.

Le jury pouvait, en outre, accorder des mentions honorables de 100 francs.

Ce programme se trouva quelque peu dérangé dans la pratique. Il dut se modifier en présence du nombre et de la qualité des œuvres produites. Pour la poésie lyrique, cent un concurrents obtinrent, en tout, trois récompenses, dont une médaille d'argent décernée par un vote unanime à M. Jean-Baptiste Deletombe, membre correspondant de la Société des sciences et des arts de Lille, en résidence à Orchies. Deux autres œuvres, d'un réel mérite, valurent des médailles de bronze à leurs auteurs : M. Emile Vanlaton, docteur en philosophie et lettres de l'Université de Louvain, professeur à l'Athénée royal de Mons ; M. Henri Jouin, directeur de la *Revue des associations catholiques ouvrières*, à Paris.

Chez tous, on rencontre la note grave et triste, l'image du deuil de la France et de l'Eglise, mais aussi la saine et forte pensée de la résignation, de la confiance en Dieu, de l'invincible espérance. Comment ne point espérer quand l'esprit de foi se réveille d'une façon aussi éclatante, quand on voit les foules enthousiastes préparer de tels triomphes à Marie ? Aujourd'hui comme toujours, c'est elle qui est notre espérance. Le poète lauréat [1] la salue en ces termes :

> Montez, montez, bruits de la terre,
> En douces hymnes, en tonnerre,
> Joignez-vous au grand hosanna ;
> Chantez, voix des anges, des hommes,
> Créatures tant que nous sommes,
> La voici : *Salve, Regina !*

> Salut ! Reine de gloire et de toute-puissance !
> C'est elle en sa splendeur et sa magnificence ;
> Elle vers qui volent nos cœurs,
> L'auxiliatrice des âmes,
> La bienheureuse entre les femmes,
> Et le refuge des pécheurs !
> Salut, Tour de David, sainte arche d'alliance,
> Source du pur amour, trésor de Sapience,
> Ineffable idéal de céleste beauté !
> Salut, pleine de grâce, entre toutes bénie,
> Mère au cœur débordant de tendresse infinie,
> Modèle ravissant d'insigne sainteté !
> Salut, ô vase chaste, ô Vierge immaculée,
> Devant qui l'ange au ciel tient sa face voilée,
> Pâlissent les soleils, s'inclinent les élus !
> Toi qui du noir serpent brisas la tête immonde
> Et portas dans ton sein le Dieu Sauveur du monde,
> Salut, ô mère de Jésus !

---

1. M. J.-B. Deletombe. Son ode a pour épigraphe : *Quod Deus imperio, tu prece, Virgo, potes*.

Le programme demandait, pour la seconde partie du concours, un poème de 150 vers au moins. Un prix de 200 francs, une mention honorable de 100 francs furent les récompenses décernées. Soixante-treize candidats étaient sur les rangs.

Le poème couronné a pour sujet la nécessité de relever l'art, en lui faisant chercher son idéal en Dieu. L'auteur nous conte la légende d'un vieil artiste du moyen âge qui veut, à la fin de sa carrière, incarner dans une statue de la Vierge l'idéale beauté entrevue dans ses rêves. Ses efforts demeuraient stériles, quand la Mère de Dieu lui apparut elle-même et lui fit voir le type divin que son imagination ne pouvait atteindre, que ses doigts étaient impuissants à modeler. Le poète fait ressortir ensuite les conclusions de son œuvre, et termine par cette invocation :

> O toi que nous nommons Notre-Dame à la Treille,
> Toi suprême splendeur et suprême beauté,
> Toi qu'invoquait l'artiste en sa stérilité,
> Puisses-tu nous garder une faveur pareille !
> Vierge, laisse venir ta lumière vers nous :
> Rends à l'art corrompu sa première auréole,
> Et les temps de ferveur où l'ange de Fiésole,
>   Peignait ton image à genoux.
>
> Tu viendras demeurer dans ta maison nouvelle,
> Tu seras le rempart sauveur de la cité,
> Et quand apparaîtra le fléau redouté,
> Tu tendras sur ta ville une main maternelle.
> O Vierge chancelière, appui des nations,
> Plus terrible vingt fois qu'une armée en bataille,
> Combats avec tes fils, avec tes fils travaille
>   Aux grandes résurrections.

L'auteur de ce poème était un Lillois dont le beau talent, trop tôt moissonné dans sa fleur, n'a pu donner tout ce qu'il promettait : M. Gabriel Mailhart de la Couture, ancien zouave pontifical et volontaire de l'Ouest.

La pièce qui obtient une mention honorable, a pour titre *La France repentante aux pieds de Notre-Dame de la Treille*, et pour épigraphe *Auxilium Christianorum*. L'auteur est M. Sylvain Alquié, professeur à Toulouse.

Ce n'est pas le seul méridional qui ait envoyé son hommage à la Vierge du Nord. Un des plus illustres félibres, Roumanille, voulut, comme il dit, apporter son petit cierge aux pieds de Notre-Dame de la Treille [1]. Il composa, dans sa langue harmonieuse, un sonnet dont la traduction ne laisse percer que bien imparfaitement le charme et la grâce.

Etoile du Septentrion, odorante fleur du Ciel, mère que Jésus-Dieu mourant nous légua, — vois-tu la France à tes pieds, ta fille qui — dolente en pleurant te crie : Secours !

Vite, tends-lui la main, ô Vierge compatissante ; elle gît atterrée et meurtrie, et son œil pleure du sang ! — Tends-la lui vite ; au doux contact de ta main bienfaisante, tout ce qui est malade revient en santé.

Quand ton fils subit le supplice des larrons — vous achevâtes ensemble l'amertume du calice. — Prie-le donc, il t'écoutera ;

Et pour redevenir Reine assise, et voir — reverdir les vertus qui rendaient forts nos aïeux, — la morte ressuscitera.

La commission eut le regret de ne pouvoir couronner cette œuvre, écrite en une langue qui la mettait hors des conditions du concours, mais elle voulut remercier tout particulièrement « le mélodieux chanteur d'avoir mêlé sa voix à ce concert qui s'est élevé, de tous les points de la France, vers notre bien-aimée patronne. »

Le sonnet, cette œuvre délicate de ciselure poétique,

---

1. *Un cantaire d'Avignoun a grand gau d'atouba respetousamen a questo candeleto a ped de Nosto-Damo dou Cledad.*
La bono Maire benesigue l'umblo candeleto o lou cantaire !
Un chanteur d'Avignon a grande joie d'apporter respectueusement un petit cierge aux pieds de Notre-Dame de la Treille.
Que la bonne Mère bénisse l'humble petit cierge et le chanteur !

était si bien représenté dans le concours, qu'au lieu d'un prix unique, il fallut en donner trois, et qu'on ne put se dispenser d'ajouter cinq mentions honorables pour des pièces d'un réel mérite.

Ces lauréats du second rang furent M. le vicomte O'Mahony, chef de cabinet du préfet de l'Aisne ; M. l'abbé Symphorien Brodut ; M. Edmond Lanssac, volontaire au 32e de ligne, à Arras ; M. Sauvat, de Bordeaux ; M. Lac de Bosredon, licencié en droit, à Verdelais (Gironde.)

Ceux qui tenaient la tête du concours, et qui obtinrent une médaille d'argent, appartenaient, eux aussi, à des contrées diverses : leurs noms font ressortir l'universalité de l'hommage rendu par la France chrétienne à Notre-Dame de la Treille.

Le premier lauréat est un religieux dominicain, d'origine lilloise, le R. P. Delefortrie, du couvent d'Abbeville. Le sonnet qu'il offre, *l'Obole du pauvre*, avec la devise *Tuus sum ego*, a pour mérite une grâce de forme, une fraîcheur de coloris et une élégance de style jointes à une certaine humilité d'allures qui en font un délicieux petit bouquet à Notre-Dame.

> Poètes, orateurs, chantez ! Le canon tonne !
> Saint-Pierre a tressailli sous ses jeunes arceaux !
> Pour former une cour à l'antique patronne,
> Tous les vieux souvenirs sortent de leurs tombeaux.
>
> Ta fille sur ton front vient poser la couronne,
> Sacre d'un long passé, gage d'honneurs nouveaux.
> Reine ! Un pontife saint la bénit et la donne ;
> Lille y met son amour, son or et ses joyaux !
>
> Enfant jadis nourri dans l'enclos de la Treille,
> Mère, j'avais rêvé d'emplir une corbeille
> De mes vers, fleurs des champs, humble hommage du cœur.
>
> Sirène que la Muse ! — Aujourd'hui je m'éveille,
> Les mains vides, hélas ! et n'ai, chétive abeille,
> Rien de plus à t'offrir que le miel d'une fleur.

Les deux autres sonnets couronnés ont pour auteurs : M. Jules Doinel, archiviste à Niort ; Mme Léger, à La Garde-Montlieu (Charente-Inférieure).

Ce dernier porte l'épigraphe *Monstra te esse matrem*. Le voici, comme une dernière fleur de la gerbe offerte à Marie par les poètes du concours :

> C'est beau d'un peuple entier les foules ébranlées,
> Marchant comme un seul homme à l'ombre de la croix !
> C'est beau, cités du Nord, courant dans vos vallées,
> Ce vieux cri de Chrétien et de Français : Je crois !
>
> C'est beau de vos clochers les joyeuses volées,
> Vos orgues, vos canons, toutes ces grandes voix
> A vos émotions comme une âme mêlées,
> Tonnant, chantant, pleurant et priant à la fois !
>
> O Lille, pourquoi donc ce réveil populaire ?
> Qui donc, vieille cité, vous soulève de terre ?
> Et de joie et d'amour pourquoi tressaillez-vous ?
>
> Pour qui cette couronne, et ce peuple à genoux ?
> A qui s'adresse-t-il l'encens de sa prière ?
> Et qui donc porte-t-il en triomphe ? — Sa Mère !

Avec la poésie, la musique est appelée à rehausser les fêtes du Couronnement. L'objet de ce concours spécial est la musique d'une cantate en l'honneur de Notre-Dame de la Treille.

Deux prix sont offerts : le premier, de 1.000 francs et une médaille d'or ; le second, de 500 francs et une médaille de vermeil.

Les auteurs s'engagent à fournir, outre les grandes partitions d'orchestre, une partition réduite pour orgue et pour piano.

La cantate, dont le texte est mis, avec une notice, à la disposition des concurrents, devra être précédée d'une introduction symphonique. Elle sera exclusivement pour voix d'hommes, avec accompagnement d'orchestre.

La musique doit revêtir un caractère profondément

religieux et correspondre aux sentiments qui dominent dans chaque strophe et dans chaque chœur.

La commission se réserve de n'accorder aucun des prix indiqués ci-dessus, s'il résulte de l'examen du jury que les œuvres présentées n'ont pas de valeur suffisante.

C'est le contraire qui eut lieu. Parmi les quarante-deux partitions présentées, un grand nombre furent jugées remarquables : le jury en distingua six qui appelaient nécessairement une récompense.

L'une d'elles « offre tous les caractères d'une œuvre musicale supérieure : intelligence des principaux épisodes du sujet, formes harmoniques riches et savamment combinées, orchestration habile et qui décèle une main exercée dans l'art d'écrire. » Le jury ne craint pas d'affirmer que cette composition « est vraiment d'un mérite hors ligne et tel que l'on n'en a point rencontré, depuis longtemps, dans les concours. »

Aussi, l'unanimité des suffrages décerne le premier prix de mille francs, avec médaille d'or, à l'auteur, M. Balthazar Florence, lauréat du Conservatoire de Bruxelles, professeur de musique à Namur.

Les cinq autres partitions que le jury signale, tout en maintenant la haute supériorité de l'œuvre couronnée, sont celles de MM. Auguste Desailly, organiste à Roubaix; Auguste Diétrich, organiste à Dijon ; Henri Labory, chef de musique au régiment des carabiniers du roi des Belges ; Paul Adrian, de Paris ; Jules Arnoud, maître de chapelle des Cercles catholiques d'ouvriers à Paris.

La commission trouva juste d'attribuer à chacun d'eux une mention honorable avec médaille d'argent. Cette récompense était en dehors du programme, mais l'importance générale du concours et la valeur des œuvres présentées motivaient amplement une **exception.**

CHAPITRE XXX.

L'ORGUE ET LA SONNERIE DE LA BASILIQUE. BÉNÉDICTION DES CLOCHES.

Lorsqu'il s'agit d'inaugurer la partie de l'église actuellement livrée au culte, la commission comprit qu'il fallait lui donner deux organes essentiels : l'orgue, qui accompagne les chants sacrés et augmente la pompe des cérémonies liturgiques ; la cloche, qui convoque les fidèles, invite à la prière et mêle au tumulte de la rue sa note religieuse.

Dès le mois de mars 1869, l'orgue était commandé à la maison Cavaillé-Coll. On voulait le posséder pour la fête de l'inauguration, fixée au 26 juin. Le délai se trouva trop court. Désireux de fournir un instrument digne du temple auquel il était destiné, M. Cavaillé-Coll offrit d'envoyer et d'installer à ses frais un orgue provisoire. L'offre fut acceptée. Quelques mois après, l'orgue construit spécialement pour Notre-Dame de la Treille était en place : il y eut le 14 octobre une bénédiction solennelle et une séance d'audition pendant laquelle des artistes renommés firent valoir les ressources et les qualités de l'instrument.

Plus tard, dans un lointain avenir, la basilique achevée réclamera son grand orgue monumental. L'orgue actuel deviendra l'orgue de chœur. C'est sa destination prévue.

Il restera aussi comme un témoignage permanent de reconnaissance envers Notre-Dame de la Treille, à l'occasion d'une grâce obtenue pendant les fêtes de l'inauguration. Alors que tous les cœurs s'ouvraient à la joie, un père et une mère étaient plongés dans la désolation la plus profonde : leur unique enfant luttait contre les étreintes d'un mal cruel; ils craignaient de la voir arrachée à leur tendresse. Dans cette situation pleine d'angoisses, ils recoururent à celle que l'on n'invoque jamais en vain, et pour signaler en quelque sorte la prise de possession de son nouveau temple, Notre-Dame de la Treille rendit la santé à cette malade que déjà l'on considérait comme perdue. Les heureux parents voulurent témoigner leur gratitude ; ils se firent les donateurs de l'orgue, mais donateurs anonymes, leur intention étant que leurs noms ne fussent point prononcés.

L'église récemment inaugurée possédait l'une de ses voix, l'orgue : il manquait encore la grande voix de l'extérieur, la cloche.

Un programme publié quelques mois avant les fêtes annonça la *Fonte d'une cloche, bourdon de Notre-Dame de la Treille, à l'occasion du sixième centenaire de la création de la procession de Notre-Dame de la Treille,* — Procession de Lille, — *et de la prise de possession et de la bénédiction solennelle de l'église de Notre-Dame de la Treille et Saint-Pierre.* Un appel était fait à la libéralité des fidèles; on les conviait à se dessaisir de tous les vieux métaux dont ils seraient possesseurs, pour les faire servir à la fonte d'une cloche puissante, qui saluerait de ses premiers sons la sainte Image quand elle entrerait dans son nouveau sanctuaire.

Par suite de circonstances sur lesquelles nous n'avons pas à revenir, les plans des organisateurs se trouvèrent dérangés. La statue miraculeuse ne vint pas : plusieurs années s'écoulèrent avant qu'elle sortît de son asile provisoire. Même alors, le bourdon ne put la saluer. Les dons en nature et en argent arrivaient sans doute, mais d'une manière insuffisante. La commission prudemment ne voulut engager la dépense que quand elle posséderait, en dehors du budget de l'œuvre, les ressources correspondantes.

L'élan imprimé par les fêtes du couronnement amena un courant de générosité qui cette fois dépassait toutes les espérances. Devant cette expansion du mouvement, les idées se précisèrent, le plan s'élargit : au lieu d'une cloche unique, on voulut en avoir trois, formant une majestueuse sonnerie pour les offices solennels, et trois autres moins fortes qui annonceraient les offices ordinaires. Le tout fut exécuté aux frais de bienfaiteurs qui voulurent être connus de Dieu seul : l'administration n'eut à sa charge que la construction d'une tour provisoire, où se trouve installée la sonnerie. Ici encore les dons particuliers vinrent alléger sensiblement la dépense. La tour, haute de trente-cinq mètres, et parfaitement appropriée à sa destination, s'élève près du transept, vers le midi, à la distance voulue pour ne point gêner les travaux ultérieurs. Quoique très simple, elle ne manque pas d'un certain cachet architectural.

Afin d'obtenir une sonnerie vraiment monumentale, on devra dans la suite ajouter les bourdons, géants qui dans l'harmonie du concert des cloches, donnent la note grave et puissante ; le carillon, qui chante dans les octaves supérieures, et fait entendre ses modulations variées. C'est la tâche de l'avenir. On peut être sûr qu'elle s'accomplira : Lille veut donner à sa basilique une sonnerie qui puisse rivaliser avec les plus célèbres. Il ne lui est pas permis d'être à jamais distancée par des villes moins importantes, comme Gand, Bruges, Anvers, Malines [1].

---

[1]. Un travail très étendu et très remarquable sur *les Cloches de la Basilique de Notre-Dame de la Treille et Saint-Pierre*, a paru dans le *Compte-rendu* de la période décennale 1864-1876, p. 313-440.

Les fêtes du couronnement approchaient. La période d'études et de préparation qui précède nécessairement la fonte de six cloches, harmonisées pour faire partie d'un vaste ensemble, n'était point arrivée à son terme : deux années s'écoulèrent encore avant que le travail artistique, si délicat et si compliqué, pût être mené à bonne fin.

Cependant, sur la foi d'espérances dont la réalisation apparaissait comme prochaine, on voulut demander au Souverain Pontife l'autorisation de donner son nom à l'une des cloches, la plus importante naturellement. Il fallait saisir l'occasion offerte par les solennités.

M. de Corcelles, ambassadeur de France à Rome, et député du Nord à l'Assemblée nationale, présenta quelques jours avant les fêtes la supplique suivante :

Rome, le 12 juin 1874.

Très Saint Père,

Le 21 de ce mois, anniversaire du jour où a commencé, avec le couronnement apostolique de Votre Sainteté, la durée providentielle de Son Règne, les Lillois vont célébrer le Couronnement de Notre-Dame de la Treille, dans le vénéré sanctuaire qui les protège.

La Confrérie (Commission) instituée pour diriger ses immenses travaux, pleinement approuvée par Son Eminence le Cardinal-Archevêque de Cambrai, sollicite l'inscription du nom de Votre Sainteté sur la principale cloche de la Basilique.

Nous Vous demandons encore, Très Saint Père, d'abondantes bénédictions sur une œuvre si chère et sur nous tous.

Quand la *Pia dulcisona* convoquera aux prières les générations présentes et futures de la ville de Lille, elle leur rappellera la voix paternelle de Pie IX, la voix de Votre Charité qui peut seule en assurer les victoires.

Que Votre Sainteté daigne agréer en cette occasion, qui m'est précieuse à plus d'un titre, l'hommage de la vénération et de l'inexprimable attachement que lui a voué à travers tant d'épreuves

Son bien humble et reconnaissant fils,

F. DE CORCELLES.

Le Saint-Père daigna répondre immédiatement par ce bref, que la ville de Lille et le diocèse entier accueillirent avec une immense gratitude [1] :

A notre fils bien-aimé de Corcelles, noble personnage, représentant de Lille à l'Assemblée Nationale de France.

Pie IX, pape.

Fils bien-aimé, noble personnage, salut et bénédiction apostolique.

Nous nous réjouissons, cher fils, à la pensée de la solennité et de la pompe que la cité de Lille se dispose à déployer pour le couronnement de son Image de la Mère de Dieu : Nous nous en réjouissons d'autant plus que les honneurs rendus à la bienheureuse Vierge ne peuvent manquer de tourner au profit de ceux qui les lui offrent. C'est de même avec une grande joie que Nous apprenons le projet de donner le nom de *Pia* à la cloche qui doit être bénite à cette occasion.

Ce nom, selon Nous, se trouve parfaitement en harmonie avec la destination de l'airain sacré : en effet, il aura pour missions principales de convoquer le peuple aux louanges du Tout-Puissant ; de rappeler les heures auxquelles matin et soir les fidèles ont coutume de saluer leur Mère ; d'annoncer ses fêtes, ainsi que celles des saints.

---

1. Voici le texte latin de ce document :

« Dilecto Filio Nobili Viro de Corcelles, Procuratori Insularum in Gallico Nationali Cœtu.

» Pius PP. IX.

» Dilecte Fili, Nobilis Vir, Salutem et Apostolicam Benedictionem. Sicuti, Dilecte Fili, celebritate ac pompa gaudemus, qua Insulana Deiparæ Imago brevi coronabitur, quia honores Virgini delati nequeunt in emolumentum non verti obsequentium ; sic libenter a te accipimus PIÆ nomen tribui placuisse nolæ ea occasione benedicendæ. Accomodatissimam enim censemus hanc appellationem æri, cujus præcipua munera futura sunt convocare populum ad Omnipotentis laudes, horas notare, sive matutinas, sive vespertinas in quibus fideles salutare consueverunt Matrem suam, et nunciare ipsius ac Sanctorum festa. Prono propterea excipimus animo propositum Insulanorum a te Nobis proditum ; iisque ominamur ex animo, ut quoties PIÆ vocem audient, toties novis incendantur pietatis igniculis. Interim vero superni favoris auspicem et paternæ Nostræ benevolentiæ pignus tibi, Dilecte Fili, Nobilis Vir, et populo quem refers in Nationali Cœtu, Benedictionem Apostolicam peramanter impertimus.

» Datum Romæ apud S. Petrum, die 15 Junii 1874, Pontificatus Nostri anno vicesimo octavo.   Pius PP. IX. »

C'est pourquoi Nous accueillons favorablement le projet que vous Nous avez communiqué au nom des Lillois ; et Nous souhaitons de tout cœur que la voix de *Pia*, en résonnant à leurs oreilles, ravive en eux chaque fois les flammes de la piété.

En attendant, comme gage de la faveur divine et comme preuve de Notre bienveillance paternelle, Nous vous accordons de toute l'effusion de Notre cœur la bénédiction apostolique à vous, fils bien-aimé, noble personnage, et aux populations que vous représentez à l'Assemblée Nationale.

Donné à Rome, près Saint-Pierre, le 15 juin 1874, de Notre Pontificat l'année vingt-huitième.

PIE IX, PAPE.

Les donateurs de la cloche *Marie-Pie de Notre-Dame de la Treille couronnée*, avaient posé comme condition *qu'elle indiquerait l'heure, sonnerait l'*Angelus*, et annoncerait les fêtes de la Sainte Vierge*, en perpétuelle mémoire du couronnement. Ces usages concordent avec ceux qu'énonce le bref.

Pour que la cloche pût sonner les heures, il fallait une horloge : celle-ci à son tour supposait le tambour du carillon, dont plus tard les accords mélodiques annonceront, prépareront et remplaceront même pour les moindres divisions de l'heure les coups frappés sur un airain plus puissant. Les donateurs de la cloche mirent à la disposition de l'œuvre la somme nécessaire pour réaliser ce programme. En outre, ils firent don d'une autre cloche, *Marie du Repos Notre-Dame*, qui sonnera les offices ordinaires de chaque jour. La note donnée par elle est le LA du diapason, dont *Marie-Pie* marque l'octave inférieure. « Elle est la base et le pivot, pour ainsi dire, de toute l'harmonie de la sonnerie et du carillon, comme la translation de la Statue miraculeuse a été la base et le principe de tous les honneurs qui seront à jamais rendus à Notre-Dame de la Treille dans sa basilique, spécialement celui du couronnement. Elle est la note primordiale et initiale de la sonnerie et du carillon, dont les chants, portés d'âge en âge, rediront joyeusement à ses enfants les bienfaits et l'amour maternel de Notre-Dame de la Treille [1]. »

L'horloge, installée dans la tour en même temps que les cloches, est l'œuvre d'un Lillois, M. Corbu. Elle est remarquable par la simplicité et la perfection du mécanisme qui commande tous les mouvements, y compris ceux du carillon projeté. On y signale une application nouvelle du remontoir d'égalité, qui règle cette horloge toutes les vingt secondes, et qui fonctionne avec elle pendant quatre jours, période qui sera double au moins dans les tours plus élevées de la basilique. On n'était point parvenu jusqu'alors à appliquer le remontoir d'égalité à des mouvements marchant plus de vingt-quatre heures.

Les cadrans, sur lesquels des aiguilles gothiques marquent l'heure aux quatre faces de la tour, sont décorés dans le style de l'édifice. Chacun d'eux mesure deux mètres quatre-vingt de diamètre [2].

La fonte des six cloches de la sonnerie fut confiée à M. Paul Drouot, de Douai, qui obtint la préférence sur de nombreux rivaux, après examen de leurs titres respectifs. C'était une de ces occasions bien rares dans la vie d'un artiste, qui lui permettent de donner la mesure de sa valeur. M. Drouot déploya toutes les ressources d'une science et d'une habileté consommées. Le succès couronna ses efforts, un succès qui dépassait toutes les espérances.

Un archéologue éminent, M. le baron Béthune d'Ydewalle, voulut bien se charger de l'ornementation artistique des six cloches. Il dessina lui-même les inscriptions, les armoiries, les figurines qui les décorent. Ses admirables cartons, avant d'être livrés au graveur,

---

1. *Compte-rendu de la période décennale* 1864-1875, p. 82.

2. Cette œuvre remarquable d'horlogerie monumentale est décrite dans le *Compte-rendu* décennal déjà cité, p. 378-388.

devaient être passés au trait, travail délicat qu'un dessinateur de Douai, M. Mortreux, exécuta d'une façon très habile, sans altérer la composition du maître.

Restait la gravure en creux sur buis, qui permet d'obtenir les reliefs en cire. Les artistes parisiens auxquels on s'adressa pour ce travail ne voulurent point s'en charger : un seul consentit à faire un essai pour l'une des figures, mais son œuvre, sans relief et sans vigueur, ne put être acceptée. A la suite de ces démarches infructueuses, M. Drouot désigna un paysan d'Alsace, Joseph Burgunder [1], qu'il avait employé déjà pour de nombreux travaux. Cet homme de la campagne réussit à tel point qu'on lui commanda toutes les figurines pour les nombreuses cloches du carillon et les bourdons. La commission craignait de ne pas retrouver dans la suite un artiste de cette valeur. Ses superbes buis sont conservés dans le musée de Notre-Dame de la Treille [2].

L'ornementation des cloches, telle qu'on la comprit, constitue toute une histoire, tout un poème. Dans le haut figure une inscription composée de cinq lignes de texte; plus bas huit figurines surmontées d'armoiries. Le Christ, Notre-Dame de la Treille, Saint-Pierre, se retrouvent sur toutes les cloches; de même, les armoiries du pape régnant Pie IX, à qui l'œuvre lilloise est redevable de tant de faveurs, celles de l'ancienne collégiale, s'appliquant aussi à la basilique moderne, et celles de Baudouin V, le fondateur au XIe siècle. Les autres sujets sont en rapport avec le nom, l'origine, la destination de chacune des cloches.

Nous devons nous borner ici à une simple énumera-

---

1. Ce graveur habitait le village de Storckensohn, paroisse de Mollau.
2. Le travail pourtant n'a point été achevé, et la collection est loin d'être complète pour les cloches qui restent à fondre.

tion, et à quelques données d'ordre général, en renvoyant ailleurs les détails sur la décoration [1].

Les six cloches combinées pour obtenir une double sonnerie, la tierce et l'accord, portent les noms qui suivent :

1. *Marie-Pie de Notre-Dame de la Treille couronnée*, commémorative du suprême hommage rendu par Pie IX à la Statue miraculeuse.

2. *Marie de Saint-Pierre*, commémorative de l'ancienne collégiale et du second titulaire de la basilique actuelle.

3. *Marie de Saint-Joseph*, commémorative du Patron de l'Eglise universelle. C'est le jour de sa fête, 19 mars 1849, que Pie IX remit aux mains du cardinal Giraud le bref invitant à rétablir la collégiale.

4. *Marie des Pèlerins*, commémorative des saints et saintes qui sont venus vénérer la Madone lilloise, et en particulier des quatre que l'on indique communément.

5. *Marie de Saint-Dominique*, commémorative de l'ancien couvent des Frères Prêcheurs, qui englobait la Motte du château, où s'élève maintenant la basilique.

6. *Marie du Repos Notre-Dame*, commémorative de la prise de possession de la basilique par la sainte Image, que la Révolution chassa de son antique sanctuaire, et qui résida provisoirement ensuite à Sainte-Catherine.

Les poids de ces cloches, d'après la pesée officielle, et non d'après une évaluation plus ou moins sujette à

---

[1]. Voir l'appendice B, à la fin du volume, *Ornements des cloches, figurines, armoiries, inscriptions*. Les inscriptions donnent des indications très discrètes et à peine visibles sur les donateurs. Pour trois cloches, c'est un groupe indéterminé de lillois : INSULENSES. Marie des Pèlerins est offerte en l'honneur de saint Bernard par un monastère bien connu : MONAST. S. BERNARDI. Marie-Pie et Marie du Repos Notre-Dame sont dues à la générosité des anonymes que couvrent les initiales D. F. F. P. Nous avons vu que les mêmes ont fait la dépense de l'horloge.

caution [1], est pour les trois premières de 3.594, 2.548, et 1.780 kilogrammes ; pour les trois autres, 942, 519, 421 kilogrammes [2]. La hauteur, égale au diamètre, va de 1^m80 à 0^m90 centimètres.

Les notes données sont pour la plus forte cloche, le LA de l'octave inférieure au diapason, et pour les deux suivantes, le SI, le DO dièze ; pour les trois dernières, MI, SOL dièze et LA du diapason.

« Cette note, dit une étude émanant d'un vrai connaisseur [3], cette note, il est facile de la préciser, mais la qualité incomparable des sons des cloches de la Basilique, comment l'exprimer ? Comment exprimer cette sonorité, cette ampleur, et surtout cette harmonie merveilleuse des trois cloches donnant la tierce LA, SI et DO dièze de l'octave inférieure au LA du diapason ? Elle forme, au dire des personnes les plus compétentes, l'une des plus belles sonneries de la France entière, en attendant que le carillon et les bourdons assignent à la sonnerie magistrale de la basilique de Notre-Dame de la Treille et Saint-Pierre, dans le concert général des sonneries de premier ordre, la place d'honneur que réclament la louange de la Patronne de Lille, et la reconnaissance de la glorieuse Cité de la Vierge [4]. »

---

1. Rien n'est plus difficile que d'avoir des données exactes sur le poids des cloches actuellement existantes. L'exagération et la fantaisie dominent trop souvent dans les évaluations que l'on rencontre. Voir le Mémoire déjà cité sur *les Cloches de la Basilique*, p. 357-359.

2. Non compris le battant, qui est en fer forgé. On ne compte que le métal de cloche, composé de 78 parties du cuivre rouge, et de 22 parties d'étain fin d'Angleterre.

3 *Les Cloches de la Basilique de Notre-Dame de la Treille et Saint-Pierre*, p. 360.

4 Plus loin, p. 361, *note*, après quelques explications techniques, l'auteur de cette remarquable étude ajoute encore : « C'est surtout cette qualité identique dans les sons que le fondeur s'est efforcé d'obtenir pour la sonnerie de la Basilique. Il l'a réalisée d'une manière merveilleuse : la tierce formée du LA de l'octave inférieure au LA du diapason, du SI et du DO dièze, est l'objet de l'admiration générale. Elle fait désirer par tous le complément du carillon. » Ajoutons aussi les bourdons qui, d'après le Mémoire sur *les Cloches de la Basilique*, p. 440, seraient au nombre de trois.

Les cloches sont rangées dans la catégorie des vases liturgiques, sanctifiés par l'onction sainte et le ministère des pontifes. Le rit sacré fut accompli le 21 juin 1876, anniversaire du couronnement de Pie IX : l'évêque de Saint-Denis de la Réunion, transféré quelques mois plus tard au siège d'Aire-sur-l'Adour, officiait avec toutes les pompes du rit pontifical. Cette bénédiction, appelée vulgairement baptême des cloches, eut lieu en présence d'une foule nombreuse et d'une assistance d'élite. Mgr Delannoy portait une chape donnée pour la circonstance par Mme la maréchale de Mac-Mahon. L'épouse du président de la République, représentée par la générale Colson, était marraine de la cloche principale, avec le baron Le Guay, naguère préfet du Nord, comme parrain. Le maire de la ville, M. Catel-Béghin, figurait avec le même titre d'honneur, ainsi que d'autres personnes de distinction et bienfaiteurs désignés dans les inscriptions des six cloches [1]. Nommons spécialement M. Kolb-Bernard, président de la Commission de l'œuvre, représenté par M. Henri Bernard, vice-président ; Mme Verley-Liénard, présidente des Dames zélatrices ; M. l'abbé Bernard, archidiacre de Lille, restaurateur du culte de Notre-Dame de la Treille. L'évêque officiant termina par un éloquent discours dont voici la conclusion :

> Chère ville de Lille, que je vois ici représentée tout entière et qui vous associez si unanimement à cette fête, tout entière aussi vous aurez sujet de vous réjouir en entendant ces voix qui s'élèvent d'auprès du trône de Celle que vous vénérez dans vos murs depuis tant de siècles ! L'histoire nous apprend que, lorsque les barbares assiégeaient la ville de Sens, le son des cloches, jusqu'alors inconnu pour eux, les effraya ; croyant entendre une voix d'En Haut qui les menaçait, ils prirent la fuite de toutes parts. Se peut-il que les prières des cloches de Notre-Dame ne contribuent pas plus efficacement encore à écarter les maux qui

---

1. Voir à l'appendice B.

viendraient assiéger la cité de la Vierge, et n'attirent au contraire dans son sein de nouvelles prospérités, de nouvelles bénédictions temporelles et spirituelles, et surtout une nouvelle exubérance de cette sève catholique qui, j'ai été plus d'une fois heureux et fier de pouvoir le constater, la glorifie jusqu'aux extrémités du monde?

Ah ! puisse cette vitalité profonde se révéler surtout par un concours de plus en plus large et unanime pour l'achèvement de ce splendide monument. Alors, mes frères, tandis que ses murs s'élèveront au son de vos cloches, Marie elle-même se fera l'écho de leur prière ; elle dira à son divin Fils : Prenez soin de la demeure de ceux qui vous en préparent une si magnifique sur la terre ; assurez-leur surtout celle qu'ils espèrent dans vos tabernacles éternels, et ainsi, selon la vieille devise de ses pères, l'habitant de Lille pourra dire d'un cœur joyeux et tranquille, en tournant ses regards vers cette arche de salut : Elle est notre espérance. *Dicet habitator Insulæ hujus : hæc est spes nostra.*

CHAPITRE XXXI.

QUESTION DE L'ÉVÊCHÉ. — L'UNIVERSITÉ CATHOLIQUE
ET NOTRE-DAME DE LA TREILLE.

D'APRÈS les fermes espérances des Lillois, l'église qui s'élève en l'honneur de Notre-Dame de la Treille doit un jour devenir cathédrale. C'est ainsi qu'elle remplacera éminemment la collégiale, dont l'influence, la direction, l'action disciplinaire suppléaient la présence de l'évêque. C'est ainsi également que le culte pourra revêtir une pompe et une majesté qui rappelleront la splendeur des anciens jours.

Un évêque à Lille, c'est d'ailleurs une nécessité dont il faudra tenir compte dans une situation normale, quand les luttes religieuses auront fait place à l'apaisement, quand la justice et la liberté recouvreront leurs droits.

En 1802, le diocèse de Cambrai, rétabli à la suite du Concordat, avec le département du Nord comme circonscription, comptait 794.872 habitants[1]. Il y en a aujourd'hui 1.811.868, qui tous, sauf une fraction peu importante, font profession du catholicisme. Ces chiffres dépassent de beaucoup la moyenne, même en France, où les diocèses sont d'une étendue considérable.

---

[1]. Le Nord était alors le département le plus populeux de toute la France. La Seine venait ensuite avec 170.000 habitants de moins.

Aussi le projet de créer à Lille un nouveau diocèse, en adjoignant Hazebrouck et Dunkerque, s'est fait jour depuis longtemps. Il y aurait pour les trois arrondissements réunis une population de plus d'un million [1], et cette population s'accroît de jour en jour. Le seul arrondissement de Lille, dans un rayon de quelques lieues, présente une agglomération énorme, double de la moyenne des départements français. Il n'a pas moins de 785.066 habitants, avec des villes dont plusieurs de premier ordre, et d'autres surpassant maints chefs-lieux de département. L'archidiocèse, avec les quatre arrondissements de Cambrai, Douai, Valenciennes, Avesnes, conserverait un chiffre de près de huit cent mille habitants [2].

Évidemment la division s'impose, mais la situation politique ne s'y prête pas. C'est pour longtemps encore, on peut le craindre, le maintien du *statu quo*.

En 1875, les catholiques lillois proposèrent une combinaison qui, sans conséquences budgétaires immédiates, sans sacrifices d'aucune sorte de la part de personne, eût donné une première satisfaction aux légitimes désirs de la grande cité du Nord, et préparé les voies aux solutions ultérieures. On demandait que S. E. le cardinal archevêque de Cambrai pût joindre à son titre celui d'évêque de Lille. Le Souverain Pontife, pressenti par l'ambassadeur de France, M. de Corcelles, acceptait avec joie cet arrangement : le nonce de Paris reçut des instructions en conséquence. M. Wallon, alors ministre des cultes, se montrait favorable. On rédigea une supplique, ou plutôt un petit mémoire, que devaient présenter au président de la République, maréchal de Mac-Mahon, les sénateurs et députés spécialement intéressés dans la question. Voici le passage principal de ce mémoire.

---

1. Exactement 1.041.843 h.
2. Exactement 770.027.

Il faut un Évêque à Lille : c'est le besoin impérieux des populations ; c'est l'intérêt de l'Etat, qui a à tenir un si grand compte des secours que lui apporte l'influence religieuse ; c'est la mesure que les exigences et les progrès du temps ont rendue plus que jamais urgente et à laquelle le gouvernement ne saurait refuser son concours.

Et toutefois, nous ne le méconnaissons pas, la création immédiate d'un diocèse à Lille pourrait rencontrer quelques difficultés. Il y a les difficultés financières qui, dans les conditions présentes, auraient leur importance relative, mais qu'après tout on ne doit pas exagérer. Il y a les difficultés légales, qui pourront faire hésiter à introduire, dès à présent, la question dans le sein du parlement nouveau. Il y a, en outre, de hautes considérations de convenance qui ne permettent pas de songer à déposséder d'une partie de sa juridiction actuelle l'éminent prélat dont le siège de Cambrai se glorifie.

Et d'une autre part, il y a une phase de préparation nécessaire pour que la ville de Lille achève de se mettre en mesure de pourvoir à l'essentiel de ce que réclame la constitution d'un évêché, cathédrale, grand séminaire, palais épiscopal. Mais qu'on n'en doute pas, une fois le principe posé et l'existence du diocèse assurée dans l'avenir, la générosité catholique, qui s'est manifestée tant de fois de la part des religieuses populations du Nord, de celle de Lille en particulier, ne fera pas défaut aux efforts et aux sacrifices que la création si vivement désirée aurait à rendre nécessaires. Déjà la cathédrale s'élève grandiose, magnifique ; et elle n'a pas eu à attendre son achèvement pour s'illustrer par des fêtes religieuses, qui resteront signalées dans les fastes de l'histoire locale. Déjà la résidence mise à la disposition de l'éminent Archevêque de Cambrai a préparé les voies à l'établissement définitif du palais épiscopal ; déjà de nombreux projets existent de ce côté ainsi que pour l'emplacement du grand séminaire. Que la perspective du siège épiscopal de Lille apparaisse avec des garanties de certitude au pays, ne fût-ce même que dans un temps plus ou moins éloigné, et tout marchera bientôt vers la pleine réalisation des conditions à remplir pour atteindre le but au moment donné.

C'est ce pas en avant que nous venons demander au gouvernement, parce qu'il lui est possible de le faire sans rencontrer d'obstacles d'aucune sorte.

Il suffirait, en effet, qu'il donnât son adhésion à ce que S. E. le cardinal Régnier ajoutât à son titre d'archevêque de Cambrai celui d'évêque de Lille. Le gouvernement peut savoir que bien loin d'avoir à attendre des difficultés du côté de la cour de Rome, il donnerait, au contraire, satisfaction au vœu le plus explicitement exprimé par le Souverain Pontife. Ce témoignage donné au chef de la catholicité, n'aurait-il pas à être pour la France une consolation de son impuissance à multiplier envers lui les actes de son pieux dévouement? Cette mesure, qui n'aurait à entraîner aucune dépense, qui n'aurait besoin d'aucune consécration légale, laisserait d'ailleurs tout entière la question relative au moment et aux circonstances où il serait possible et opportun de procéder à la constitution définitive du diocèse de Lille.

Le titre additionnel qui serait donné à l'éminent Archevêque de Cambrai, serait, pour le vénéré prélat, comme le couronnement de cette longue et méritoire carrière de dévouement et de zèle apostolique, où les intérêts religieux commis à sa garde ont trouvé, sous une direction sage, prudente et active, un si heureux et si large développement. Ce serait comme la mission complémentaire dont il aurait donné l'indication et dont il aurait préparé les fruits et l'honneur pour son successeur. Et ne pouvant la remplir lui-même tout entière, l'illustre cardinal recueillerait au moins la satisfaction d'en avoir ouvert la voie.

Tel est, Monsieur le Président de la République, l'objet de cette longue requête, qui, bien qu'aboutissant à une très modeste demande, avait besoin cependant d'en montrer l'importance et le but élevé.

Les soussignés ont la confiance que votre gouvernement, toujours sympathique aux vœux que les populations élèvent vers lui en faveur des intérêts religieux, voudra bien accueillir ceux dont nous avions le devoir et dont nous avons l'honneur de nous rendre les organes.

Au cours des négociations entamées relativement à cette affaire si importante pour Lille, et aussi pour l'œuvre de Notre-Dame de la Treille, le ministère Buffet, dont M. Wallon faisait partie, quitta le pouvoir. Du même coup, la question fut abandonnée.

Pendant que cette modeste tentative avortait par la faute des circonstances, une grande œuvre naissait sous la protection de Notre-Dame de la Treille.

Depuis longtemps, les catholiques du Nord de la France songeaient à créer un enseignement supérieur, afin de compléter leurs œuvres scolaires et de rendre à la religion dans l'ensemble du mouvement scientifique le rôle qui lui appartient. Pour atteindre ce but, il fallait la liberté, cette liberté de l'enseignement que depuis plus d'un siècle toutes les constitutions proclament comme un droit imprescriptible, et que la législation mesure avec parcimonie quand elle ne la supprime pas tout à fait. En 1873 et 1874, un mouvement favorable se dessinait dans l'opinion : il aboutit à la loi du 18 juillet 1875, qui, si elle ne répond pas à tous les désirs légitimes, si elle n'est que l'expression incomplète du droit, permet cependant aux libres initiatives de se produire. C'est de là que datent nos universités catholiques.

A Lille, on avait pris les devants. Depuis le mois de décembre 1873, un comité était fondé : il fonctionnait activement, provoquait un vaste mouvement de prières, préparait les moyens d'exécution, se procurait un local provisoire. Aussi tout se trouva prêt pour commencer les cours à la rentrée de 1875.

La nouvelle université a toujours fait profession de se rattacher aux institutions anciennes. Elle veut remplacer l'école de Saint-Pierre, dont le rôle fut si glorieux et si utile[1] ; elle veut reprendre les grandes traditions du chapitre qui, pendant le cours de sept à huit siècles, fut à Lille un foyer de lumières, provoquant, encourageant, soutenant tous les progrès, entretenant une vie littéraire et artistique au sein de la cité, malgré les soucis absorbants du négoce. Comme le chapitre, l'université catholique se plaça sous le patronage de Notre-Dame de la Treille.

Ces liens traditionnels trouvent leur expression dans ses armoiries. Des quatre quartiers dont celles-ci se composent, le premier offre *un champ de gueules, avec deux*

---

1. V. l'*Histoire de l'église collégiale et du chapitre de Saint-Pierre de Lille*, tome I, p. 55-70 ; tome II, p. 360-395, et tome III, p. 275-289.

clefs en sautoir : ce sont les armes de l'ancienne collégiale et de la nouvelle basilique ; elles affirment l'union avec la chaire de Pierre, et le Vicaire de Jésus-Christ. Le second quartier, c'est *un champ d'hermine au livre d'argent ouvert,* la science des docteurs et l'ornement qui les distingue. Le troisième, *d'or au lion de sable, armé et lampassé de gueules,* c'est la Flandre ; le quatrième, *d'azur semé de fleurs de lis d'or au lambel de gueules à trois pendants chargés chacun de trois châteaux d'or,* c'est la province-sœur, c'est l'Artois associé avec la Flandre pour la création de l'œuvre commune. L'écusson est accosté de deux palmes. L'image de Notre-Dame de la Treille surmonte le tout, proclamant son haut patronage. Au fronton du majestueux édifice élevé pour la grande école, la Madone lilloise est représentée encore avec cette inscription : *Sedes Sapientiæ.*

Vers la fin d'octobre, on renouvela comme de coutume la consécration de la ville, faite par le magistrat en 1634. Cette fois, l'acte fut prononcé par le Recteur désigné de l'Université catholique. En termes émus, il redit ce que Notre-Dame de la Treille est pour Lille, ce que Lille à son tour est pour Elle, ce que sera l'institution naissante dont on lui consacre en ce moment le berceau :

Une famille nouvelle, ô Marie, va s'ajouter à la foule de vos clients. C'est pour l'Université naissante un bonheur insigne que de s'épanouir à l'ombre de vos ailes. D'avance elle fait profession d'être à vous. Bénissez ceux qui ont préparé une œuvre aussi importante pour la gloire de votre divin fils ; bénissez tous ceux qui lui ont apporté ou qui lui apporteront leur concours ; bénissez ceux qui viendront y dispenser ou y chercher la science. L'Église elle-même vous invoque sous ce titre : *Sedes Sapientiæ,* Siège de la Sagesse, et ce n'est pas sans motif que tant d'écoles savantes vous ont choisie pour protectrice. Mère du Verbe incarné, par votre intercession ouvrez-nous largement la source des divines lumières. Ainsi nous verrons s'accroître toujours en nous la connaissance et l'amour de Celui qui est notre fin. Savants ou ignorants, ce doit être notre but, dans les voies diverses où il a plu à la Providence de nous engager... Puissions-nous accomplir ainsi notre pèlerinage, sous la bannière de Notre-Dame de la Treille, et trouver place un jour au sein de la patrie dans la foule de ses plus humbles clients.

Quelques semaines après cette consécration, l'Université catholique était solennellement inaugurée dans la basilique de Notre-Dame de la Treille. Le jour choisi fut le 18 novembre, fête de la dédicace des basiliques de Saint-Pierre et de Saint-Paul. Mgr l'évêque de Lydda, auxiliaire de Cambrai, officia pontificalement et prononça un discours après l'évangile. Mgr Lequette, évêque d'Arras, était présent. Il prit la parole à la séance du soir. S. E. le cardinal archevêque, empêché par son grand âge et par les rigueurs de la saison, voulut du moins exprimer ses vives sympathies et transmettre ses paternelles bénédictions par une lettre dont il fut donné lecture.

L'Université catholique n'existait encore qu'à l'état rudimentaire. Son organisation se compléta rapidement, et, dès la fin de 1876, la première en France elle obtint l'honneur et la faveur insigne d'être sanctionnée par une bulle apostolique.

Ce fut l'occasion d'une nouvelle et grande solennité, qui eut lieu le 18 janvier 1877. Cette fois, l'assistance était si nombreuse, qu'il fallut se transporter à Saint-Maurice, dont la vaste enceinte se trouva encore insuffisante.

L'Université catholique n'abandonnait point pour cela Notre-Dame de la Treille. De nouveau cette année, après l'institution papale, elle voulut se vouer à la Patronne de Lille. Comme en 1875, le recteur fit en octobre la consécration solennelle au nom de la cité. Après avoir offert l'hommage de tous, après avoir parlé des orages que Marie comme toujours saura conjurer, il signala le magnifique épanouissement des œuvres autour du sanctuaire rajeuni de Notre-Dame, et passant à celle dont il était le représentant, s'exprima en ces termes :

> La plus grandiose de ces œuvres que l'esprit de foi a fait éclore en si grand nombre, est née, pour ainsi dire, dans votre basilique, et s'est placée dès le début sous votre patronage spécial. O Vierge immaculée, ô Mère de Sapience, bénissez-la cette Université catholique, espoir de la France et de l'Église ! Bénissez ses admirables fondateurs ! Bénissez ceux qui encouragent et soutiennent ses débuts ! Bénissez ceux qui la gouvernent ! Bénissez les jeunes chrétiens qui viennent y chercher à la fois la science et la piété ! Bénissez tous ceux qui vous aiment et vous invoquent : bénissez tous les habitants de cette religieuse cité ; bénissez surtout ceux qui sont groupés en ce moment au pied de votre autel, et qui font plus spécialement profession de vous appartenir à jamais.

L'Université catholique considère toujours comme sien le sanctuaire de Notre-Dame de la Treille. C'est son berceau, c'est la maison de sa Mère. Chaque année, elle y va célébrer la fête de saint Joseph, dont elle invoque le patronage à côté de la Reine des Vierges. Tout le corps académique assiste en robes à la messe célébrée pontificalement. Le soir, il y a salut et sermon.

C'est là encore qu'elle se réunit en de solennelles et douloureuses circonstances. Le 18 février 1878, dans la basilique ornée de tentures funèbres et de belles inscriptions qui redisaient tout ce que le haut enseignement, tout ce que l'Université catholique de Lille doivent à Pie IX, elle faisait prononcer l'éloge du grand Pape et offrir pour lui l'auguste Victime [1]. Quelques années plus tard, coup sur coup, elle rendait le même filial hommage

---

1. *Semaine religieuse*, 18˙8, p. 127-135. M. le professeur Baunard prononça une allocution sur *les Grandeurs du pontificat de Pie IX*. Les inscriptions étaient l'œuvre de M. Didiot, doyen de la Faculté de Théologie.

à ses pères et fondateurs, S. E. le Cardinal Régnier, en 1881 [1], Mgr Lequette, évêque d'Arras, en 1882 [2].

---

[1] *Semaine religieuse*, 1881, p. 165-176. *Oraison funèbre* DE L'ÉMINENTISSIME CARDINAL RÉGNIER, *prononcée dans la basilique de Notre-Dame de la Treille, par M. Jules Didiot, doyen de la Faculté de Théologie.*

[2]. *Semaine religieuse*, 1882, p. 433-440, 464-471, *Oraison funèbre de* S. G. MGR LEQUETTE, *évêque d'Arras, prononcée le 6 juillet 1882, en la basilique de Notre-Dame de la Treille, par M. Jules Didiot, doyen de la Faculté de Théologie.*

CHAPITRE XXXII.

L'ARCHICONFRÉRIE. — FÊTES ET OFFICES CONCÉDÉS A LA BASILIQUE.

Après la translation de la sainte Image, la confrérie de Notre-Dame de la Treille, rétablie depuis 1844 dans l'église de Sainte-Catherine, cessa en fait d'exister. Il était urgent de mettre fin à cette interruption. Au lieu d'un simple décret de l'Ordinaire, qui eût suffi pour transférer la confrérie dans la nouvelle basilique, on jugea préférable de s'adresser au Saint-Siège et de solliciter l'érection en archiconfrérie.

Cette demande fut présentée à Pie IX, dans une audience accordée le 21 septembre 1875, au chapelain nouvellement chargé de la direction de l'église. L'affaire suivit son cours devant la S. Congrégation des Rites. Enfin, le 7 juillet 1876, parut un décret par lequel le Souverain Pontife, confirmant toutes les grâces et indulgences accordées à la confrérie, autorisait le cardinal Régnier à l'ériger en archiconfrérie. Comme le décret l'explique, ce ne fut pas une simple augmentation de dignité : l'archiconfrérie reçut le pouvoir de s'affilier les autres confréries de la Sainte Vierge, et même les associations pieuses, en leur communiquant ses propres indulgences et faveurs spirituelles.

C'est dans ces conditions que, par lettres du 14 juillet 1877, le cardinal Régnier érigea l'archiconfrérie de Notre-Dame de la Treille, avec les privilèges concédés par le Siège apostolique. Un bref du 26 mars 1878 ajouta de nouvelles indulgences.

Toutefois, à raison de circonstances particulières, la cérémonie solennelle d'inauguration eut lieu seulement le 25 octobre 1891. Un rescrit de la S. Congrégation, en date du 26 septembre de cette année, déclare que la translation de la confrérie a été faite régulièrement, et n'a pas besoin d'autre sanction.

Les visites, pour gagner les indulgences, doivent se faire à la basilique, et non plus à Sainte-Catherine. La fête principale de l'association est celle que l'on célèbre le dernier dimanche d'octobre. Une nouvelle indulgence plénière est accordée pour le 14 juin, fête des miracles de Notre-Dame de la Treille.

Une ordonnance de Mgr Thibaudier (2 octobre 1891), promulgua ces décisions, et statua que le Directeur de l'Archiconfrérie serait toujours le premier chapelain, avec faculté de se faire remplacer, pour les admissions, par les autres chapelains de la basilique. Le 12 octobre, les statuts de l'association reçurent l'approbation de l'ordinaire. Le vénérable archevêque, atteint de la maladie qui devait l'emporter bientôt, demandait à être inscrit parmi les membres de l'archiconfrérie, en mettant sa personne et son diocèse sous la protection de Notre-Dame de la Treille.

Cet exemple fut imité par son successeur sur le siège de Cambrai, Mgr Sonnois, par le digne évêque de Lydda, Mgr Monnier, par NN. SS. les évêques d'Arras, de Grenoble, d'Aire, par S. E. le cardinal Desprez, archevêque de Toulouse, par d'autres pontifes et prélats, des abbés et des généraux d'ordres, des chanoines en grand nombre, tous les curés et doyens de Lille. En tête de ce livre d'or figure le nom auguste et vénéré de Léon XIII [1]. Parmi les laïques, nous citerons seulement le maréchal et la maréchale de Mac-Mahon, qui, de leur séjour à Lille, conservèrent une profonde dévotion à Notre-Dame de la Treille.

Quant au nombre des inscrits, au 31 décembre 1898, il était de 6.813, dont plus de quatre mille à l'intérieur de la cité. Les paroisses qui tiennent la tête sont Saint-Etienne, 749 membres ; Sainte-Catherine, 582 ; Saint-André, 455. Les communautés donnent le chiffre 1.861 ; les confrères hors de Lille sont au nombre de 790, plus 193 personnages de distinction inscrits au livre d'or.

Depuis 1892, un bulletin mensuel sert de lien entre les associés. Chaque numéro comprend le calendrier des fêtes, l'indication des exercices de piété et de dévotion propres à la basilique, les nouvelles qui la concernent et d'autres articles en rapport avec l'objet de cette publication. Il existe aussi un excellent manuel, que tous les confrères devraient avoir entre les mains [2].

La restauration de la confrérie en appelait une autre encore plus importante. Depuis la destruction de la collégiale et le nouvel ordre de choses inauguré par le Concordat, la fête de Notre-Dame de la Treille, la festivité, comme on l'appelait jadis, avait totalement disparu [3]. Sa date est maintenant en coïncidence avec la solennité du Saint-Sacrement et la procession générale de la Fête-Dieu. Plus de place, en conséquence, pour la procession de Lille, plus d'office liturgique

---

1. 29 juillet 1892, lettre du cardinal Rampolla.

2. *Origines de l'Archiconfrérie de Notre-Dame de la Treille, patronne de Lille. Ses statuts et ses priviléges. Prières diverses. Petit Office de Notre-Dame de la Treille*, par le chanoine Henri Delassus, premier chapelain de Notre-Dame de la Treille. Lille, Desclée, 1891. In-18 de 264-28 p.

3. Dans l'*Ordo* publié chaque année pour la partie française du diocèse de Tournai, cette fête était ainsi indiquée : Insulis, *Festivitas B. M. V. Cancellatæ. Dup. 1 class. maj.* L'Ordo et les livres liturgiques de la collégiale ajoutaient : *hujus civitatis patronæ*.

en rapport avec elle, plus rien qui rappelât l'antique dévotion de la cité envers sa patronne.

Pour suppléer à cette fâcheuse lacune, M. l'abbé Bernard, sans rien changer à l'ordre des offices déterminés par les règles de la liturgie, les célébrait avec une très grande pompe le jour de l'ancienne fête, et en rappelait le souvenir aux fidèles. Après la prise de possession de l'église de Notre-Dame de la Treille et Saint-Pierre, en 1869, pour éviter la rencontre avec les fêtes du Saint-Sacrement, on fixa cette solennité commémorative au premier dimanche de juillet. Mais, toujours, elle restait sans caractère liturgique : rien, dans l'office, ne rappelait la patronne de Lille.

Evidemment, quelque chose restait à faire. Le problème se posa nettement lors de la révision du propre diocésain, et des travaux entrepris en 1883 pour régler la question des patrons locaux. On voulut rectifier une situation qui n'était point particulière à la ville de Lille : en beaucoup d'endroits, les dispositions mal comprises du Concordat et des décrets rendus pour son application, avaient amené une perturbation totale dans le culte des patrons anciennement reconnus. Revenir sur de fatales suppressions, avec le concours et l'autorité du Saint-Siège, c'était répondre aux vœux les plus chers des fidèles.

Pour Lille, des solutions assez diverses furent mises en avant [1]. Il y en eut une, enfin, qui prévalut et qui rallia tous les suffrages.

La rénovation du vœu de 1634, faite chaque année le dernier dimanche d'octobre, prenait une importance de plus en plus considérable. Elle donnait lieu, chaque fois, à une solennité ; elle déterminait un courant vers la basilique.

---

1. *Mémoires sur les Patrons des lieux et sur les Titulaires des églises dans le diocèse de Cambrai*, par Mgr Hautcœur (Lille, 1883), p. 45-50.

Ce fut une indication. Il parut tout naturel de reporter à cette époque la grande solennité de Notre-Dame de la Treille, et de terminer ainsi le mois dont tous les dimanches sont consacrés à Marie par une fête. Le premier chapelain de la basilique prit l'initiative de cette proposition : le clergé de la ville s'y associa par l'organe de ses représentants. L'autorité diocésaine, d'autre part, entrait pleinement dans ces vues.

Le rédacteur du nouveau propre se chargea d'agencer l'office, en se rattachant le plus possible à la tradition d'autrefois, et en tenant compte du titre nouveau de *Mère de Grâce*.

Il faut dire qu'il n'y avait point autrefois, pour la Festivité, un office distinct de celui qui est usité communément pour les fêtes de la Vierge. Seulement, on y lisait, au premier nocturne, des leçons tirées du *Cantique des Cantiques*, où une pieuse et ingénieuse application cherchait une allusion à la Treille mystérieuse : *Prospiciens per cancellos*. Au second nocturne, trois leçons historiques racontaient les origines du culte de Notre-Dame de la Treille et de la grande procession de Lille. Quelques autres leçons tirées de S. Bernard et de S. Augustin, étaient marquées soit pour le premier jour, soit pour la fête de la Reposition, le lundi qui terminait la neuvaine.

Dans le nouvel office présenté à la S. Congrégation des Rites, et approuvé par elle le 30 juin 1887, les leçons du *Cantique* ont été conservées ; de même, celles de S. Bernard où le Docteur melliflue fait ressortir, d'une façon si admirable, la puissance de Marie. La notice historique a été totalement refaite. Elle retrace le développement du culte de la Madone lilloise, depuis ses origines jusqu'à l'érection de la nouvelle basilique et au couronnement par Pie IX, sans oublier la consécration de la ville, que rappelle cette solennité d'octobre. Quelques emprunts à l'office de la Mère de Grâce, usité en divers lieux, se rattachent à ce titre octroyé par Pie IX. L'antienne de *Magnificat*, l'oraison, les répons propres des matines, expriment les sentiments d'une douce et tendre piété. La messe *Vultum tuum* est parfaitement en rapport avec la fête.

Dès que le décret approbatif fut arrivé de Rome, Mgr Hasley s'empressa de communiquer cette bonne nouvelle, par une lettre pastorale du 5 août 1887. Le même jour, il promulguait le nouvel office, et rendait la fête immédiatement obligatoire pour tout le clergé séculier et régulier de la ville de Lille. Le pieux archevêque poussa le zèle jusqu'à interrompre ses visites pastorales pour venir inaugurer lui-même, le dimanche 30 octobre, le culte liturgique de Notre-Dame de la Treille. Il officia pontificalement dans la basilique. De son côté, se rappelant les liens qui unissent son diocèse et sa ville épiscopale à la patronne de Lille, Mgr l'évêque de Tournai envoya la maîtrise de sa cathédrale.

Cette fête si bien placée, si parfaitement en harmonie avec les circonstances nouvelles, ne devait pourtant point faire oublier la festivité commémorative des premiers miracles de 1254. Il était convenable, il était nécessaire que le souvenir en demeurât conservé par un office. Pour échapper à la coïncidence habituelle et inévitable avec la solennité du Saint-Sacrement, on demanda que cette fête fût fixée, non point comme autrefois au deuxième dimanche après la Pentecôte, mais au 14 juin, jour auquel tombait ce dimanche en l'année qui vit se produire les premières manifestations de la puissance de Notre-Dame de la Treille. Tout fut accordé par le Saint-Siège. Un décret du 17 février 1888 établit, au 14 juin, la fête des Miracles de Notre-Dame de la Treille, sous le rit double de seconde classe pour la basilique, et sous le rit double majeur pour toute la ville de Lille. Une ordonnance du 25 février transféra perpétuellement la fête de S. Basile du 14 au 17 juin, dans les églises où elle est empêchée de la sorte.

Quant à l'anniversaire du Couronnement, le 21 juin, un indult du 22 décembre 1877 autorise à le célébrer, dans la basilique, par une messe votive solennelle, suivant les rubriques. Le Souverain-Pontife n'a point jugé à propos d'accorder une fête spéciale.

Un bref du 22 septembre 1887 permet de célébrer la messe votive ordinaire de Notre-Dame de la Treille, à l'autel qui lui est consacré, tous les jours non empêchés par une fête double de première ou de seconde classe, par une autre fête de la Sainte Vierge, une octave, une vigile, ou une férie privilégiée.

La fête de S. Eubert, patron secondaire de Lille, était jadis de première classe avec octave, du moins dans la collégiale [1]. Supprimée à la Révolution, elle reparut en 1849, sous le rit double mineur, dans le propre diocésain. Evidemment, à Lille, un rit plus élevé lui était dû. En conséquence d'un décret de la S. C. des Rites (14 décembre 1892), elle est de première classe, mais sans octave, pour toute la ville.

Quelques saints, qui n'ont pu trouver place dans le propre de Cambrai, se rattachent, d'une manière intime, à l'histoire de notre antique collégiale, et de la nouvelle basilique, héritière de ses traditions. C'est à ce titre, que pour cette église seulement, les fêtes du B. Jean de Warneton, au 6 mars, et du B. Pierre de Luxembourg, au 7 juillet, ont été concédées sous le rit double mineur.

Le B. Jean fut une des plus nobles et des plus pures illustrations du chapitre de Saint-Pierre, au sein duquel il vécut comme chanoine, avec Lambert, le futur évêque d'Arras, avant de devenir archidiacre

---

1. *Mémoire sur les Patrons*, déjà cité, p. 45.

d'Ostrevant, et de monter sur le siège de Térouanne [1]. Sa vie, écrite par son contemporain et commensal, l'archidiacre Gautier, est aussi édifiante qu'elle est instructive et intéressante [2].

Quant au B. Pierre de Luxembourg, il était fils de Gui, comte de Ligny, seigneur d'Armentières et châtelain de Lille : c'est à ce titre qu'il nous appartient, et que la basilique élevée sur l'emplacement du château peut tout spécialement le revendiquer. Modèle parfait d'innocence et de rigoureuse austérité, il mourut à dix-huit ans, le 2 juillet 1387, et fut immédiatement invoqué comme un saint. Clément VII l'a proclamé bienheureux.

Jadis, nombre de pieux laïques avaient l'habitude d'assister à l'office de jour et de nuit dans les cathédrales, les collégiales, les monastères, ou de le réciter en se servant du Bréviaire ecclésiastique. D'autres s'en tenaient au petit office de la Sainte Vierge. Enfin, pour mettre les heures traditionnelles à la portée de tous, on imagina d'en réduire la formule à sa plus simple expression : une hymne, une antienne, une oraison, quelques versets. Les livres de piété, anciens et modernes, contiennent divers offices rédigés d'après cette méthode. Le plus connu est celui de l'Immaculée Conception, approuvé par Pie IX et enrichi d'indulgences. Il remonte au XVe siècle.

Dans le même ordre d'idées, M. le chanoine Delassus a publié un suave et pieux opuscule. Son *Petit Office de Notre-Dame de la Treille* [3] est, tout entier,

---

1. *Histoire de Saint-Pierre de Lille,* tome I, p. 53, 54, 75, 85, 86.

2. Publiée par les Bollandistes (tome III de janvier, nouv. éd., p. 409 et suiv.), sous le nom de Jean de Colomieu, et dans les *Monumenta Germaniæ Historica* (tome XV, p. 1138 et suiv.), sous le nom de son véritable auteur. Traduite par M. le Chan. Van Drival, Boulogne, 1852, et Anvers, 1864. Abrégée dans le *Légendaire de la Morinie,* p. 13-24.

3. Lille, Société de Saint-Augustin. La 1re éd. est de 1891, la 4e de 1895. 80 p. in-32.

composé d'éléments traditionnels et tirés du trésor de l'Eglise : les hymnes, du *Mariale*, que l'on attribue à saint Anselme ; les antiennes, répons, versets, oraisons, de l'office de Notre-Dame de la Treille, ou d'autres textes approuvés. Rien de plus propre à satisfaire la dévotion des membres de l'archiconfrérie.

Un bénédictin connu par ses travaux sur le chant liturgique, D. Pottier, émit l'opinion que ce petit office, composé pour l'usage particulier des fidèles, pourrait être récité en public, et même chanté.

L'auteur jugea bon de soumettre son opuscule à l'approbation de la S. Congrégation des Rites, avec l'appui et l'approbation de l'archevêque, Mgr Thibaudier. La demande a reçu bon accueil, mais aucune décision n'est encore intervenue, ce qui n'étonnera point ceux qui savent avec quelle sage lenteur Rome a coutume de procéder.

L'approbation de l'ordinaire suffit incontestablement pour l'usage privé. L'autorisation a même été accordée de chanter le petit office de Notre-Dame de la Treille le samedi, pour les bienfaiteurs de l'œuvre.

CHAPITRE XXXIII.

ÉTABLISSEMENT D'UNE MAITRISE. — FONDATIONS PIEUSES, DÉVOTIONS, PÈLERINAGES A NOTRE-DAME DE LA TREILLE.

Un des plus grands princes qui aient gouverné la Flandre, Philippe le Bon, assistait un jour aux vêpres solennelles de l'église collégiale. Il lui vint en pensée que la création d'une maîtrise d'enfants de chœur, d'une maison de choraux, comme on disait alors, serait une œuvre de très grand mérite. Il offrit dans ce but une rente annuelle qui, jointe à d'autres ressources, donna naissance à une institution bientôt célèbre. Un siècle après, Charles Quint, connaissant la réputation de cette école, lui demandait « des enfans ayans bonne voix et bien chantans », pour la chapelle de son palais à Bruxelles, puis pour la collégiale de Saint-Bavon, qui allait remplacer l'antique et célèbre abbaye de ce nom à Gand[1].

L'école de musique de Saint-Pierre conservait toute sa réputation au XVIIIe siècle. Elle sombra comme le reste dans le grand cataclysme.

Emule de Philippe le Bon, sans le savoir peut-être, une Lilloise, âme d'artiste et de chrétienne, fit une donation importante afin de pourvoir d'une maîtrise la basilique de Notre-Dame de la Treille et Saint-Pierre.

---

1. *Histoire de Saint-Pierre de Lille*, tome II, p. 145-150.

L'école fut ouverte au mois d'octobre 1893. Elle ne devait admettre au début que douze enfants. Ce nombre fut aussitôt dépassé : il est aujourd'hui de trente, qui sont admis à la suite d'un concours, et qui avec une formation musicale complète, reçoivent l'instruction générale, étudiant même le latin quand ils se destinent à l'état ecclésiastique [1]. Les leçons de musique sont données par deux maîtres, sous la direction d'un chapelain de la basilique. Des professeurs laïques ou religieux sont chargés des autres parties de l'enseignement. Ce groupe forme une section à part, avec ses locaux distincts, dans le grand pensionnat dit de la Monnaie. Les enfants ne sont pas internes, mais leurs familles sont déchargées des frais d'études de toute nature. Outre les prix scolaires, des primes en argent d'une certaine importance sont décernées aux plus méritants. Ceux qui ont satisfait aux conditions de l'examen de sortie reçoivent un diplôme qui constate leurs aptitudes et leurs succès [2].

Reprenant une tradition des choraux de Saint-Pierre, l'administration de l'œuvre fait tous les ans les frais d'une joyeuse excursion. Jadis le but ordinaire était un pèlerinage à Saint-Piat de Seclin. Grâce aux chemins de fer, la caravane aujourd'hui étend son envolée, d'une part jusqu'au mont des Cats et à Dunkerque, de l'autre jusqu'à Bonsecours et ses pittoresques environs.

La jeune école a déjà ses traditions, son esprit, on pourrait dire sa réputation. Plus d'une fois elle a reçu les éloges et les encouragements de la presse.

Une de ses spécialités, c'est le chant du petit office de Notre-Dame de la Treille tous les samedis, jour où

---

[1]. Plusieurs vocations sont écloses déjà dans ce milieu : elles suivent leur cours au séminaire ou dans les noviciats.

[2]. *Bulletin de l'Archiconfrérie*, n° 80, juillet 1900. Nous avons sous les yeux le beau diplôme exécuté par la maison Desclée. L'encadrement est riche et de bon goût.

l'on célèbre la messe et le salut à l'intention des bienfaiteurs de l'œuvre. De ravissantes mélodies ont été composées pour chacune des hymnes de cet office. Elles sont l'œuvre de M. le chanoine Moreau, de Tours.

Quelque chose de plus particulier encore, c'est le chant du chapelet. L'origine de cette innovation, car c'en est une, du moins en France, est vraiment intéressante. Un jour, c'était en juillet 1894, un savant religieux, connu de tout Lille, rencontre un des chapelains de la basilique, l'aborde amicalement, et lui dit : « Pourquoi donc ne faites-vous pas à Notre-Dame de la Treille ce qui se fait à Notre-Dame de Montserrat ? On y chante le chapelet, et même les jours de grande fête, on le chante avec accompagnement d'orchestre. C'est tout à fait charmant ! Essayez, et vous ne regretterez pas d'avoir adopté chez vous, en l'honneur de la patronne de Lille, l'usage que j'ai constaté en Espagne, lors de mon dernier voyage. »

L'idée parut originale : loin de la repousser, on chercha les moyens de la mettre en pratique. Le plus simple était de s'adresser à l'abbaye de Montserrat, et de demander les renseignements utiles, même la notation musicale, s'il était possible de la communiquer. Les Bénédictins qui desservent le célèbre sanctuaire ne crurent point pouvoir accéder à cette demande. Dès lors, il n'y avait plus qu'un moyen : composer de nouvelles mélodies. C'est ce qui fut fait. Grâce au concours d'un compositeur distingué, dès le mois d'octobre 1894 on chanta quelques dizaines ; depuis le travail s'est achevé. Le jeudi saint de l'année 1896, au reposoir élevé dans la crypte, on put entendre l'exécution des cinq dizaines qui répondent aux mystères douloureux. Cette pratique se renouvelle tous les ans près du saint sépulcre. Les saluts des mois de mai et d'octobre, ceux des dimanches et des fêtes, offrent d'autres occasions de glorifier la Sainte Vierge, en rendant plus solennelle et plus attrayante la récitation du rosaire.

L'auteur des mélodies en usage à la basilique est Mgr Micault, chapelain d'honneur de S. S. Léon XIII. « Certes, dit le *Bulletin de l'Archiconfrérie*, ce n'était pas chose aisée que de composer soixante-six mélodies toutes différentes, simples, courtes et homogènes ; ce n'était pas non plus un petit labeur que d'écrire tout l'accompagnement de ce chapelet chanté, et surtout de l'orchestrer pour instruments à cordes. Notre ami a trouvé dans sa dévotion à la Sainte Vierge le secret de triompher de toutes les difficultés. Encore une fois nous le remercions de son œuvre, et nous aimons à espérer que Notre-Dame de la Treille voudra bien ratifier les sentiments de reconnaissance que nous venons lui exprimer au nom de tous ses amis [1]. »

La fondation de la maîtrise est la plus importante qui ait été faite pour le culte dans la basilique, mais ce n'est pas la seule ; il y en a au contraire de très nombreuses.

Quelques-unes ont pour objet de fournir le pain et le vin nécessaires au saint sacrifice. L'un de nos plus anciens comtes, Philippe d'Alsace, eut aussi cette belle et touchante dévotion ; il assigna des rentes pour cet effet à plus de vingt églises, parmi lesquelles Saint-Pierre de Lille [2].

Une rubrique regardée comme étant de simple conseil demande qu'à l'élévation un cierge soit allumé, et qu'il brille jusqu'après la communion comme un signe visible de la présence réelle de Notre-Seigneur. Nous avons vu jadis dans le diocèse pratiquer cet usage ; il est maintenant tombé en désuétude à peu près partout. Une personne pieuse a voulu le restituer et le

---

1. *Bulletin de l'Archiconfrérie de Notre-Dame de la Treille*, n°s 18, 30, 43.
2. *Histoire de Saint-Pierre*, t. i, p. 43.

perpétuer dans l'église patronale de Lille. Le nécessaire est assuré pour que ce cierge brûle à toutes les messes.

La plupart des fondations sont affectées à des messes, à des anniversaires, à la célébration de certaines solennités. Par leur nombre et leur importance, elles rappellent sans trop de désavantage les traditions de nos aïeux [1].

C'est ainsi qu'ont été fondés, dans une pensée de pieux et fidèle souvenir, par un grand chrétien aujourd'hui disparu, les anniversaires de Louis XVI, au 21 janvier, du comte de Chambord, au 24 août. Ainsi encore, pour acquitter une dette de reconnaissance, les obits de M. l'archidiacre Bernard, le grand promoteur de l'œuvre de Notre-Dame de la Treille, et de l'architecte Leroy, qui a dressé les plans définitifs et commencé la construction de la basilique. Nous ne parlons pas des fondations de famille.

Des hommes que l'on est habitué de voir à la tête de toutes les œuvres, bien que leur modestie se dérobe le plus possible, ont voulu donner à la Saint-Nicolas d'été, la fête du Broquelet, comme on dit à Lille, un cachet de solennité pieuse. Une messe réunit aux pieds de Notre-Dame de la Treille les membres de la corporation de Saint-Nicolas, patrons et ouvriers de l'industrie du fil. Cette messe est célébrée le lundi qui vient après le 9 mai, et, suivant l'usage chrétien de nos corporations ouvrières, elle est suivie le lendemain d'un obit pour les défunts. Les brasseurs célèbrent aussi dans la basilique leur fête de Saint Arnould, mais elle n'est pas fondée.

De généreux bienfaiteurs ont pourvu aux dépenses que nécessite la célébration des grandes fêtes : Noël, l'Epiphanie, Pâques, la Pentecôte, le Saint-Sacrement,

---

1. L'*Histoire de Saint-Pierre de Lille* mentionne à chaque page des fondations d'obits, de fêtes, de solennités ; des dons pour le luminaire et pour le culte. Le volume des *Documents*, qui complète le *Cartulaire*, ne contient pour ainsi dire pas autre chose.

le Sacré-Cœur, l'Immaculée-Conception, la Visitation, l'Assomption, la Toussaint, les fêtes de saint Eubert et de saint Joseph.

Il va sans dire que Notre-Dame de la Treille n'a point été oubliée dans les largesses de ses enfants. L'anniversaire du couronnement est rappelé par une fête dans la basilique. La solennité d'octobre fut dotée par un prêtre, l'un de ceux qui ont le plus fait pour relever le culte de l'auguste Patronne. Quant à la Commémoration des Miracles, le 14 juin, qui nous reporte aux premières origines du sanctuaire, de la procession, de la confrérie, un vieux Lillois, représentant d'une très ancienne souche lilloise, revendiqua le privilège de la fonder. M. Auguste Scalbert, on peut le nommer maintenant qu'il est entré dans un monde meilleur, M. Auguste Scalbert écrivait le 19 février 1896 :

Mon enfance a été bercée avec l'histoire de Notre-Dame de la Treille. Que de fois ma grand'mère m'a raconté le sauvetage de la statue miraculeuse, enlevée du milieu des décombres de la collégiale, par Alain Gambier, et confiée à la garde de M. Lefebvre d'Hennin ! Avec quelle joie tous les miens ont applaudi au projet de restauration du passé et de l'édification d'une basilique, qui offrirait à la patronne de Lille une demeure plus vaste et plus splendide que l'ancienne ! Je ne veux pas sortir de ce monde sans avoir contribué de mon mieux, non-seulement à la construction de la basilique, mais au culte qui y est rendu à notre bonne patronne. Que je suis heureux de voir encore libre le jour qui pour moi est le premier, puisque c'est le jour des anciens ! Je comprends que la fête principale soit maintenant transférée au dernier dimanche d'octobre, au jour anniversaire de la consécration de la ville à Notre-Dame par le magistrat de la cité. Mais je reste attaché de cœur à l'ancienne fête ; je veux dire combien l'on a été sagement inspiré en la conservant, en prenant les mesures nécessaires pour que sa célébration soit dégagée de celle de la Fête-Dieu ; je veux contribuer, selon mon pouvoir, à assurer cette célébration à l'avenir, afin que le souvenir des bontés prodigieuses de Notre-Dame pour ses Lillois, nos ancêtres, soit religieusement et solennellement rappelé chaque année aux générations qui suivront !

Tout naturellement, les pèlerinages qui avaient lieu à l'occasion de l'ancienne fête, ont été reportés en octobre. Ils étaient d'abord répartis sur tout le mois. Depuis l'année 1896, on les a groupés pendant la neuvaine préparatoire à la fête. Chaque jour, à partir de six heures du matin, les paroisses, les communautés, les œuvres, les pensionnats, les écoles, se succèdent aux pieds de la Madone. Les groupes sont accueillis par un prêtre qui leur adresse quelques paroles d'édification. Le curé arrivant à la tête de ses paroissiens, récite au nom de tous, présents et absents, l'acte de consécration de la paroisse. Tout le jour, les pieux visiteurs affluent; il n'y a pas un instant jusqu'au soir où Notre-Dame ne recueille les hommages de ses enfants.

Le dimanche où l'on célèbre la grande fête est réservé aux associations ouvrières de Lille, cercles catholiques, syndicats et corporations. La formule de consécration est récitée le soir au salut par un laïque, le président de l'œuvre de Notre-Dame de la Treille, en attendant des jours plus heureux qui permettront au premier magistrat de la cité de reprendre son rôle. Deux énormes cierges, qui brûlent toute l'année aux offices solennels, sont offerts l'un par les paroisses, l'autre par les communautés de Lille.

Les mères profitent de la fête pour consacrer leurs enfants à Notre-Dame de la Treille, bien que cet acte pieux puisse être accompli en tout temps de l'année. Ce jour-là aussi, et le jour de la Commémoration des Miracles, on bénit de petits cierges, que l'on fait toucher à la statue miraculeuse : ces cierges sont conservés dans les familles comme un souvenir pieux et un gage de la protection de Marie. Plus d'une fois, en les allumant, on a ressenti les effets de cette protection dans les circonstances critiques, les naissances laborieuses surtout.

La bénédiction des fleurs, le jour de l'Assomption,

rappelle une pieuse tradition conservée parmi les fidèles : en ouvrant le tombeau de la Sainte Vierge, trois jours après sa mort, les apôtres n'y trouvèrent plus que des fleurs répandant un parfum céleste dont l'air fut embaumé. De là l'usage pratiqué depuis mille ans et plus en divers lieux de bénir, le jour de l'Assomption, des fleurs et des herbes odoriférantes. Les fidèles tiennent en main ces fleurs, pendant que le prêtre prononce les oraisons, qu'il les asperge d'eau bénite et les encense. On les emporte ensuite chez soi, et après les avoir fait sécher, on les conserve pour servir de sauvegarde contre les accidents, les maladies, et la pernicieuse influence de l'esprit mauvais.

La bénédiction des fleurs est en usage à la basilique depuis l'année 1892 ; elle attire chaque année, le jour de l'Assomption, un grand concours de fidèles [1].

Au reste tous les jours et à toute heure de la journée, on trouve dans le pieux sanctuaire les visiteurs et les fervents de la Madone. Des lampes que l'on compte par centaines dans le cours d'une année, des cierges qu'il faut compter par milliers, brûlent devant la sainte Image. On va l'invoquer dans toutes les circonstances : les écoliers lors de leurs examens, les jeunes gens que réclame le service militaire, les hommes d'œuvres, les hommes d'affaires dans leurs entreprises et leurs difficultés, les familles dans leurs épreuves, tous dans les situations de la vie qui réclament une protection spéciale.

La messe de départ pour les militaires amène un concours considérable et de jeunes soldats, et de ceux qui s'intéressent à eux. Le fait est ainsi constaté dans le *Bulletin* en 1894.

---

1. *Bulletin de l'Archiconfrérie*, n⁰ˢ 2, 8, 14, 21. Au n⁰ 33 sont rappelées les bénédictions des pommes le jour de saint Christophe et des raisins le jour de saint Sixte, qui avaient lieu jadis dans la collégiale.

L'affluence dont nous avons été les heureux témoins, le 11 novembre dernier, à la Basilique, pour la messe du départ des jeunes conscrits, nous a rappelé celle que nous avions eu la joie de constater au jour de la fête patronale de Notre-Dame.

Mais, chaque année, cette joie est pour nous mêlée de regrets, quand nous voyons tant de pieux fidèles, accourus quelquefois de très loin pour participer à cette fête de famille, obligés de renoncer à entrer ; et chaque année nous voudrions, ce jour-là surtout, voir notre chère Basilique élargir son enceinte et devenir ainsi par son ampleur la fidèle image du cœur maternel de Notre-Dame, si largement ouvert à tous ses enfants. Est-ce un rêve ? Non, c'est un projet, et, Dieu aidant, nous en ferons une réalité.

Cette année, les privilégiés qui avaient réussi à pénétrer dans l'édifice, ont été tenus une heure (trop courte) sous le charme d'une parole éminemment sacerdotale. M. l'abbé Dewaulle.... nous a fait admirer Notre-Dame de la Treille, Mère et Reine par excellence, comme le prouvent l'enfant Jésus qu'elle porte d'un côté, et le sceptre qu'elle tient de l'autre....

Cette magnifique cérémonie couronnait admirablement la longue série de pèlerinages qui sont revenus, comme chaque année, déposer aux pieds de Notre-Dame les hommages et les prières de la ville entière [1].

---

1. *Bulletin de l'Archiconfrérie*, n° 16.

CHAPITRE XXXIV.

REPRISE DES TRAVAUX. — ACHÈVEMENT DE LA CHAPELLE ABSIDALE.

Après la construction de la tour et l'installation de la sonnerie, il y eut un temps d'arrêt dans les travaux de Notre-Dame de la Treille. L'œuvre reposait sur des combinaisons précaires : la propriété légale des terrains et constructions appartenait au prêtre zélé que nous avons nommé tant de fois; de plus, les terrains n'étaient possédés qu'à titre d'emphytéose finissant en 1899. La nue-propriété restait à l'administration des hospices.

Il fallut tout d'abord assurer l'avenir. Un acte du 17 mars 1875 constitua *la Société anonyme de l'œuvre de Notre-Dame de la Treille et Saint-Pierre*. M. l'abbé Bernard, en y entrant, fit apport de la propriété dite du Cirque, avec les travaux effectués et les matériaux de toute nature existant sur les chantiers.

Cette transformation achevée, il s'agissait de substituer à l'emphytéose la pleine propriété. Des négociations entamées en 1869 n'avaient pu aboutir : une voie nouvelle que l'on voulait ouvrir de la rue de la Monnaie à la rue du Cirque cadrait mal avec les plans de la basilique. On fut plus heureux en 1876. Le projet malencontreux était abandonné : l'œuvre acquit avec les terrains compris dans les contrats de 1854 et de 1859, tous ceux que les hospices possédaient au même endroit, occupés par d'autres arrentataires. Ceux-ci, pieusement désintéressés, renoncèrent aux prétentions qu'ils auraient pu faire valoir.

Un don de cent cinquante mille francs facilita l'opération. Les formalités administratives furent vite remplies : le Conseil municipal donna son consentement à l'unanimité des voix, le 11 mars 1876; le baron Le Guay, préfet du Nord, autorisa l'administration des hospices à traiter; le 6 mai, l'acte de vente était signé.

On pouvait espérer que les travaux commencés allaient bientôt reprendre. Il n'en fut rien cependant : en présence de nécessités urgentes, la Commission jugea préférable d'attendre des temps meilleurs. Sous l'action des sociétés secrètes, la guerre était déclarée à la Religion, guerre astucieuse autant qu'implacable. Il fallait défendre l'âme des enfants, sauver ce qui reste encore de la France. On alla donc au plus pressé : on fonda des écoles et des œuvres. Les murs de notre basilique restaient là, en apparence presque une ruine, au fond un germe d'avenir protégé par d'invincibles espérances. Du reste, ce temps d'interruption ne fut point perdu : les sculpteurs restèrent sur les chantiers; ils ciselaient les chapiteaux des colonnes, travail délicat et particulièrement difficile, en raison de l'extrême dureté de la pierre. Ce fut une avance considérable dont nous bénéficions, et dont l'avenir continuera de recueillir les fruits.

Bien que la persécution n'ait point désarmé et que les catholiques soient toujours soumis à de lourds sacrifices, néanmoins ils se sont dit que la Patronne de Lille ne peut attendre indéfiniment; qu'il faut enfin lui élever son palais, et qu'avec sa protection, grâce à l'esprit de sacrifice dont sont animés ses enfants, il sera possible de suffire à tout.

La reprise des travaux fut décidée en 1893. On résolut de terminer la chapelle absidale, dédiée à Notre-Dame de la Treille, de lui donner sa décoration complète, de l'achever, en un mot, comme elle doit durer pour les siècles. Un délai de trois à quatre ans était jugé nécessaire pour mener l'entreprise à bonne fin. On fixait l'inauguration au mois d'octobre 1897, promesse et prédiction qui furent ponctuellement réalisées.

Bientôt les chantiers retrouvèrent leur animation. Dès que furent achevés les préparatifs indispensables, au mois de juin 1894, les murs si longtemps arrêtés à mi-hauteur commencèrent à s'élever graduellement. Les matériaux étaient traités à pied d'œuvre. La pierre de Soignies pour l'extérieur et les colonnes, la demi-roche pour les murs à l'intérieur de l'église, le banc royal pour les voûtes, prenaient les formes indiquées par le dessin de l'architecte, et venaient tour à tour se ranger à leur place.

Le maître de l'œuvre, choisi pour succéder à M. Leroy et pour diriger l'exécution de ses plans, fut M. Paul Vilain, disciple de M. le baron Béthune, lauréat de l'école Saint-Luc à Gand, déjà connu par d'importants travaux. Bien que le plan général fût fixé, il restait pour le détail une foule d'études à faire, et un rôle considérable dans la direction d'un ensemble où les arts les plus variés apportent leur concours à l'architecte. Le choix fait par la commission se trouva pleinement justifié.

Comme autrefois quand on bâtissait nos admirables cathédrales du moyen âge, le chantier maintenu en permanence forme des ouvriers de choix. C'est ce qui a rendu possible cette perfection de main-d'œuvre que l'on admire dans tous les détails de notre basilique, et qui lui donne une incomparable beauté. L'un de ces modestes coopérateurs a vu son mérite attesté par de hautes récompenses. Il est juste que son nom soit conservé.

Le 19 juin 1897, la Société des architectes du Nord profita de sa réunion annuelle pour visiter les travaux de notre chapelle absidale. Ces juges compétents se déclarèrent hautement satisfaits : ils admiraient notamment la magnifique voûte en pierre, se développant sur leurs têtes avec un élan qui la fait paraître plus haute qu'elle ne l'est en réalité.

Le lendemain, en séance publique, une médaille de bronze de grand module fut décernée au directeur du chantier, dont le rapporteur appréciait ainsi les services :

Florent Lefebvre, entré comme tailleur de pierres à la basilique de Notre-Dame de la Treille le 24 septembre 1859, a été nommé directeur des travaux en 1863. Depuis cette époque, il est resté attaché à cette grande œuvre, sculptant l'ingrate pierre de Soignies pendant le long sommeil des grands travaux, et prenant ainsi sa part de succès dans cette multitude merveilleuse de chapiteaux qui trouveront un jour leur place dans la basilique. Enfin, il reprit la direction des travaux pour l'achèvement de la chapelle absidale, et poussa à bien cette partie de la construction où il déploya une conscience, un soin, une minutie qui ont fait de son travail un chef-d'œuvre.

A son tour, la grande Société académique de Lille, la Société des Sciences, voulut honorer dans Florent Lefebvre une vie de probité, de travail et d'habileté consciencieuse. Elle lui décerna en 1898 une médaille d'argent.

Le *Bulletin de l'Archiconfrérie*[1] rappelle à propos de cette nouvelle distinction, que c'est Florent Lefebvre qui a fait la voûte du prolongement de la crypte, lui qui a sculpté les gros chapiteaux des colonnes que l'œuvre fait terminer en prévision de l'avenir, lui qui a exécuté les travaux de la chapelle absidale, notamment la superbe voûte que les connaisseurs admirent comme une œuvre absolument irréprochable.

Puisque nous sommes au chapitre des récompenses, disons aussi que M. Alexis Mouquet obtint le diplôme

---

1. V. les nᵒˢ 45 et 54.

de grand prix, en 1897, à l'exposition du Palais Rameau, section de l'art industriel, pour un panneau de la grille en fer forgé qui clôture la sainte chapelle de Lille.

La sainte chapelle ! C'est le nom que lui donna Mgr Sonnois, en visitant un jour les travaux : c'est le nom qui devra lui rester. Elle est vraiment sainte, puisque c'est le sanctuaire de la Patronne de Lille, de la Vierge vénérée depuis tant de siècles, le lieu où elle donne ses audiences et se plaît à dispenser ses faveurs. Sainte encore, parce qu'elle est enrichie des reliques les plus précieuses, des faveurs spirituelles les plus considérables et les plus abondantes [1].

Léon XIII en ajouta une nouvelle et très insigne par son bref du 25 février 1895 [2], lequel ne fut publié et ne devint exécutoire qu'à la réouverture de la chapelle, fermée pendant les travaux. En vertu d'une concession dont il y a peu d'exemples, l'autel de Notre-Dame de la Treille est déclaré grégorien, c'est-à-dire privilégié tout particulièrement, comme celui de Saint-Grégoire au mont Célius. Selon la pieuse et ancienne croyance établie chez les fidèles, trente messes célébrées d'une façon consécutive, à l'exemple de ce que fit saint Grégoire en faveur d'un de ses religieux, obtiennent de la divine miséricorde une efficacité spéciale pour la délivrance d'une âme du purgatoire. Une messe célébrée à l'autel du saint, en son église du mont Célius, a la même efficacité miséricordieuse [3]. C'est ce dernier privilège que le Souverain Pontife a parfois communiqué, en de rares circonstances, et que notre autel de Notre-Dame de la Treille a obtenu pour toujours.

---

1. V. les appendices C et D, à la fin du volume.

2. Ce bref est reproduit en fac-simile, avec une traduction française, dans le *Bulletin de l'Archiconfrérie*, n° 50, janvier 1898.

3. Un décret de la S. C. des Rites (15 mars 1884), a déclaré bien fondée cette croyance des fidèles, en ce qui concerne l'autel de Saint-Grégoire, et les autels grégoriens *ad instar*.

Tout simple quand on prit une première fois possession de la chapelle inachevée, cet autel fut alors consacré par un évêque missionnaire, Mgr d'Herbomez, vicaire apostolique de la Colombie britannique. Afin d'y adapter le revêtement splendide que nous admirons, l'orfèvre dut écorner les angles de la pierre, où sont faites les onctions. Il fallait en conséquence procéder à une consécration nouvelle : cette cérémonie fut faite le 27 juillet 1897 par Mgr l'évêque de Lydda. Pour la rappeler, on grava sur la partie postérieure de l'autel l'inscription suivante :

ALTARE HOC
BEATÆ MARIÆ DE TRELLIA
DIE III JULII AN. MDCCCLIX
A RR. DD. D'HERBOMEZ EP. TIT. MELITOPOL.
DICATUM
DENUO CONSECRATUM EST
PROPTER ABRASIONEM IN ANGULIS
DIE XXVII JULII AN. MDCCCXCVII
A RR. DD. H. MONNIER EP. TIT. LYD.

Une autre inscription mentionne le privilège grégorien :

EX PRIVILEGIO IN PERPETUUM CONCESSO
A D. N. LEONE XIII P. M.
DIE XXV FEBRUARII AN. MDCCCXCV
MISSÆ QUÆ PRO DEFUNCTIS
AD HOC ALTARE CELEBRANTUR
ILLIS PERINDE SUFFRAGANTUR
AC SI AD ALTARE S. GREGORII MAGNI DE URBE
CELEBRATÆ FORENT.

Tout se trouva prêt pour l'inauguration au mois d'octobre 1897. En premier lieu, la Statue miraculeuse fut installée dans le splendide habitacle préparé pour la recevoir. L'autel à baldaquin où elle était placée en attendant fut enlevé du chœur, de façon à laisser aux fidèles tout l'espace libre, jusqu'au moment où le progrès des constructions permettra d'établir un maître-autel définitif, et de rendre au chœur sa vraie destination. Les grands offices auront lieu jusque-là dans le sanctuaire de Notre-Dame de la Treille. Grâce à cette disposition, la basilique est maintenant la plus vaste église de tout Lille, à l'exception de Saint-Maurice.

Les fêtes d'inauguration de la sainte chapelle s'ouvrirent le premier dimanche d'octobre, par un office pontifical que célébra Mgr l'évêque de Lydda. Le dimanche suivant, ce fut le tour du Rme Abbé de Notre-Dame du Mont. Puis le 17 Mgr Delannoy, renouvelant sa consécration à Notre-Dame de la Treille, après vingt-cinq ans d'épiscopat, offrit un ex-voto d'actions de grâces, et nomma l'un des chapelains chanoine de sa cathédrale [1].

Le 24, on inaugurait les stations des Sept-Douleurs, œuvre distinguée du pinceau d'une Lilloise, exécutée par elle pour la basilique, offerte par sa piété avec l'intention de rappeler les anciens souvenirs et de contribuer au réveil d'une dévotion florissante chez nous dès le XVe siècle [2]. Ce fut Mgr Lasne qui officia et qui bénit les tableaux.

Tous les dimanches, et chaque jour de la neuvaine inaugurée le 23, avec la série des pèlerinages annuels, les sermons furent donnés par des prédicateurs lillois, appartenant au clergé séculier ou régulier [3]. Ils vinrent tour à tour célébrer les gloires de Notre-Dame de la Treille. Le dernier jour, on entendit la voix éloquente de Mgr Cartuyvels, vice-recteur de l'Université catholique de Louvain. Mgr l'archevêque voulut en personne célébrer les offices pontificaux.

---

1. V. ci-dessus, p. 214, 215.
2. V. p. 38, 39.
3. V. les comptes-rendus de la *Semaine religieuse*, nos des 9, 16, 23, 30 octobre et 6 novembre 1897. — *Bulletin de l'Archiconfrérie*, no 49.

CHAPITRE XXXV.

DESCRIPTION DE LA SAINTE CHAPELLE. — TRAVAUX EN COURS ET PROJETS D'AVENIR.

Les nombreux fidèles, les curieux, les artistes qui visitèrent la sainte chapelle, à l'occasion des fêtes inauguratives, furent unanimes à louer sa belle architecture, le grand air monumental qu'elle présente au dehors comme au dedans, la richesse et le cachet artistique de sa décoration, l'impression religieuse qui se dégage de son ensemble et de ses détails, tout imprégnés des traditions du symbolisme chrétien[1].

Un critique d'art, qui lui a consacré une série d'articles très étudiés[2], ne craint pas d'affirmer que « cette chapelle absidale est certainement le plus beau morceau d'architecture de notre ville. » Après une description où rien n'est oublié, l'auteur, arrivant à ce qui constitue la partie principale et la raison d'être du sanctuaire, proclame que son autel est « incontestablement la plus admirable pièce d'orfévrerie moderne de notre région. » Garni des objets qui le complètent, « cet autel, où l'or étincelle en colorations diverses, mat ou bruni, fauve ou rouge, où les métaux les plus

---

1. Le monument est étudié d'une façon très complète, dans une série d'articles du Bulletin, réunis en brochure sous ce titre : *Description de la Sainte Chapelle de Lille*. In-8 de 80 p. Société de Saint-Augustin, 1899.

2. Dans *la Dépêche*, nos des 29, 31 octobre, 26 novembre et 5 décembre 1897. Articles de M. Jules Duthil.

précieux, les émaux les plus beaux, les pierreries les plus rares, l'art le plus délicat, ont concouru à faire une merveille de goût et de richesse », est un trône vraiment digne de la Reine du Ciel.

Nous ne pouvons, ici, que donner une idée bien incomplète du superbe édifice et de sa riche parure. Le visiteur qui arrive par l'entrée située rue de la Monnaie admire cette robuste construction, en belles pierres de Soignies, qui semble faite pour l'éternité, qui n'a rien à craindre des conditions que subissent, sous les rigueurs de notre climat et les fumées de nos usines, les œuvres exposées en plein air. L'ornementation extérieure est sobre, comme il convient avec ce style et ce genre de matériaux, mais pourtant l'ensemble est d'une beauté souveraine. En haut, des gargouilles vigoureusement traitées déversent les eaux pluviales. Le toit d'ardoises, sur charpente d'acier, est couronné d'un faîtage en cuivre repoussé, où le lis des armoiries de Lille, le lion de Flandre, la rose de Marie se succèdent dans un enchaînement harmonieux. A l'extrémité se dresse la statue colossale, également en cuivre, de l'archange Gabriel, ambassadeur des miséricordes divines, celui qui vint annoncer à Marie qu'elle serait mère de Dien. Tout autour de l'édifice, dans les pinacles qui surmontent les contreforts, des anges aux ailes éployées redisent, sur des banderoles, les vertus de la Vierge des Vierges.

Quand on se trouve à l'intérieur, en face du sanctuaire, on reste comme ébloui : l'œil ne distingue rien ; tout se confond dans une impression générale de ravissement. Puis, ce sont les admirables verrières qui vous saisissent et vous empoignent ; c'est la beauté, c'est l'harmonie de l'ensemble ; c'est cette architecture simple et grandiose, cette décoration où tout est beau sans éclat tapageur, où tout est riche sans affectation de faux luxe, où tout respire l'art véritable.

Au fond se détache l'autel, qui frappe de loin par sa splendeur, mais qu'il faut voir de près dans ses détails pour en admirer le fini, la perfection, pour comprendre la divine épopée qu'il retrace et les mystiques leçons qu'il développe.

Tout en haut trône la Vierge, la Mère de Grâce, qui, derrière sa Treille, accueille les supplications de ses clients, soulage leurs misères spirituelles et temporelles.

Entrons maintenant dans le vénéré sanctuaire. On y pénètre par une grille en fer forgé, travail délicat qui s'est inspiré de l'idée de la Treille, avec de gracieux enroulements de feuillage. Sur la frise qui la couronne, on lit cette inscription : *Hic locus sanctus est.* Ce lieu est vraiment saint.

L'allée centrale de la chapelle est garnie d'une mosaïque formant tapis. On y voit Lille, avec ses industries représentées par des bâtiments que domine une haute cheminée ; les sciences et les arts, symbolisés dans le grandiose édifice de l'Université Catholique ; l'esprit guerrier, le passé glorieux que proclament des tours et des murs conçus à la façon du moyen âge ; et, enfin, le monogramme de Marie dans sa Treille, de Marie, la Reine et la Patronne, dont la protection rayonne et s'étend sur le tout.

La mosaïque se prolonge dans le sanctuaire, devant l'autel et sur ses côtés. Ici, c'est toute la création aux pieds de la Mère de Dieu : les éléments, les astres, les trésors que la terre cache dans son sein, les plantes qui croissent et les êtres qui vivent à sa surface.

Ces mosaïques, et celles qui ornent les fausses fenêtres, dont nous parlerons tout à l'heure, sont d'une belle exécution : c'est une des œuvres les plus importantes qui aient été exécutées en ce genre.

Les murs de la Sainte Chapelle, dans tout le pourtour, ont une riche ornementation empruntée à la flore symbolique. On y voit figurer la tulipe, la jacinthe, l'iris, le lis, la violette, la primevère, la digitale, la campanule, la calcéolaire, la clématite, le tournesol, le bluet, le jasmin, la rose, le chrysanthème. Ces fleurs sont stylisées, c'est-à-dire qu'elles ne sont point une photographie de la nature, mais une représentation transformée suivant un type idéal et artistique. Chacune d'elles a sa signification dans le symbolisme chrétien. Aux fleurs sont joints les emblêmes : la Treille, l'étoile, l'ancre, la croix, le monogramme de Marie. Partout des inscriptions qui redisent la gloire de la Vierge, l'amour et la confiance de son peuple.

Cette décoration, exécutée sur lave, avec ses couleurs fixées par le feu, offre une solidité qui défie les outrages du temps. C'est un caractère que présente partout le noble édifice, dans ses moindres détails comme dans son ensemble.

Les fenêtres sont au nombre de quinze, dont quatre aveugles. Celles-ci, à l'entrée de la chapelle, sont ornées de mosaïques ; les onze autres ont reçu des vitraux dont la composition, l'ordonnance, le dessin, le puissant coloris rappellent toute la perfection des œuvres de la meilleure époque. Ces vitraux suffiraient pour établir la réputation d'un artiste, si celle de M. Didron était encore à créer.

Les quinze ouvertures comportent chacune six panneaux, qu'il faut lire de bas en haut, en commençant par la première fenêtre à gauche de l'entrée ; puis vient la première faisant face sur le côté droit, et ainsi de suite jusqu'à la fenêtre centrale.

Dans les quatre fausses baies sont représentés en mosaïque les symboles et les figures prophétiques de Marie, que renferme l'Ancien Testament interprété par les pères de l'Eglise. Un symbole alterne avec une figure, par exemple : le fleuve de vie — Eve, la mère du genre humain ; l'arche de Noé — Sara, mère d'Isaac.

Après l'obscurité des figures, nous entrons dans la lumière des faits accomplis : des mosaïques, nous passons aux vitraux.

Quatre fenêtres redisent l'histoire de la Mère de Dieu, depuis son Immaculée Conception jusqu'à son couronnement dans le Ciel. Nous avons après cela son culte à Lille.

1. La vision d'Ermengarde, mère de Lydéric, le fondateur légendaire de notre cité ; Notre-Dame de Réconciliation, à Esquermes ; Notre-Dame de la Salle, devenue depuis Notre-Dame d'Assistance ; l'hôpital Notre-Dame, dit Comtesse ; Notre-Dame du Joyel, près la fontaine au Change, sur l'emplacement de la Bourse ; Notre-Dame de Fives, au prieuré de ce nom.

2. Notre-Dame de Consolation, au port du Wault, maintenant près du port de Vauban ; Notre-Dame de Loos, fondation de l'abbaye au XIIe siècle ; Notre-Dame de la Barrière, à Marquette, maintenant à Lomme ; Notre-Dame de Lorette, chez les religieuses de l'Abbiette, aujourd'hui dans l'oratoire des religieuses de l'hôpital Saint Sauveur ; Notre-Dame de Miséricorde, aux Augustins ; l'Immaculée-Conception, au collège des Jésuites.

Deux autres fenêtres rappellent les miracles de Notre-Dame de la Treille, aux XVIe et XVIIe siècles.

1. Délivrance d'une possédée, Barbe Waymel ; d'une religieuse affligée de la même épreuve, Catherine de Vos. Guérison d'une hernie, l'enfant de Catherine Montagne. Le chanoine Gérard du Château, paralysé, recouvre la parole. Le jeune enfant d'Elie Desplanques est ramené des bords du tombeau. Jeanne Duforest obtient que son enfant ressuscite assez de temps pour recevoir le baptême.

2. Hugues de la Cambre, chanoine, guéri de la peste. Agnès Pollet recouvre la marche. Barbe Carpentier, guérie de sa cécité. Jean Noblet, chanoine, tombé dans un précipice et préservé de tout mal. Wallerand Crudenare, chanoine et trésorier, sauvé des brigands. Marie de l'Escurie, délivrée d'une possession.

Maintenant, c'est l'histoire de la patronne de Lille et de son sanctuaire, à laquelle sont consacrés deux vitraux au fond, dans les pans coupés.

1. Premiers miracles, en 1254. Le légat du Saint-Siège, Raoul, cardinal d'Albano, accorde des indulgences à cause du concours des fidèles. Marguerite, comtesse de Flandre, institue la grande procession (1270), que l'on voit ensuite se développer. La Bonne Fierte portée sous son dais, et précédée du Chevalier rouge. Un ange portant le modèle de l'ancienne collégiale.

2. Philippe le Bon tient à Saint-Pierre de Lille le premier chapitre de la Toison d'or (1431). Lille est consacrée officiellement à Notre-Dame de la Treille (1634). La statue miraculeuse est sauvée à l'époque de la Révolution. Le Jubilé séculaire de 1854. Le couronnement de Notre-Dame de la Treille en 1874. Un ange présente le modèle de la basilique nouvelle, plus splendide que l'ancienne.

Le vitrail du centre est consacré à la glorification de Notre-Dame de la Treille. En haut, les trois personnes divines, dont Marie est la fille, la mère et l'épouse. Des anges, messagers de Dieu, portent la couronne que Pie IX décerne à la patronne de Lille. Au-dessous, ceux qui l'ont honorée et qui ont développé son culte, papes et empereurs, princes et prélats, clercs et religieux, laïques de toutes conditions.

L'habitacle de la Madone va se perdre dans le rayonnement des vives couleurs ; il se rattache à cette échelle mystérieuse qui unit le Ciel à la terre dans une même pensée : Gloire à Marie ! Gloire à Notre-Dame de la Treille !

C'est un trône magnifique, qui se dresse derrière l'autel dont il est indépendant, bien que, pour le spectateur, il semble faire corps avec lui. Le dais en orfèvrerie, du travail le plus délicat, est soutenu par quatre groupes de colonnettes d'onyx cachemire du Brésil ; dans sa fastueuse ornementation, les pierres précieuses, améthystes, jaspes, malachites, se marient avec les émaux.

Aux angles supérieurs de l'habitacle, quatre chimères soutiennent quatre lampes, tandis que onze autres lampes (soit quinze en tout en l'honneur des mystères du Rosaire), s'étalent aux pieds de la Madone.

Le socle de l'habitacle est orné de trois statuettes en bronze vert, représentant trois pèlerins célèbres de Notre-Dame de la Treille : saint Louis, roi de France, saint Bernard et saint Thomas de Cantorbéry. Ces statuettes sont d'un art délicieux : en dépit de leurs petites dimensions, elles ont une telle grandeur d'allure qu'elles appartiennent moins à l'orfèvrerie qu'à la grande statuaire. L'image de saint Louis est splendide, mais celles de saint Bernard et de saint Thomas de Cantorbéry sont plus belles encore : on ne saurait les rêver plus admirables et d'un meilleur style.

Le dais est dominé par un clocheton surmonté lui-même par une flèche féeriquement ajourée. Aux angles du clocheton, des anges aux ailes rabattues sonnent de l'oliphant.

C'est sous ce dais, qui est une merveille, un bijou inestimable, c'est dans cette apothéose de marbres précieux et de dorures que se trouve l'antique image de Notre-Dame, cette image que nos ancêtres saluaient comme le palladium de la Cité, devant laquelle de génération en génération ils sont venus s'agenouiller, et qui a entendu tant de demandes suppliantes, tant de cris de reconnaissance [1].

L'autel aussi rayonne de l'éclat des dorures, alternant avec les pierres précieuses et les marbres les plus rares. Dans le bas, trois médaillons en bronze florentin représentent la Maternité divine, source et fondement de la maternité de grâce : l'ange salue l'humble vierge ; il lui annonce qu'elle donnera au monde un Sauveur en la personne du Verbe incarné ; enfin, la lumière divine qui l'enveloppe et la pénètre devant les anges en adoration, révèle le mystère accompli.

Sur le retable, la Visitation indique la maternité de grâce en la personne de Jean-Baptiste sanctifié par l'intermédiaire de Marie ; les noces de Cana montrent cette maternité qui s'exerce même dans l'ordre temporel.

Au sommet, occupant la place réservée au Crucifix sur tout autel où se célèbre la messe, un calvaire en ronde bosse : Marie au pied de la croix entend la

---

1. J. Duthil, articles déjà cités, n° VII.

divine parole qui la proclame mère de tous les chrétiens, du corps mystique de Jésus-Christ, comme elle a donné naissance à son corps naturel ; saint Jean, le disciple bien-aimé, représente les générations chrétiennes, et reçoit en leur nom la promesse correspondante.

Ce superbe ensemble, l'autel, l'habitacle, les chandeliers, les lampes, les lampadaires, les ornements en bronze et métaux, tout cela est l'œuvre de M. Trioullier, un artiste parisien dont la mort vient de terminer la carrière. Ces travaux constituent son principal titre au souvenir de la postérité. Notre-Dame, pour qui il a travaillé avec tant de zèle et d'amour, lui aura obtenu sans doute une plus haute récompense.

Comme elle s'offre maintenant à nos regards, la sainte chapelle est un morceau d'architecture vraiment exquis, mais elle n'aura sa valeur complète que dans la basilique achevée, comme partie d'un ensemble où tout se tient, où les harmonies et les contrastes font ressortir chaque chose et déterminent son effet propre. D'autre part, la ville de Lille a sa dette à payer, son engagement d'honneur à tenir : elle a promis à Notre-Dame de la Treille non-seulement un sanctuaire, une chapelle, mais une église monumentale, une basilique renfermant et complétant le sanctuaire, une cathédrale digne de recevoir la chaire des pontifes.

Aussi, le jour même où l'on clôturait les fêtes d'inauguration de la chapelle absidale, la reprise des travaux était annoncée et par les promoteurs de l'œuvre, et par Mgr l'archevêque, dont la haute approbation sanctionna ce pieux dessein.

Ce que l'on construira, ou plutôt ce que l'on construit en ce moment, ce sont les quatre chapelles absidales qui forment l'accompagnement et le cadre immédiat du sanctuaire de Notre-Dame. Ces chapelles sont dédiées, à savoir : celles qui se trouvent en avant, sur la droite et sur la gauche, à sainte Anne, mère de la T. S. Vierge, et à saint Jean, le premier-né de ses enfants d'adoption ; les deux autres, en arrière, au bienheureux Charles le Bon, comte de Flandre, et à saint Louis, auquel on joindra Jeanne d'Arc après sa béatification.

Les médaillons des verrières, dues au même artiste que celles déjà posées, rappelleront les industries lilloises, en les groupant près de sainte Anne, l'une de leurs patronnes ; la science et les écoles, sous les auspices de saint Jean, l'aigle de la théologie ; les gloires de la France chrétienne, les *Gesta Dei per Francos*, avec saint Louis et Jeanne d'Arc ; puis enfin, ce sera la Flandre et Lille, leurs princes, leurs magistrats si religieux, dont le bienheureux Charles le Bon reste le type consacré par la vénération des peuples et l'autorité de l'Eglise.

Ainsi seront appelés auprès de la Patronne de Lille, et invités à demander ses grâces, par l'intercession de leurs protecteurs spéciaux, les écoliers, les étudiants, les soldats, les ouvriers et les chefs de nos industries, les administrateurs et les magistrats de nos cités.

Les chapelles de Saint-Jean et de Saint-Louis, commencées en 1898, sont sur le point d'être terminées. Les deux autres suivront, du côté de l'évangile. On mènera de front le déambulatoire, pour le continuer après cela devant les deux chapelles élevées en premier lieu. Ainsi se trouveront achevés les abords et les dégagements du sanctuaire de Notre-Dame de la Treille.

L'exécution de ce programme demandera cinq à six ans. C'est, sans doute, le transept que l'on attaquera ensuite, pour l'élever dans toute sa hauteur, avec les portails du nord et du midi, avec la flèche s'élançant du toit. Puis il faudra terminer le chœur et les nefs correspondantes. Enfin resteront, en avant du transept, les travées de la grande nef et de ses bas côtés, la façade principale et ses deux tours aux flèches aériennes.

Telle est la tâche que devront fournir les prochaines générations. Une cathédrale ne se bâtit pas en un jour : celles qui couvrent le sol de notre vieille France ont mis des siècles à s'élever. Espérons, pourtant, qu'en ce siècle de la vapeur et de l'électricité, les choses marcheront plus vite. Nous ne sommes plus aussi patients que nos pères : nous avons, d'ailleurs, des moyens d'exécution bien autrement rapides. C'est à nous d'avoir la même foi et la même dévotion qui, en d'autres temps, avec de moindres ressources, ont produit tant de merveilles.

L'abbé Combalot espérait que la basilique achevée serait offerte à Notre-Dame de la Treille pour son Jubilé centenaire de 1954. Il faut tout au moins qu'on puisse lui en présenter la plus grande partie, le chœur et le transept avec leurs dépendances. La grande nef et la grande façade, ainsi que les deux tours, seraient laissées pour la seconde moitié du XXe siècle. Le XXIe, à son aurore contemplerait la merveilleuse basilique dans toute sa splendeur et son intégrité.

C'est un beau rêve assurément. Sa réalisation est-elle impossible ? Non, certes. Les Lillois ont montré en maintes circonstances de quoi ils sont capables : ici particulièrement, que ne peut-on espérer de leur zèle, de leur amour envers leur mère ?

Afin d'atteindre le but que l'on doit dès à présent se proposer, il faut que tous se mettent à l'œuvre, pauvres et riches, petits et grands. L'humble obole prélevée sur des ressources modestes n'est certes pas moins méritoire que la riche offrande de qui consacre à Dieu son superflu. Elle n'est pas non plus moins fructueuse. Tout au contraire, ce sont les petits efforts qui, en s'accumulant, obtiennent les grands résultats. Précisément parce qu'ils sont petits, il est possible de les étendre et de les multiplier davantage. Que tous les Lillois, que les confrères de Notre-Dame de la Treille prennent la sainte habitude de faire à l'œuvre, de temps en temps, une modique offrande, de profiter pour cela de leurs visites à la Madone, de consacrer de la sorte les grands événements de leur existence, et surtout le plus décisif, celui qui le termine. Les anciens confrères ne manquaient point de laisser à leur mort une petite somme, ce qu'on appelait le Joyel de Notre-Dame. Les besoins sont aujourd'hui infiniment plus étendus, et nous n'avons pas la riche dotation de la Collégiale, dont profitait le sanctuaire de la Vierge. C'est une raison ajoutée à tant d'autres pour ressusciter et développer les antiques traditions de la piété lilloise. Ainsi, grâce au concours de tous, on verra s'achever l'œuvre si admirablement commencée : la basilique, orgueil de la cité, symbole de la dévotion de ses habitants, témoignage de leur goût éclairé pour les arts.

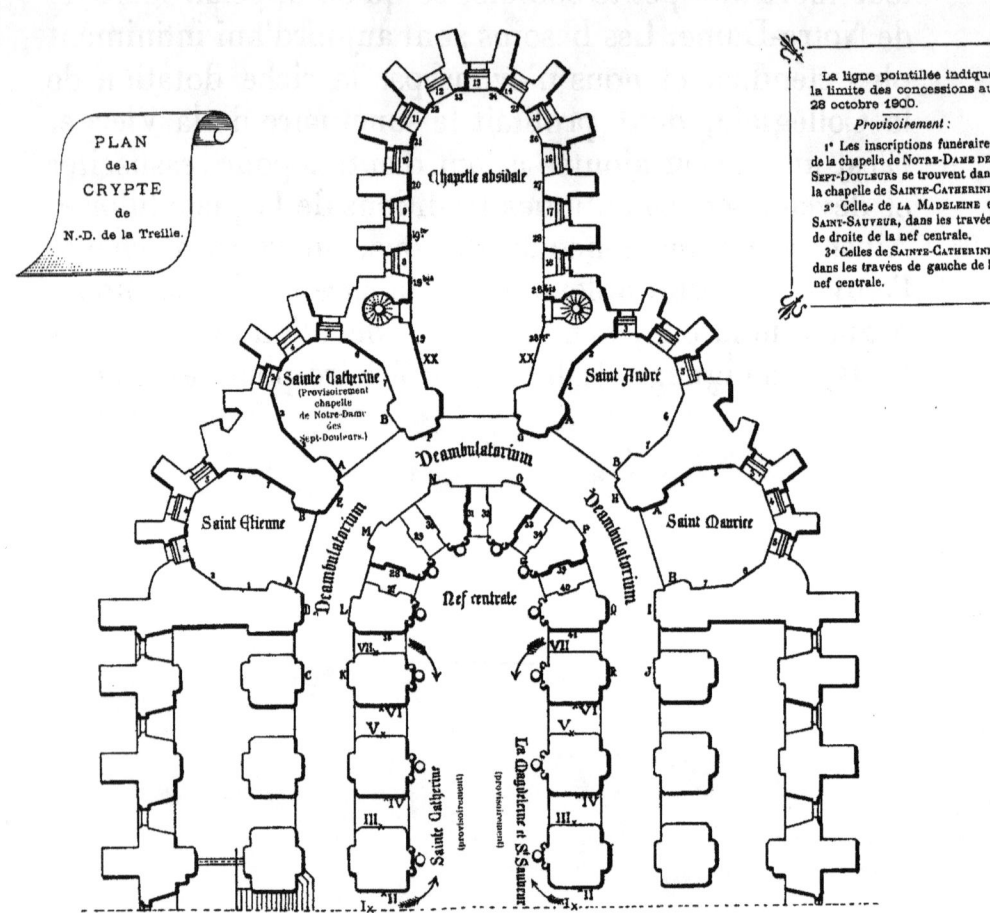

Appendice A.

INSCRIPTIONS FUNÉRAIRES DE LA CRYPTE

Sans nous astreindre à reproduire l'ordonnance des inscriptions, et les devises, prières, invocations, textes bibliques dont elles sont d'ordinaire accompagnées, nous donnons ci-dessous :

1º L'indication du sujet figurant sur chacun de ces petits monuments ;

2º Tous les noms que l'on y trouve inscrits. Les premiers, les principaux, ceux du père et de la mère, sont mis en avant, détachés de tous les autres.

Les numéros renvoient au plan de la crypte.

GRANDE CHAPELLE ABSIDALE

8ª. — *La Résurrection de Lazare.*

Paul-Aimé GONNET † 20 juillet 1858
Sidonie MURVILLE

Félix GONNET † 22 février 1856
Sophie CAUDRILLIER † 11 février 1842
François MURVILLE † 18 février 1861
Natalie LEMOINE † 28 septembre 1874

8ᵇ. — *Image du Cœur de Jésus.*

Maurice GONNET
Jeanne GROULOIS

Marie Gonnet — Marthe Gonnet † 24 mars 1899 — Madeleine Gonnet
Paul-Aimé Gonnet — Thérèse Gonnet

8ᶜ. — *Image du Cœur de Marie.*

Eugène DUBRULLE
Marthe GONNET

Joseph Dubrulle — Jacques Dubrulle — Emmanuel Dubrulle † 30 août 1878 — Eugène Dubrulle — Maurice Dubrulle † 5 mai 1883 — Henry Dubrulle — Marie-Paule Dubrulle

—

8ᵈ. — *Deux anges agenouillés tenant une banderole.*

Emmanuel GONNET † 11 juin 1859

—

9ª. — *Armoiries de la famille.*

Auguste DE COURCELLES † 17 août 1860
Justine DE PETITPAS † 15 août 1862

Léon, comte de Germiny † 26 mai 1881, et Henriette de Courcelles † 19 février 1882 — Anatole, comte de Caulaincourt † 7 mai 1896, et Alix de Courcelles † 12 mai 1872 — Raoul, comte de Favières, et Agathe de Courcelles † 14 février 1880

—

9ᵇ. — *Armoiries de la famille.*

Léon, comte DE GERMINY † 26 mai 1881
Henriette DE COURCELLES † 19 février 1882

Marie, comtesse de Germiny † 20 février 1887, et Arthur de Gilles † 26 mai 1891 — Antoine, général, comte de Germiny, et Cécile de Valanglart † 7 mars 1886 — Auguste, comte de Germiny, et Lucie de Norguet † 27 septembre 1890

—

9ᶜ. — *Armoiries de la famille.*

Anatole, comte DE CAULAINCOURT † 7 mai 1896
Alix DE COURCELLES † 12 mai 1872

Bernard de Loisy et Marguerite de Caulaincourt † 18 novembre 1890 — Jeanne de Caulaincourt † 20 septembre 1862 — Aldonce, comte Dauger, et Léontine de Caulaincourt † 24 octobre 1889 — Louis de Caulaincourt † 11 juin 1857

—

9ᵈ. — *Deux anges agenouillés tenant une banderole.*

Louis DE CAULAINCOURT † 11 juin 1857

10. — *Un officier et une femme agenouillés devant Notre-Dame de Lorette.*

Charlotte Le Febvre de Lattre Du Cliquenoy
Alexandre de Pas † 31 août 1873
Mizael de Pas, blessé mortellement à Castelfidardo le 16 septembre 1860 et décédé à Lorette le 24 septembre suivant

—

11. — *Armoiries de la famille.*

Charles Van der Cruisse de Waziers † 14 mars 1862
Adélaïde Le Mesre † 13 avril 1872

Anatole de Melun † 15 janvier 1888 et Marie de Waziers † 10 décembre 1884 — Pierre de Vilmarest et Céline de Waziers † 30 octobre 1886 — Yves du Hays et Alexandrine de Waziers — Louis de Lencquesaing † 24 janvier 1887 et Mélanie de Waziers — Louis de Waziers et Léontine du Passage — Christine de Waziers † 1er février 1844

—

12. — *Armoiries de la famille.*

Dominique Dehau et Victoire Bonnier de Layens
Louis Defontaine † 26 décembre 1858 et Henriette Leroy
Felix Dehau † 14 novembre 1870
Stéphanie Defontaine † 8 février 1887
Félicie Dehau
Félix Dehau et Marie Lenglart

Pierre Dehau — Félicie Dehau — Claire Dehau — Madeleine Dehau — Marthe Dhau † 13 juin 1875 — Marthe Dehau — Elisabeth Dehau — Louise Dehau — Henriette Dehau — Jean Dehau

—

13. — *Armoiries du défunt* (dans le haut).
Une tête de mort, un sablier (dans les angles du bas)

Jean Le Vasseur, maïeur de Lille, † 19 avril 1644

—

14. — *Armoiries du chapitre de Cambrai et de la famille Bernard.*

Alexandre Bernard † 30 août 1848
Amélie Serret † 14 juin 1842
Chanoine Charles Bernard
Restaurateur du culte de Notre-Dame de la Treille † 6 septembre 1882

15. — *Armoiries de la famille.*

Alexandre Jonglez de Ligne † 21 juin 1880
Henriette d'Haubersart † 5 septembre 1884
Sophie Jonglez de Ligne, en religion Sœur Catherine de Sienne
Fondatrice du Carmel de Lille

—

16. — *Armoiries de la famille.*

Auguste Bernard † 17 mars 1859
Adélaïde Beaussier † 11 septembre 1859
Ernest Le Liepvre † 1856 et Adèle Bernard † 1837
L'abbé Le Liepvre — Albert Le Liepvre
Élisabeth Bernard † 1853

Gustave Le Liepvre, Gabrielle Hollande — Paul Le Liepvre, Berthe Ewbank — Adrienne Le Liepvre, Général Allard — Maurice Le Liepvre, Marie Liegeard

Gustave Bernard † 1890 et Cécile Beaussier † 1844
Louise Bernard — Édouard Crépy
Adèle Mesdach de Ter Kiele † 1887

Marthe Bernard — Anne-Marie Bernard, Frédéric Gheysens — Frédéric Bernard, Marie Pérus — Valentine Bernard, Victor Jacobs — Augustin Bernard, Elise Bruls — Alfred Bernard, Marie Lefebvre et Gabrielle Lefebvre

Charles Kolb-Bernard † 1888 et Sophie Bernard † 1884
Gustave Kolb-Bernard, E. Masquelier — Ar. Kolb-Bernard, M. Halgan — Gabrielle Kolb-Bernard, Henri Daudier — H. Kolb-Bernard, L. Daudier — G. Kolb-Bernard, J. Hollande — J. Kolb-Bernard, M. de Forge

Alexandre d'Aubigny † 1877 et Justine Bernard † 1874
Victor d'Aubigny, M. Jolly-Plessis — Aug. d'Aubigny, M. Malespine — Alfred d'Aubigny — C. d'Aubigny, M^{ie} de Cathelineau — Charles d'Aubigny, J. de Villepin et Isabelle Dubrulle — Marie d'Aubigny, Paul de Sazilly

17. — *Armoiries avec la devise :* Fortis dominabitur astris.

Comte de la Granville † 31 mai 1870
Marquise de Beaufort † 6 septembre 1865

—

18. — *Une église de style gothique.*

Florentin Droulers † 14 septembre 1864
Roseline Cuvelier † 11 juin 1832 et Marie Liégeois † 27 décembre 1858
Achille Boutry † 16 juin 1865 et Léonie Droulers
Charles Droulers † 12 septembre 1896
Julie Vernier † 16 janvier 1880 et Marie Mas
Édouard Decoster † 27 janvier 1871 et Eugénie Droulers † 28 octobre 1896

19. — *Une couronne de comte.*

Comte Christian d'Hespel
Comtesse Christian d'Hespel

---

19 bis. — *La Justice, sous les traits d'un personnage qui appuie la main droite sur une épée et qui tient une balance dans la main gauche.*

Gustave Théry
Marie Delcourt

---

20. — (Libre.)

---

21. — *Un ostensoir.*

François-Philibert Vrau † 1870
Marie-Antoinette Aubineau † 1888
Sophie-Natalie Vrau † 1881 et Louis Gros
Philibert Vrau
Marie-Lucie Vrau et Camille Féron

---

22. — *Le R. Père Vitse, donnant le voile à la R. Mère Marie-Joseph.*

R. P. Pierre Vitse, de la Cie de Jésus † 18 octobre 1881
R. M. Marie-Joseph, née Joséphine Wibaut, † 10 novembre 1875

---

23. — *Le chanoine Delassus, agenouillé devant Notre-Dame de la Treille.*

Henri Delassus, chapelain de Notre-Dame de la Treille
et Directeur de *la Semaine religieuse*

---

24. — *L'architecture gothique, symbolisée sous les traits d'un artiste qui tient une équerre de la main droite et un compas de la main gauche.*

Charles Leroy, premier maître de l'œuvre de Notre-Dame
de la Treille † 10 août 1879

---

25. — (Concédée.)

26. — *Dans les nues, Notre-Dame de la Treille, saint Joseph et un ange; sur la terre, un malade étendu sur un lit de douleur et saint Camille de Lellis qui lui prodigue ses soins.*

Camille-Edouard Féron-Vrau
Marie-Lucie Vrau
Édouard Féron-Vrau † 1864
Paul Féron-Vrau et Germaine Bernard
André Féron-Vrau † 1868 — Joseph Féron-Vrau † 1867
Anne-Marie Féron-Vrau † 1887

—

27. — *Saint Joseph portant dans ses bras l'Enfant Jésus.*

Antoine-Joseph Scrive † 1864 et Henriette Labbe † 1869
Dominique Bigo † 1876 et Marie-Joseph Danel † 1879
Ignace Scrive † 1896
Marie-Joseph Bigo † 1896
Léon Barrois † 1858 et Caroline Scrive
Gustave Scrive et Cécile Gloxin
Marguerite Scrive † 1874 — Marcel Scrive — Raymond Scrive
Gustave Scrive — Geneviève Scrive — René Scrive

—

28ᵃ. — *Jésus envoie ses douze apôtres prêcher l'évangile.*

Veuve Cussac † 1870
Jules Cussac † 1887
Émile Cussac † 1898
Aline Cussac

—

28ᵇ. — *Armoiries de la famille.*

Alexandre Jonglez de Ligne
Pauline Copreaux 28 mai 1870
Paul Jonglez de Ligne
Marguerite-Marie de la Maufreyère, née Jonglez de Ligne
Marie-Thérèse de Champs-de-Saint-Léger, née Jonglez de Ligne
† 20 janvier 1892
Marthe Guy T'Kint de Roudenbeke, née Jonglez de Ligne

—

28ᶜ. — (Libre.)

CHAPELLE SAINT-ÉTIENNE

1. — *Élection de saint Étienne.*

Séraphin MALFAIT † 24 avril 1827
Marie SMET † 6 avril 1860

Séraphin Malfait † 31 mai 1867 — Eulalie Malfait † 10 février 1860 — Justin Malfait † 26 septembre 1807 — Louis Delcourt † 16 juillet 1861, Elisabeth Malfait † 17 décembre 1869 — Firmin Malfait † 28 juin 1874 — Pélagie Malfait † 4 mars 1878 — Silvain Malfait † 2 février 1815 — Louis Malfait † 23 novembre 1879, Céline Desurmont — Marie-Louise Malfait † 4 juin 1822 — Justine Malfait — Gustave Mourcou † 12 mai 1887, Sylvie Malfait † 29 mars 1877 — Lucie Malfait † 2 octobre 1864

2. — *Saint Étienne opérant des miracles.*

Jean CARLIER † 18 novembre 1815
Marie HOUSEZ † 18 janvier 1810

Albert MAHY † 26 août 1833
Marie POTTIER † 13 février 1810

Charles CARLIER † 14 juillet 1870

Henriette MAHY † 2 février 1898

3. — *Saint Étienne au tribunal de Caïphe.*

Alexandre MASSE † 29 mars 1873
Delphine LEFEBVRE † 12 juillet 1872

Laure Masse † 11 mars 1843 — Alfred Masse † 29 avril 1890, Angélique Meurisse — Alexandre — Albert — Laure — Thérèse — Alfred — Louis Roland-Gosselin, Adeline Masse † 22 août 1889 — Albert † 22 octobre 1851 — Lucile — Eugène — Pierre — Louise — Alphonse — Albert — Adèle — Joseph † 2 octobre 1892 — Marguerite — Charles † 4 juin 1894 — Octave — François

4ª. — *Saint Étienne lapidé.*

Antoine GENNEVOISE † 30 octobre 1859
Hortense DEFONTAINE † 6 novembre 1878

Lucien GENNEVOISE † 31 mai 1886
Céline DELVAL † 26 avril 1889

Florian GENNEVOISE
Marie DESCAMPS

Dom Félix GENNEVOISE, Prieur dans l'ordre des Chartreux

Henri GENNEVOISE
Elisa LEFEBVRE

Edmond GENNEVOISE
Honorine LORTHIOIS

Louis Gennevoise † 4 novembre 1890 — Sophie Gennevoise † 27 mai 1849 — Marie Gennevoise † 20 février 1866

4^b. — *Pierre horizontale décorée d'un simple encadrement.*

Louis Deroubaix † 27 juillet 1848
Lucie Lefebvre † 16 avril 1859
Maitre André Deroubaix, doyen de Notre-Dame, à Douai, † 18 janvier 1892

—

5. — *Saint Étienne voit les cieux ouverts.*

Ferdinand Lefebvre † 17 décembre 1871
Marie Pierrard † 22 mars 1875
Alexis Mention † 26 juillet 1861
Louise Rossy † 27 novembre 1835
Ferdinand Lefebvre † 23 janvier 1885
Elise Mention † 1er avril 1896

Marie Lefebvre — Louise Lefebvre — Eugénie Lefebvre — Jeanne Lefebvre

—

6. — *Déposition du corps de saint Étienne.*

Alexandre Trannin † 11 mai 1873
Marie Proyart † 5 mai 1858

Alexandre Trannin † 11 août 1878 — Louise Trannin — Augustin Trannin — Rosalie Trannin — Joseph Trannin — Marie Trannin † 24 février 1843 — Joséphine Trannin

—

7. — *Invention du corps de saint Étienne.*

Pierre Berthelot † 1er février 1870
Octavie Van Ruymbeke † 17 janvier 1831
Agathe Van Hœnaker † 13 juin 1857

Louis Berthelot † 3 juin 1890 — Henri Berthelot † 18 décembre 1870 — Charles Berthelot † 9 octobre 1874 — Félix Berthelot † 12 mars 1872

—

Pierres A et B placées à l'entrée de la chapelle. (Libres.)

CHAPELLE SAINTE-CATHERINE

—

1. — *Sainte Catherine se présente devant Maximin.*

Maitre Benoit Delcambre, aumônier du Bon-Pasteur
† 11 février 1892

— 309 —

2. — *Sainte Catherine convertit les philosophes.*

Louis SALEMBIER † 21 janvier 1846
Pauline PETERINCK † 5 février 1846
Joséphine SALEMBIER † 29 août 1887
Pauline SALEMBIER † 28 juin 1882

---

3. — *Sainte Catherine en prison, consolée par les anges.*

Jean REMY † 14 avril 1818 et Henriette DELEDICQUE, 16 juin 1848
Édouard REMY † 26 janvier 1887
François REMY † 1822
Zoé REMY † 16 juin 1818
Camille-Henri REMY † 14 mai 1889 et Catherine MEURISSE † 10 mai 1854
Camille-Édouard REMY † 17 février 1891 et Marie RICHEBÉ † 25 mai 1875
Charles DE ROSAMEL † 24 octobre 1897 et Cécile REMY † 14 novembre 1879

---

4. — *Sainte Catherine convertit Faustine et Porphyre.*

Famille BOLLAERT-TILLOY

---

5. — *La roue, instrument du supplice, est brisée.*

Ange COEVOET † 26 mars 1875
Catherine SCHODDUYN † 17 août 1887
Louise Coevoet — Adèle Coevoet † 22 juin 1884 — Paul Coevoet — Palmyre Coevoet † 28 mars 1850 — Justine Coevoet † 10 mars 1850 — Hector Coevoet — Alphonse Coevoet — Marie Coevoet † 24 mars 1853 — Elise Coevoet † 28 novembre 1878 — Albert Coevoet † 19 avril 1883 — Cécile Coevoet — Victorine Coevoet — Esther Coevoet

---

6. — *Décapitation de sainte Catherine.*

Alexandre LEGRAND † 31 octobre 1881
Victoire OUDART † 3 mai 1875
Jean-Baptiste LEGRAND
Victorine-Marie LEGRAND
Antoinette LEGRAND

---

7. — *Les anges l'ensevelissent sur le Sinaï.*

Jules CASTELEYN † 29 mai 1859
Elisa LEBON † 26 mars 1879

---

8. — *Pierres A et B placées à l'entrée de la chapelle.* (Libres.)

CHAPELLE SAINT-ANDRÉ

1. — *Saint Jean-Baptiste fait connaître Notre-Seigneur à André, son disciple.*

J.-B. DE MUYSSART, ancien Maire de Lille, † 14 juillet 1848
Marie DE BRIFFŒIL † 12 avril 1836
Louis DE MUYSSART † 19 juin 1841
Adèle DE MUYSSART † 1804
Charles DE MUYSSART † 20 avril 1856
Aglaé DE MUYSSART † 15 janvier 1871

2. — *Saint André se rend auprès de Notre-Seigneur.*

Louis DE RENTY † 1837
Julie DE L'ISLE † 1853
Valery DE RENTY † 1884
Zoé GRENET DE FLORIMOND † 1885
Alix DE RENTY
Raoul DE HAUTECLOCQUE † 1868
Claire DE RENTY
Robert LE VASSEUR DE BAMBECQUE MAZINGHEM
Gaston DE RENTY

3. — *Saint André amène saint Pierre à Notre-Seigneur.*

Charles VERLEY
Marie LIÉNART † 1er juin 1879
Marie CROUAN

Marie Verley — Charles Verley — Pierre Verley — Clémence Verley — Maxime Verley — Marthe-Marguerite-Marie Verley.

Michel Verley † 13 janvier 1898 — Gabriel Verley † 22 juillet 1883 — Robert Verley — Jacques Verley — Jean Verley — Marguerite Verley

4. — *Vocation de saint Pierre et de saint André.*

Claude CHARVET † 11 octobre 1863
Séraphine BARROIS † 16 mars 1867

Alexandre Bernard † 11 novembre 1846, Cécile Charvet † 25 août 1846 — Hippolyte Fockedey † 17 septembre 1873, Clémence Charvet † 20 février 1894 — Alfred Dumont † 9 décembre 1885, Fanny Charvet † 19 septembre 1842 — Charles Flamen † 22 mai 1868, Clarisse Charvet — Auguste Scalbert † 22 décembre 1899, Eugénie Charvet † 2 avril 1887 — Amand Charvet † 24 novembre 1894, Aline de la Courneuve † 25 juillet 1897

5. — *Saint André refuse de sacrifier aux idoles.*

Famille Scrive-Wallaert

—

6. — *Saint André salue la croix.*

Maître Philippe Desplanque
Curé de Lambersart-lez-Lille
Aumônier des Dames de la Sainte-Union
† 19 avril 1882

—

7. — *Prière de saint André. Il expire sur la croix.*

Cyrille Bailleu d'Avrincourt † 1852
Henriette de Hamel Bellenglise † 1862

Camille Bailleu d'Avrincourt † 1862 — Charles Bailleu d'Avrincourt † 1895 — Marie-Thérèse Butron y Muxica de la Torre † 1864 — Victorine Van Outryve d'Ydewalle

Comte Edouard de Pas et Camille-Agathe Bailleu d'Avrincourt

Louis de Maulde de la Tourelle
et Agathe-Alix Bailleu d'Avrincourt † 1869

Pierres placées à l'entrée de la chapelle.

—

A. — *Une croix de Malte, répétée aux quatre angles d'un riche encadrement composé de feuilles de laurier.*

Louis Dupont † 2 avril 1822
Marie Smalle † 18 janvier 1850
J.-B. Claro † 18 septembre 1873
Charlotte Boutry † 8 janvier 1868
Henri Dupont † 27 novembre 1888
Lucie Claro
Henri Dupont

—

B. — *Le monogramme du Christ, répété aux quatre angles d'un riche encadrement composé de lys et de roses.*

Alexandre Quecq d'Henripret † 15 mars 1891
Henriette de Savany du Gavre † 6 octobre 1855

Arthur Quecq d'Henripret, Mathilde Van Eyll — Marie-Antoinette Quecq d'Henripret, Mizael de Pas — Gustave Quecq d'Henripret † 20 juillet 1876, Sara de Norguet — Agathe Quecq d'Henripret † 23 janvier 1887, Camille de Vicq, 16 avril 1894 — Adeline Quecq d'Henripret † 26 octobre 1853, Auguste de France de Hélicon † 24 septembre 1871

CHAPELLE SAINT-MAURICE

1. — *Baptême de saint Maurice et de sa légion.*

Pierre LECLERCQ † 11 juin 1846
Thérèse MAHIEU DES CHAMPAGNES † 9 mars 1844

Charles Leclercq des Champagnes † 13 avril 1891 — Thérèse Leclercq des Champagnes † 6 février 1851 — Marie Leclercq des Champagnes † 6 mars 1815

—

2. — *Saint Marcellin confirme sa légion dans la foi.*

Henri BOUTRY † 9 juillet 1890
Pauline VAN ISSELSTEYN † 10 octobre 1871

—

3. — *Saint Maurice refuse de poursuivre les chrétiens.*

François COLOMBIER † 6 janvier 1866
Adèle LELIÈVRE † 23 octobre 1840

Louise Colombier — Lucie Colombier — Mélanie Colombier † 24 mai 1827 — Sophie Colombier † 26 juillet 1864 — Charles Colombier † 3 mai 1890 — Mélanie-Florentine Colombier — Henri Colombier — Octave Colombier — Georges Colombier † 3 mai 1888 — Clarisse Colombier † 4 octobre 1882 — Théodore Colombier — Anaïs Colombier † 25 janvier 1865 — Benjamin Colombier † 1er mars 1879 — Esther Colombier — Valery Colombier † 2 novembre 1840

—

4. — *Saint Maurice voit sa légion décimée.*

Dominique DEHAU † 21 décembre 1861
Albertine DUQUESNE † 3 octobre 1835
Henri DELERUYELLE † 15 avril 1850
Thérèse DE COUSSEMAKER † 28 avril 1829
Charles DEHAU † 24 décembre 1873
Henriette DELERUYELLE † 28 avril 1899
Céline DEHAU † 10 février 1889
Henri LE BOUCQ † 27 octobre 1865
Mélanie DELERUYELLE † 3 mars 1880
Clotilde DELERUYELLE † 22 avril 1899

5. — *Saint Maurice refuse de sacrifier aux idoles.*

Lucien ROUZÉ † 1894
Marie-Thérèse HUET † 1898
Marie-Thérèse ROUZÉ † 1858
Lucien ROUZÉ † 1897
Henri FAURE
Marie-Charlotte ROUZÉ † 1889
René Faure — Robert Faure — Geneviève Faure — Jean Faure

—

6. — *Saint Maurice exhorte sa légion au martyre.*

Charles KOLB † 7 mai 1888
Sophie BERNARD † 17 août 1884

Emile Masquelier, Emilie Kolb-Bernard — Armand Kolb-Bernard, Marguerite Halgan — Henry Daudier † 16 février 1885, Gabrielle Kolb-Bernard — Louis Daudier, Henriette Kolb-Bernard † 26 janvier 1893 — Gustave Kolb-Bernard, Julie Hollande — Fernand Kolb-Bernard, Madeleine de Sazerac de Forge

—

7. — *Martyre de saint Maurice et de sa légion.*

Désiré DE MARBAIX † 25 août 1826
Adèle HAUTRIVE † 9 juin 1876

Maître Désiré De Marbaix, administrateur délégué de l'œuvre de Notre-Dame de la Treille † 19 février 1900 — Adèle de Marbaix, en religion Dame Laurente, Bernardine d'Esquermes — Emilie de Marbaix † 28 juin 1894

—

Pierres A et B placées à l'entrée de la chapelle. (Libres.)

NOTRE-DAME DES SEPT-DOULEURS

—

1. — *Première douleur de Notre-Dame : Prophétie du saint vieillard Siméon.*

Louis MEURISSE † 4 janvier 1847
Catherine DELEMER † 31 juillet 1828
Jean-Baptiste DERUELLE † 25 juin 1823
Marie LAMBLIN † 25 novembre 1852
Louis MEURISSE † 16 janvier 1860
Marie DERUELLE † 23 octobre 1868

2. — *Deuxième douleur de Notre-Dame :*
Fuite en Egypte.

Louis Delcourt † 6 novembre 1899
Julie Meurisse

Élisabeth Delcourt † 30 décembre 1873 — Marguerite Delcourt
Madeleine Delcourt — Marie-Thérèse Delcourt — Louis Delcourt

3ᵃ. — *Troisième douleur de Notre-Dame :*
Marie à la recherche de Jésus.

Émile Vandame † 19 novembre 1893
Louise Meurisse † 12 novembre 1882

Émile Vandame — Georges Vandame — Henri Vandame — Louis Vandame — Paul Vandame — André Vandame — Céline Vandame — Angélique Vandame † 2 octobre 1867 — Élise Vandame

---

3ᵇ. — *Le poisson (symbole du Christ) portant une corbeille*
de pains crucifères.

Jean-Baptiste Vandame † 5 janvier 1804
Flavie Nollet † 23 mai 1838

Henri Vandame † 11 août 1869 — Louis Vandame † 8 février 1876 — Charlotte Vandame † 26 novembre 1870 — Lactance Vandame † 18 avril 1881 — Joseph Vandame † 27 mars 1877

3ᶜ. — *La coupe mystérieuse où se désaltèrent*
deux colombes.

Louis Vandame † 7 février 1876
Victoire Buisine † 26 novembre 1871
Louise Vandame † 31 mars 1840
Émile Vandame † 19 novembre 1893
Louise Meurisse † 12 novembre 1882
Céline Vandame † 10 mars 1833
Élise Vandame † 11 avril 1841

3ᵈ. — *Une colombe portant une branche de laurier*
dans le bec et volant vers la croix.

Joséphine Meurisse
en religion Dame Marie-Élisabeth † 2 janvier 1894

4. — *Quatrième douleur de Notre-Dame :*
Jésus rencontre sa sainte Mère.

Charles VERLEY † 14 mars 1872
Philippine LIÉNART † 12 mars 1883

Adèle Verley — Charles Verley — Céline Verley — Clémence Verley † 2 décembre 1863 — Georges Verley † 20 mai 1895 — Laure Caillau — Augusta Caillau † 28 novembre 1848

---

5. — *Cinquième douleur de Notre-Dame :*
Marie au pied de la croix.

Népomucène CLAINPANAIN † 13 mars 1890
Jeanne POLLET † 24 avril 1881

Léontine Clainpanain — Oscar Clainpanain † 28 février 1864 et Léonie Lefort — Alfred Clainpanain, prêtre, † 8 janvier 1879 — Théodore Clainpanain et Nelly Morel — Marie Clainpanain † 10 décembre 1839

---

6. — *Sixième douleur de Notre-Dame :*
Jésus est déposé de la croix et remis à sa mère.

Louis DELCOURT † 16 juillet 1861
Élisabeth MALFAIT † 17 décembre 1879

Louis Delcourt † 6 novembre 1899 et Julie Meurisse — Adèle Delcourt † 16 juillet 1842 — Élise Delcourt † 3 mars 1838 — Ernest Delcourt et Blanche Roquette — Gustave Théry et Marie Delcourt — Clovis Delcourt † 3 octobre 1838

---

7. — *Septième douleur de Notre-Dame :*
Jésus mis au sépulcre.

François VENNIN † 10 mars 1866
Honorine DEREGNIAUX † 21 septembre 1885
François Vennin † 4 mars 1857 — Édouard Vennin
Hortense Vennin † 3 avril 1868

CHAPELLE SAINT-SAUVEUR
ET SAINTE - MARIE - MADELEINE

1. — *Marie-Madeleine chez Simon le Pharisien.*

Henri Cuvelier † 6 janvier 1861
Julie Bernard † 16 octobre 1882
Henri Cuvelier † 23 mars 1839
Edmond Connelly † 29 novembre 1899 et Amélie Cuvelier † 28 janvier 1880 — Anatole de Ségur et Cécile Cuvelier † 14 janvier 1885 — Georges d'Arjuzon † 9 avril 1900 et Valentine Cuvelier

---

2. — *Marie-Madeleine au tombeau de Lazare.*

Gustave de Bayser † 13 mars 1897
Adèle Duprez † 3 février 1884
Marie de Bayser
Gustave de Bayser et Marie Féron
René — Pierre — Marthe — Madeleine — Gustave
Camille de Bayser et Lucie Carette † 8 juillet 1883
Claire — Isabelle — Marie — Alice
Paul Florin et Henriette de Bayser
Édouard de Bayser et Jeanne Jaspar
André — Jean

---

3. — *Marie a choisi la meilleure part.*

Félix Bernard † 19 avril 1880
Clémence Chombart † 29 septembre 1870
Alfred Scalbert { Marie Bernard † 6 novembre 1870
Louise Bernard
Paul Lécroart et Amélie Bernard
Victor de Lafosse et Henriette Bernard
Félix Bernard † 23 juillet 1854
Clémence Bernard
Félix Bernard

4. — *Marie-Madeleine à Béthanie, suit le Sauveur.*

Henri BERNARD † 7 septembre 1889
Henriette CHARVET † 23 juin 1860
André BERNARD et Mathilde TILLOYE 21 juillet 1892
Étienne BERNARD † 10 avril 1845
Charles MILLE † 1er octobre 1874 et Antoinette Bernard
Georges VERLEY † 20 mai 1895 et Madeleine BERNARD
Adrien GAND † 3 mars 1898 et Élisabeth BERNARD
Joseph BERNARD et Hélène DE MONCHY
Claude BERNARD † 12 mai 1858
Albert DAVAINE et Marguerite BERNARD † 14 avril 1882
Henri BERNARD † 10 mars 1870
Claude BERNARD, S. J.
Jean BERNARD et Marie MASQUELIER

---

5. — *Marie-Madeleine au pied de la croix.*

Auguste SCALBERT † 22 décembre 1899
Eugénie CHARVET † 2 avril 1887
Henri SCALBERT † 21 octobre 1864 et Marie SAGOT
Marie SCALBERT
Le chanoine Raymond SCALBERT
L'abbé Arthur SCALBERT † 25 décembre 1880
Alfred SCALBERT { Marie BERNARD † 6 novembre 1870
Louise BERNARD
Charles DELLOYE et Fanny SCALBERT
Maurice SCALBERT et Jeanne DECOSTER
Célestin CORDONNIER et Noémi SCALBERT
Alphonse DENOYELLE et Louise SCALBERT 21 mars 1878
Pierre SCALBERT et Céline VANDAME

---

6. — *Jésus ressuscité apparaît à Marie-Madeleine.*

Benjamin BERNARD † 31 mai 1864
Adèle PÉTERINCK † 4 octobre 1853
Carlos Bernard et Louise Verstraete — Louis Bernard † 23 avril 1871
Céline DAMBRICOURT † 27 juin 1856
Thérèse Bernard, abbesse de Notre-Dame de Wisques
Marie DUBOIS
Pierre Bernard † 3 mars 1899 et Antoinette Ozenfant — François Bernard
et Cécile Maître — Sabine Bernard et Henri Maître

7. — *Marie-Madeleine à la Sainte-Baume, enlevée chaque jour par les anges.*

Famille Louis BERNARD

Déambulatorium : Pierres concédées jusqu'à ce jour.

(Lettre E du plan)

Ange DESCAMPS † 13 juillet 1895
Émilie MULOT 9 juillet 1894

Emile Descamps † 26 mars 1863 – Auguste Descamps et Marguerite Mulot — Marie-Ange Descamps † 2 juillet 1882 — Emile Descamps — Julien Thiriez et Julie Descamps

---

(Lettre F du plan)

François LONCKE † 30 mai 1870
Fanny MAC-CARTAN † 25 juillet 1880

Eugène Loncke † 6 avril 1891 et Marie Masquelier — Pierre Mercier † 24 novembre 1896 et Hélène Loncke — Auguste Souchon et Fanny Loncke.

(Lettre H du plan)

Eugène VERSTRAETE
Pauline MASQUELIER

Ernest Nicolle et Coralie Verstraete — Louis Nicolle — Henriette Nicolle — Marthe Nicolle — Antoinette Nicolle — Paul Verstraete † 17 mars 1877

Paul Deledicque et Valentine Verstraete † 4 août 1889 — Marie-Paule Deledicque — Adolphe Deledicque — Valentine Deledicque

Carlos Bernard et Louise Verstraete

Jules Verstraete † 27 août 1885 et Cécile Wallaert — Madeleine Verstraete

Appendice B.

ORNEMENTS DES CLOCHES.
FIGURINES, ARMOIRIES, INSCRIPTIONS.

I. — MARIE-PIE DE NOTRE-DAME DE LA TREILLE COURONNÉE.

Poids : 3.594 kilogr. — Hauteur[1] : 1 m. 80 c.

Note musicale : *la* (de l'octave inférieure).

Figurines :	Armoiries :
LE CHRIST [2]	PIE IX.
Bienheureux Benoît XI	Mgr Régnier.
Saint Dominique	Frères Prêcheurs.
Saint Joseph	Mgr Giraud.
N.-D. DE LA TREILLE [3]	COLLÉGIALE.
Saint Gabriel	Lille.
Bienheureux Alain de la Roche	Maréchal de Mac-Mahon.
Saint Pierre	Baudouin V.

Inscription :

✠ AD : HONOR : ALMAE : INSULARUM : PATRONAE : B : M : V : CANCEL-LATAE : MATRIS : GRATIAE : HAC : DIE : XXI : JUN : PONT : CORON : ANNIV : A : PIO : PP : IX : ILLMUM : AC : EMUM : PATREM : REN : FR : CARD : REGNIER : ARCHIEP : CAMERAC : DELEGANTE : CORONATAE : NECNON : SUB : TIT : SS : ROSARII : IN : HAC : S : DOMINICI : SEDE : OLIM : ACCLAMATAE : EGO : MARIA : PIA : B : M : V : CANCELLATAE : CORONATAE : ATQUE : GLORSSMI : ROM : PONT : QUI : HANC : IMM : V : BASILICAM : TANTIS : SUAE : PIETATIS : TESTIM : INSIGNIVIT : NOM : ET : PATROCINIO : INSI-GNITA : HUJUS : CIVIT : VIRGINIS : HABITATORES : TRINA : PER : DIEM : VICE : MONEBO : UT : CUM : ANGELO : DNAM : SUAM : AC : MATREM : SALU-TENT : DICENDO : AVE : MARIA. ✠✠ SUSCEPERUNT : ME : PRAECELL : VIR : BARO : LE : GUAY : HUJUS : PROVINC : PRAEF : ET : ILL : DNA : ELI-SABETH : DE : LA : CROIX : DE : CASTRIES : CONJ : INCLYTI : MARESCALLI : DE : MAC : MAHON : DUC : DE : MAGENTA : REI : PUBL : GALL : PRAES. ✠✠ A : D : MDCCCLXXIV.

---

1. La hauteur d'une cloche, avec son anse, est égale au diamètre pris à la base extérieure. Pour avoir approximativement la circonférence, multiplier par trois.
2. Au bas de la figurine du Christ on lit : P : DROUOT : DUACI.
3. Au bas de la figurine de Notre-Dame de la Treille on lit : D : F : F : P.

✠ *En l'honneur*

De l'auguste Patronne de Lille, la Bienheureuse Vierge Marie à la Treille, Mère de grâce, couronnée en ce jour 21 juin, anniversaire du couronnement du Souverain Pontife, par le Pape Pie IX, déléguant l'Illustrissime et Eminentissime Père en Dieu, René-François, Cardinal Régnier, archevêque de Cambrai,

Et acclamée autrefois sous le titre de Notre-Dame du très-saint Rosaire, en ce lieu même voué jadis à saint Dominique;

Moi, Marie-Pie, honorée du nom et du patronage de la Bienheureuse Vierge Marie à la Treille couronnée et du très-glorieux Pontife Romain, qui s'est plu à enrichir cette Basilique de la Vierge Immaculée de tant et de si précieux témoignages de sa piété,

Trois fois, le jour, j'inviterai les habitants de cette cité de la Vierge à saluer, avec l'Ange, leur Souveraine et leur Mère, en disant : Ave Maria.

Me reçurent, comme parrain et marraine, très-éminent Baron Le Guay, Préfet de ce département, et très-haute Dame Elisabeth de la Croix de Castries, épouse de l'illustre Maréchal de Mac-Mahon, Duc de Magenta, Président de la République Française.

L'an du Seigneur 1874.

✠ Ad honorem Almae Insularum Patronae, B. M. V. Cancellatae, Matris Gratiae, hac die XXI junii, Pontificis coronati anniversaria, a Pio PP. IX, Illustrissimum ac Eminentissimum Patrem Renatum Franciscum, Cardinalem Regnier, Archiepiscopum Cameracensem delegante, coronatae, necnon sub titulo sacratissimi Rosarii in hac Sancti Dominici sede olim acclamatae; Ego Maria Pia B. M. V. Cancellatae Coronatae atque gloriosissimi Romani Pontificis, qui hanc Immaculatae Virginis Basilicam tantis suae pietatis testimoniis insignivit, nomine et patrocinio insignita, hujus Civitatis Virginis habitatores trina per diem vice monebo ut cum Angelo Dominam suam ac Matrem salutent dicendo : Ave Maria. ❧❧ Susceperunt me praecellens vir Baro Le Guay, hujus provinciae praefectus, et illustris Domina Elisabeth de la Croix de Castries, conjux inclyti Marescalli de Mac-Mahon, ducis de Magenta, Rei Publicae Gallicae Praesidis. ❧❧ A. D. MDCCCLXXIV.

II. — MARIE DE SAINT-PIERRE.

Poids : 2.548 kilogr. — Hauteur : 1 m. 60.

Note musicale : *si*.

Figurines :	Armoiries :
LE CHRIST [1]	PIE IX.
Saint Marcellin	Mgr Régnier.
N.-D. des Sept-Douleurs	Philippe le Bon.
Saint Joseph	Mgr Giraud.
N.-D. DE LA TREILLE [2]	COLLÉGIALE.
Saint Eubert	Lille.
Saint Michel	Jeanne et Marguerite.
Saint Pierre	Baudouin V.

Inscription :

✠ AD : HONOR : ALMAE : INSULARUM : PATRONAE : B : M : V : CANCELLATAE : MATRIS : GRATIAE : HAC : DIE : XXI : JUN : PONT : CORON : ANNIV : A : PIO : PP : IX : ILLUMUM : AC : EMUM : PATREM : REN : FR : CARDIN : REGNIER : ARCHIEP : CAMERAC : DELEGANTE : CORONATAE : ATQUE : INVICTISSIMI : S : ECCLAE : PRINCIPIS : B : PETRI : AP : EGO : MARIA : SUB : AUSPICIIS : ANTIQUAE : INSULENS : COLLEGIATAE : ECCLAE : PATRONI : POSITA : QUIBUS : DILECTIONIS : GRATITUDINISQUE : ERGA : SSAM : PETRI : SEDEM : VINCULIS : HUJ : CIVITATIS : VIRGINIS : INCOLAE : ADNECTANTUR : CANCELLATA : JUBENTE : PERENNI : PRAEDICABO : VOCE : CANTANDO : TU : ES : PETRUS. ✠✠ SUSCEPERUNT : ME : HONORANDUS : VIR : ANDREAS : CATEL-BEGHIN : CIVIT : INSULEN : MAJOR : ET : PRAECLARA : DNA : HENRICA : DE : MILLY : UXOR : STRENUI : VIRI : CLINCHANT : SUMMI : IN : HAC : REGIONE : MILITUM : PRAEFECTI. ✠✠ A : INCARNATI : DOMINI : N : JESU-CHRISTI : MDCCCLXXIV.

---

1. On lit au bas de la figurine du Christ : P : DROUOT : DUACI.
2. On lit au bas de la figurine de Notre-Dame de la Treille : INSULENSES.

✠ *En l'honneur*

De l'auguste Patronne de Lille, la Bienheureuse Vierge Marie à la Treille, Mère de grâce, couronnée en ce jour 21 juin, anniversaire du couronnement du Souverain-Pontife, par le Pape Pie IX, déléguant l'Illustrissime et Eminentissime Père en Dieu, René-François, Cardinal Régnier, archevêque de Cambrai,

Et de l'invincible Chef de la sainte Eglise, le Bienheureux Pierre, Apôtre ;

Moi, Marie, placée sous les auspices du Patron de l'antique Collégiale de Lille ;

Pour redire par quels liens d'amour et de reconnaissance sont unis à la chaire sacrée de Pierre les habitants de cette cité de la Vierge, sur l'ordre de Notre-Dame de la Treille, je chanterai à jamais: Tu es Petrus.

Me reçurent, comme parrain et marraine, très-honoré André Catel-Béghin, maire de la ville de Lille, et noble dame Henriette de Milly, épouse du vaillant général Clinchant, commandant supérieur du premier corps d'armée du pays.

L'an du Seigneur 1874.

✠ Ad honorem Almae Insularum Patronae B. M. V. Cancellatae, Matris Gratiae, hac die XXI junii, Pontificis coronati anniversaria, a Pio PP. IX, Illustrissimum ac Eminentissimum Patrem Renatum Franciscum Cardinalem Regnier, Archiepiscopum Cameracensem delegante, coronatae, atque Invictissimi Sanctae Ecclesiae Principis Beati Petri Apostoli ; Ego Maria sub auspiciis antiquae Insulensis Collegiatae Ecclesiae Patroni posita, quibus dilectionis gratitudinisque erga Sanctissimam Petri Sedem vinculis hujus Civitatis Virginis incolae adnectantur, Cancellata jubente, perenni praedicabo voce cantando : *Tu es Petrus.* ✠✠ Susceperunt me honorandus vir Catel-Beghin, Civitatis Insulensis Major, et praeclara Domina Henrica de Milly, uxor strenui viri Clinchant, summi hac in regione militum Praefecti. ✠✠ A. Incarnati Domini Nostri Jesu Christi MDCCCLXXIV.

III. — MARIE DE SAINT-JOSEPH.

Poids : 1.780 kilogr. — Hauteur : 1 m. 45 c.

Note musicale : *do dièze*.

Figurines :	Armoiries :
LE CHRIST [1]	PIE IX.
Saint Pierre	Baudouin V.
Saint Raphaël	Saint Louis.
Saint Joseph	Mgr Giraud.
N.-D. DE LA TREILLE [2]	COLLÉGIALE.
Saint Gabriel	Lille.
Saint Eubert	Mgr Régnier.
Saint Michel	Jeanne et Marguerite.

Inscription :

✠ AD : HONOR : ALMAE : INSULARUM : PATRONAE : B : M : V : CANCEL-
LATAE : MATRIS : GRATIAE : HAC : DIE : XXI : JUN : PONT : CORON :
ANNIV : A : PIO : PP : IX : ILLMUM : AC : EMUM : PATREM : R : FR : CARD :
REGNIER : ARCHIEP : CAMERAC : DELEG : CORONATAE : ATQUE : VIGILSMI :
UNIVERS : ECCLAE : PATRONI : BSMI : JOSEPH : EGO : MARIA : INCLYTO :
EJUSD : INTEGERMI : DEIPAR : SPONSI : RECENTIORIS : INSUL : BASILICAE :
FAUTORIS : PRIMOQUE : ALTARI : IN : CRYPTA : EXSTRUCTO : AC : CONSECR :
DONATI : NOM : INSIGNITA : QUIBUS : DILECTIONIS : ET : FIDEI : ERGA :
HUNC : PIISSIMUM : PATREM : VINCULIS : HUJ : CIVIT : VIRGIN : INCOLAE :
VITAE : IN : PERIC : MORTIS : IN : ANGUST : POSITI : ADNECTANTUR :
CANCELLATA : JUB : PERENNI : PRAEDICABO : VOCE : CANTANDO : ITE :
AD : JOSEPH. ✠✠ SUSCEPERUNT : ME : PRAECELL : VIR : CAROL : LUD :
HENR : KOLB-BERNARD : CONCILII : AD : AEDAM : BASILIC : INSTIT : PRAES :
ET : HONORANDA : DNA : PHILIP : SOPH : VERLEY-LIENART : PIARUM :
EID : OPERI : ADDICT : MULIERUM : PRAES. ✠✠ A : D : MDCCCLXXIV.

---

1. On lit au bas de la figurine du Christ : P : DROUOT : DUACI.
2. On lit au bas de la figurine de Notre-Dame de la Treille : INSULENSES.

✠ *En l'honneur*

De l'auguste Patronne de Lille, la Bienheureuse Vierge Marie à la Treille, Mère de grâce, couronnée en ce jour 21 juin, anniversaire du couronnement du Souverain-Pontife, par le Pape Pie IX, déléguant l'Illustrissime et Eminentissime Père en Dieu, René-François, Cardinal Régnier, archevêque de Cambrai,

Et du très-vigilant Patron de l'Eglise universelle, le Bienheureux Joseph ;

Moi, Marie, honorée du nom béni du très-virginal Epoux de la Mère de Dieu, promoteur de la nouvelle Basilique de Lille et titulaire du premier autel construit et consacré dans sa crypte ;

Pour redire par quels liens d'amour et de filiale confiance sont unis à ce Père bien-aimé, à travers les périls de la vie et dans les suprêmes angoisses de la mort, les habitants de cette cité de la Vierge, sur l'ordre de Notre-Dame de la Treille, je chanterai à jamais : Ite ad Joseph.

Me reçurent, comme parrain et marraine, très-éminent Charles-Louis-Henri Kolb-Bernard, Président de la Commission établie pour construire la Basilique, et très-honorée dame Philippine-Sophie Verley-Liénart, Présidente des pieuses dames dévouées à la même Œuvre.

L'an du Seigneur 1874.

✠ Ad honorem Almae Insularum Patronae, B. M. V. Cancellatae, Matris Gratiae, hac die XXI Junii, Pontificis coronati anniversaria, a Pio PP. IX, Illustrissimum ac Eminentissimum Patrem Renatum Franciscum Cardinalem Regnier, Archiepiscopum Cameracensem delegante, coronatae, atque vigilantissimi Universalis Ecclesiae Patroni, Beatissimi Joseph ; Ego Maria, inclyto ejusdem integerrimi Deiparae Sponsi, recentioris Insulensis Basilicae fautoris, primoque Altari in Cripta exstructo ac consecrato donati, nomine insignita, quibus dilectionis et fidei erga hunc piissimum Patrem vinculis, hujus Civitatis Virginis incolae, vitae in periculis, mortis in augustiis positi, adnectantur, Cancellata jubente, perenni praedicabo voce cantando : *Ite ad Joseph*. ❧❧ Susceperunt me praecellens vir Carolus Ludovicus Henricus Kolb-Bernard, Concilii ad aedificandam Basilicam instituti Praeses, et honoranda Domina Philippina Sophia Verley-Lienart, piarum eidem operi addictarum mulierum **Praeses**. ❧❧ A. D. MDCCCLXXIV.

IV. — MARIE DES PÈLERINS.

Poids : 942 kilogr. — Hauteur : 1 m. 16 c.

Note musicale : *mi*.

Figurines :   Armoiries :

Figurines :	Armoiries :
LE CHRIST [1]	PIE IX.
Saint-Joseph	Mgr Régnier.
Saint Vincent Ferrier	Frères Prêcheurs.
Saint Louis	Saint Louis.
N.-D. DE LA TREILLE [2]	COLLÉGIALE.
Saint Thomas de Cantorbéry	Lille.
Saint Bernard	Citeaux.
Saint Pierre	Baudouin V.

Inscription :

✠ AD : HON : ALM : INSUL : PATRON : B : M : V : CANCEL : MATR : GRAT : HAC : DIE : XXI : JUN : PONT : CORON : ANNIV : A : PIO : PP : IX : ILLM : AC : EM : PATREM : R : FR : CARD : REGNIER : ARCHIEP : CAMERAC : DELEG : CORONAT : SED : ET : PER : SAEC : JAM : OCTO : ASSID : INNUM : CLIENT : PREC : INDULGERE : DIGNAT : EGO : MARIA : GLORIOS : V : CANCEL : CULTORES : QUOS : COELEST : BEATIT : CONSOC : ELEGIT : BERNARD : LUDOV : THOM : ET : VINCENT : PATRON : ADEPTA : DEVOTAS : QUAE : PRO : FID : ET : PATRI : OBTINENDA : SALUTE : ACCEDENT : TURBAS : LAETA : VOCE : EXCITABO : UT : QUOMODO : DNAM : SM : AC : MATR : REAEDIF : HIC : DEIP : TEMPL : INTRANTES : ITA : ET : EXACTO : TERRESTR : EXIL : ITIN : AETERNA : AGGRED : LIMINA : SALUTENT : CANTANDO : SALVE : REGINA. ✠✠ SUSCEPER : ME : R : D : CAR : JOS : BERNARD : V : G : CAMERAC : ATQUE : ARCHID : INSUL : ET : GENEROSA : DNA : ELIS : CASTELEYN. ✠✠ A : D : MDCCCLXXIV.

---

1. On lit au bas de la figurine du Christ : P : DROUOT : DUACI.
2. On lit au bas de la figurine de Notre-Dame de la Treille : MONAST : S : BERNARDI : INSUL.

✠ *En l'honneur*

De l'auguste Patronne de Lille, la Bienheureuse Vierge Marie à la Treille, Mère de grâce, couronnée en ce jour 21 juin, anniversaire du couronnement du Souverain Pontife, par le Pape Pie IX, déléguant l'Illustrissime et Eminentissime Père en Dieu, René-François, Cardinal Régnier, archevêque de Cambrai,

De cette Vierge qui, depuis huit siècles, a daigné se montrer favorable aux prières sans cesse renouvelées d'innombrables Fidèles;

Moi, Marie, ayant pour Patrons les glorieux serviteurs de la Vierge à la Treille, qui les a associés à sa céleste béatitude, Bernard, Louis, Thomas et Vincent;

J'exciterai de ma voix joyeuse les foules pieuses qui viendront ici pour obtenir le triomphe de la Religion et de la Patrie, afin que, comme ils le font en entrant dans ce temple réédifié en l'honneur de la Mère de Dieu, de même au terme de leur exil terrestre, pénétrant dans les parvis éternels, ils saluent leur Souveraine et leur Mère, en chantant : Salve Regina.

Me reçurent, comme parrain et marraine, Révérendissime maître Charles-Joseph Bernard, vicaire général de Cambrai et archidiacre de Lille, et très bienfaisante dame Elisabeth Casteleyn.

L'an du Seigneur 1874.

✠ Ad honorem Almae Insularum Patronae, B. M. V. Cancellatae, Matris Gratiae, hac die XXI junii, Pontificis coronati anniversaria, a Pio PP. IX, Illustrissimum ac Eminentissimum Patrem Renatum Franciscum Cardinalem Regnier, Archiepiscopum Cameracensem delegante, coronatae, sed et per saecula jam octo, assiduis innumerabilium clientum precibus indulgere dignatae; Ego Maria, gloriosos Virginis Cancellatae cultores quos coelestis Beatitudinis consocios elegit, Bernardum, Ludovicum, Thomam et Vincentium, Patronos adepta, devotas quae pro Fidei et Patriae obtinenda salute accedent turbas, laeta voce excitabo, ut quomodo Dominam suam ac Matrem reaedificatum hic Deiparae templum intrantes, ita et exacto terrestris exilii itinere aeterna aggredientes limina salutent cantando : *Salve Regina* ✞✞ Susceperunt me RR. DD. Carolus Joseph Bernard, vicarius generalis Cameracensis atque archidiaconus Insulensis, et generosa Domina Elisabeth Casteleyn. ✞✞ A. D. MDCCCLXXIV.

V. — MARIE DE SAINT-DOMINIQUE.

Poids : 519 kilogr. — Hauteur : 0 m. 95 c.

Note musicale : *sol dièze*.

Figurines :   Armoiries :

LE CHRIST [1]	PIE IX.
Bienheureux Benoît XI	Comtesse Jeanne.
Bienheureux Alain de la Roche	Mgr Delannoy.
Saint Thomas d'Aquin	Lille.
N.-D. DE LA TREILLE [2]	COLLÉGIALE.
Saint Dominique	Frères Prêcheurs.
Saint Vincent Ferrier	Mgr Régnier.
Saint Pierre	Baudouin V.

Inscription :

✠ AD : HON : ALMAE : INSULARUM : PATRONAE : B : M : V : CANCEL- LATAE : MATRIS : GRATIAE : HAC : DIE : XXI : JUN : PONT : CORON : ANNIV : A : PIO : PP : IX : ILLMUM : AC : EMUM : PATREM : REN : FR : CARD : REGNIER : ARCHIEP : CAMERAC : DELEGANTE : CORONATAE : ATQUE : APOS- TOLICI : PATRIS : B : DOMINICI : EGO : MARIA : SUB : AUSP : SS : ROSARII : INSTITUTORIS : QUI : IN : HAC : REGALI : SEDE : LILIIS : ROSAS : MISCENS : POSTEA : CORONANDAM : JAM : TUM : ROSARIIS : DEIPARAM : DECORAVIT : CORONIS : POSITA : HUJ : CIVIT : VIRG : INCOLAS : RECURRENTE : HORA : PERENNITER : MONEBO : UT : DNAM : SUAM : AC : MATREM : CORONATAM : NOVIS : ROSARUM : CORONIS : SALUTENT : DICENDO : AVE : MARIA. ❦❦ SUS- CEPERUNT : ME : CANCELLATAE : DATUS : VIR : APOSTOLICUS : CARTHU- SIANUS : ANDR : FELIX : CHRYSOST : JOS : GENNEVOISE : ET : VIRGINI : DEVOTA : MULIER : MARIA : LUCIA : CAR : FERON-VRAU. ❦❦ A : D : MDCCCLXXIV.

---

1. On lit au bas de la figurine du Christ : P : DROUOT : DUACI.
2. On lit au bas de la figurine de Notre-Dame de la Treille : D : F: F : P.

✠ *En l'honneur*

De l'auguste Patronne de Lille, la Bienheureuse Vierge Marie à la Treille, Mère de grâce, couronnée en ce jour 21 juin, anniversaire du couronnement du Souverain Pontife, par le Pape Pie IX, déléguant l'Illustrissime et Eminentissime Père en Dieu, René-François, Cardinal Régnier, archevêque de Cambrai.

Et de l'apostolique Père le Bienheureux Dominique;

Moi, Marie, placée sous les auspices de l'Instituteur du très-saint Rosaire, qui, dans cette Royale demeure, aux Lys unissant les Roses, orna, dès les siècles passés, des couronnes du Rosaire, la Mère de Dieu qui devait y être couronnée un jour;

Au retour de chaque heure et à jamais, j'inviterai les habitants de cette cité de la Vierge à saluer, par de nouvelles couronnes de roses, leur Souveraine et leur Mère couronnée, en disant : Ave Maria.

Me reçurent, comme parrain et marraine, André-Félix-Chrysostôme-Joseph Gennevoise, homme apostolique, client de Notre-Dame de la Treille, religieux de la Chartreuse, et dame Marie-Lucie-Charlotte Féron-Vrau, dévouée à la Vierge.

L'an du Seigneur 1874.

✠ Ad honorem Almae Insularum Patronae, B. M. V. Cancellatae, Matris Gratiae, hac die XXI Junii, Pontificis coronati anniversaria, a Pio PP. IX, Illustrissimum ac Eminentissimum Patrem Renatum Franciscum Cardinalem Regnier, Archiepiscopum Cameracensem delegante, coronatae, atque Apostolici Patris Beati Dominici, Ego Maria, sub auspiciis Sacratissimi Rosarii Institutoris qui, in hac Regali Sede, Liliis Rosas miscens, postea Coronandam, jam tum Rosariis Deiparam decoravit Coronis, posita ; hujus Civitatis Virginis incolas, recurrente hora, perenniter monebo ut Dominam suam ac Matrem Coronatam novis Rosarum Coronis salutent dicendo : *Ave Maria.* ✠✠ Susceperunt me Cancellatae datus vir apostolicus Carthusianus Andreas Felix Chrysostomus Joseph Gennevoise, et Virgini devota mulier Maria Lucia Carola Feron-Vrau. ✠✠ A. D. MDCCCLXXIV.

VI. — MARIE DU REPOS DE NOTRE-DAME.

Poids : 421 kilog. — Hauteur : 0 m. 90 c.

Note musicale : *la* du diapason.

Figurines :   Armoiries :

Figurines :	Armoiries :
LE CHRIST [1]	PIE IX.
Notre Dame du Repos	Mgr Régnier.
Saint Louis	Mgr Giraud.
Saint Pierre	Baudouin V.
N.-D. DE LA TREILLE [2]	COLLÉGIALE.
Sainte Catherine	Lille.
Saint Raphaël	Mgr Delannoy.
Bienheureuse Berthe	Comtesse Jeanne.

Inscription :

✠ AD : HONOREM : ALMAE : INSULARUM : PATRONAE : B : M : V : CANCELLATAE : MATRIS : GRATIAE : HAC : DIE : XXI : JUNII : PONTIFICIS : CORON : ANNIV : A : PIO : PP : IX : ILLMUM : AC : EMUM : PATREM : RENATUM : FR : CARDINALEM : REGNIER : ARCHIEPISCOPUM : CAMERACENSEM : DELEGANTE : CORONATAE : NECNON : SUB : TITULO : RECLINATORII : IN : ANTIQUO : MARKETAE : COENOBIO : OLIM : RECLINANTIS : EGO : MARIA : A : RECLINATORIO : B : M : V : VENERANDAM : CANCELLATAE : IMAGINEM : QUAE : IN : HAC : BASILICA : PERENNE : NUNC : OBTINET : RECLINATORIUM : ANNUNTIABO : CLARA : MEA : ET : LAETA : VOCE : CANTANDO : SALVE : REGINA. ❀❀ SUSCEPERUNT : ME : CANCELLATAE : DATUS : VIR : FELIX : STEPH : MARIA : JOS : DEHAU : ET : VIRGINI : DEVOTA : DNA : AEMILIA : DOMINICA : DE : MARBAIX. ❀❀ A : D : MDCCCLXXIV.

---

1. On lit au bas de la figure du Christ : P : DROUOT : DUACI.
2. On lit au bas de la figurine de Notre-Dame de la Treille : D : F : F : P.

✠ *En l'honneur*

De l'auguste Patronne de Lille, la Bienheureuse Vierge Marie à la Treille, Mère de grâce, couronnée en ce jour 21 juin, anniversaire du couronnement du Souverain Pontife, par le Pape Pie IX, déléguant l'Illustrissime et Eminentissime Père en Dieu, René-François, Cardinal Régnier, archevêque de Cambrai,

Et autrefois honorée sous le titre du Repos Notre-Dame dans l'antique abbaye de Marquette;

Moi, Marie du Repos Notre-Dame;

Je rappellerai sans cesse la douce présence de l'Image vénérée de la Vierge à la Treille qui, dans cette Basilique, a trouvé pour toujours le lieu de son Repos, en chantant de ma voix claire et joyeuse : Salve Regina.

Me reçurent, comme parrain et marraine, Félix-Etienne-Marie-Joseph Dehau et dame Emilie-Dominiquine de Marbaix, tous deux donnés et dévoués à la Vierge à la Treille.

L'an du Seigneur 1874.

✠ Ad honorem Almae Insularum Patronae B. M. V. Cancellatae, Matris Gratiae, hac die XXI Junii, Pontificis coronati anniversaria, a Pio PP. IX, Illustrissimum ac Eminentissimum Patrem Renatum Franciscum Cardinalem Regnier, Archiepiscopum Cameracensem delegante, coronatae, necnon sub titulo Reclinatorii in antiquo Marketae coenobio olim Reclinantis, Ego Maria à Reclinatorio B. M. V., Venerandam Cancellatae Imaginem quae in hac Basilica perenne nunc obtinet Reclinatorium annuntiabo, clara mea et laeta voce cantando : *Salve Regina.* ✿✿ Susceperunt me Cancellatae datus vir Felix Stephanus Maria Joseph Dehau et Virgini devota Domina AEmilia Dominica de Marbaix. ✿✿ A. D. MDCCCLXXIV.

Appendice C.

TRÉSOR SACRÉ

DE NOTRE-DAME DE LA TREILLE ET SAINT-PIERRE

I. — Reliques de la Passion et de l'enfance de Jésus.

La *Vraie Croix* et la *Sainte Couronne d'épines*. Ces deux reliques sont dans un même reliquaire, une croix en vermeil, enrichie de diamants et de pierres précieuses, et surmontée d'une couronne (Voir ci-dessus, p. 213)..

1. La relique insigne de la Vraie Croix est un don de Mgr Delebecque, évêque de Gand. Elle forme une croix dont les tiges ont 32 ^{mm} de longueur, la traverse 26 ^{mm}, l'une et l'autre sur une largeur de 6^{mm}. Elle fut détachée d'un fragment considérable qui provient des Jésuites du Collège anglais de Gand, supprimé en 1775. Cette relique a toute une histoire, qui remonte jusqu'à l'époque des Croisades et à Richard-Cœur-de-Lion. Elle fut enlevée après la Réforme, par un noble catholique, de la Tour de Londres, où elle était conservée dans le trésor des rois d'Angleterre. C'est ainsi qu'elle vint en la possession d'un jésuite missionnaire, qui la transporta sur le continent.

Le morceau de la Vraie Croix qui existait à la Tour de Londres et d'où celui-ci fut détaché, *magna pars SS. Crucis*, mesurait pour le moins, d'après M. Rohault de Fleury, un million de millimètres cubes, le double de ce que possède Rome. Le même évalue le total de ce qui reste du bois sacré, en divers lieux, à 3.941.975 millimètres cubes. V. son grand ouvrage sur les *Instruments de la Passion*, p. 146-149, 151-153, avec les planches XIV et XV. L'auteur a reproduit, p. 332-340 le texte des documents relatifs à la relique de Gand et à sa translation.

2. La *Sainte Couronne* était conservée jadis dans la splendide chapelle que saint Louis fit construire pour la recevoir et qui existe encore de nos jours. Placée à la bibliothèque nationale en 1794, la Sainte Couronne fut restituée par ordre du gouvernement le 26 octobre 1804, et transférée à Notre-Dame, le 6 août 1806, par le cardinal de Belloy, archevêque de Paris. En la plaçant dans un nouveau reliquaire, le cardinal détacha un fragment, qui fut ensuite la propriété de Mgr de Quélen. C'est de lui, par ses héritiers, qu'il est passé à notre basilique.

La Sainte Couronne de Paris est la coiffe de joncs à laquelle étaient assujetties les épines. V. l'ouvrage déjà cité de M. Rohault de Fleury, p. 205-208. La relique de Lille est mentionnée p. 211.

3. Relique du *Saint berceau de l'Enfant Jésus* (S. Culla di Nostro Signore Gesù Cristo). Fragment de bois qui mesurait 15 mm de longueur, sur 9 mm de largeur. C'est un don de Mgr Bastide, chanoine de Sainte-Marie-Majeure, ou *Sancta Maria ad Præsepe*, qui lui-même l'avait obtenu en 1871 de Mgr Ricci, sacriste majeur de cette basilique. Après les fêtes du couronnement, auxquelles il avait assisté, Mgr Bastide voulut bien se dessaisir de cette précieuse relique en faveur du sanctuaire lillois. (V. les deux articles publiés dans la *Semaine religieuse*, 1894, p. 785 et 801.)

4. Fragment du mont Calvaire, et poussière de la Crèche. Don de Mgr Valerga, patriarche de Jérusalem. (V. plus haut, p. 213.)

5. Une croix d'or, léguée par M. Grégoire, curé de Fournes et lillois d'origine. Ce pieux ecclésiastique a réuni dans cette croix diverses reliques, pourvues des attestations qui en établissent l'authenticité, à savoir : de la Vraie Croix, de la Crèche, du linge imprégné du Sang de Notre-Seigneur, du mont Calvaire, du lieu de l'*Ecce homo*, du lieu de la Flagellation, du lieu de la Cène.

II. — RELIQUES DE LA TRÈS-SAINTE VIERGE.

1. Cheveux renfermés dans un reliquaire artistique offert par Mgr Delebecque, évêque de Gand, à l'occasion des fêtes du centenaire de Notre-Dame de la Treille en 1854. (V. ci-dessus, p. 152.)

D'après les notes conservées à l'évêché de Gand, une boucle des cheveux de la Vierge Marie fut donnée en 1097, au prieuré de Watten, par Clémence, épouse de Robert de Jérusalem, comte de Flandre, et sœur du pape Calixte II.

Le monastère de Watten devint, au XVIIe siècle, un noviciat pour les Jésuites anglais. Après la suppression de la Compagnie de Jésus, la relique insigne dont la basilique lilloise possède une partie fut transportée à Gand et conservée depuis dans la chapelle épiscopale.

2. Fragment d'étoffe, provenant des Chartreux de Valenciennes, avec une cédule en latin du XIIIe siècle : « De pallio quo cooperta fuit Beatissima Dei genitrix Maria, quando per Apostolos portabatur ad sepeliendum. » Ce que Simon Le Boucq traduit (*Hist. eccl. de Valenciennes*, p. 141) : « De la glorieuse Vierge... Du paesle qu'icelle fut couverte lorsque les apostres la portèrent en sépulture. »

III. — PRINCIPALES RELIQUES DES SAINTS.

Saint Joseph, patron de l'église universelle. *Ex pallio* (de son manteau), card. Patrizi, 21 mai 1864. *Ex domo* (de sa maison), card. Patrizi, 15 mars 1861.

Reliquaire des *Douze Apôtres*. Ossements. Don du P. Vincent à Jennis, franciscain de la stricte observance, postulateur des causes de son ordre, 10 mai 1880.

Apôtres, disciples, évangélistes. S. Pierre, os et bois de son autel. S. Paul, os et rouille de ses chaînes. Les SS. Jean, Luc, Marc, Barthélemy, Barnabé, Philippe, Simon. Card. Patrizi, 8 mai 1857, et 15 mars 1861.

S. Eubert, patron de Lille. Relique donnée en 1870 par Mgr Faict, évêque de Bruges. Provenant de Saint-Martin d'Ypres.

S. Piat, martyr, apôtre de Tournai et du pays de Lille. Don de M. Hutin, doyen de Seclin, 14 juillet 1890.

S. Marcellin, pape, et *S. Martin*, évêque, fragments d'os renfermés dans un même reliquaire. Donné par Mgr Marinelli, sacriste, 3 mai 1874, à la demande de M. Bernard. On croit que S. Marcellin envoya dans nos contrées les saints prédicateurs de la foi, Eubert, Piat et Chrysole.

S. Thomas de Cantorbéry. Fragment d'une chasuble conservée autrefois dans la collégiale de Saint-Pierre. Don fait en 1896 par M. le curé de la Motte-au-Bois. (V. notre *Hist. de Saint-Pierre*, tome I, p. 93, 94.) — Petit fragment d'un os donné le 2 avril 1872, par le sacriste apostolique, Mgr Marinelli.

S. Bernard, abbé de Clairvaux, docteur de l'Eglise. Fragment d'os, authentiqué par Mgr Agostini, patriarche de Venise, le 1er mars 1882. — Morceau de sa ceinture, authentiqué par le card. Patrizi, le 8 mai 1857.

S. Louis, roi de France. Belle relique donnée par Mgr de Mazenod, évêque de Marseille. (V. ci-dessus, p. 213, 214.)

S. Vincent Ferrier. Fragment d'os, don de Mgr Bécel, évêque de Vannes, 11 janvier 1872.

S. Calixte, pape et martyr, relique donnée à la collégiale par son ancien doyen Gifford, depuis archevêque de Reims. Elle a été récemment recouvrée, avec ses authentiques. V. *Hist. de Saint-Pierre*, tome III, p. 34, 380.

S. Amand, évêque, prédicateur de la foi dans nos contrées. Relique contenue dans un petit buste qui provient de M. Aernout, doyen de Sainte-Catherine. Sceau de la Compagnie de Jésus. Authentique.

S. Éloi, évêque de Noyon et de Tournai. Partie d'ossement. Auth., 24 mai 1878. Provient des Chartreux de Valenciennes, avec la cédule traduite dans Simon Le Boucq, *Hist. ecclés. de Valenciennes*, p. 141.

S. Arnould, évêque de Soissons, patron de la corporation des brasseurs. Don de Mgr Faict, évêque de Bruges, 16 décembre 1891.

S. Etton, évêque missionnaire dans la Thiérache. Os. Authentique.

S. Humbert, fondateur et abbé de Maroilles. Os. Authentique.

S. Winnoc, abbé, patron de Bergues. Morceau d'ossement donné par M. Hutin, doyen de Seclin, 22 mai 1890.

Le B. *Charles le Bon*, comte de Flandre. Fragment d'une côte. Don de Mgr Faict, évêque de Bruges, 20 février 1884.

Quatre reliquaires, ornés de pierres et d'émaux, contenant les reliques authentiques des saints.

1. Victor, Barthélemy, Eugène, martyrs.
2. Clément, Lucide. Clarissime.
3. Vincent M , Marcellin et Pierre, Bénigne.
4. Servule, Philémon, Pie, tous trois martyrs.

Le corps entier de *sainte Plinia*, martyre des catacombes, donné par Pie IX. V. ci-dessus, p. 137, 138.

Sainte Rosalie de Palerme, vierge. Fragment du tibia. Cette relique fut rapportée de Sicile par le Lillois Bon de Fourmestraux, qui l'obtint d'un haut dignitaire de la cathédrale de Palerme, le 6 mars 1662, « espérant, dit-il, que par ses mérites et intercession vers Dieu, sainte Rosalie conservera la ville de Lille du mal contagieux, par la même bonté qu'elle a délivré sa patrie et plusieurs villes d'Italie de la peste. » Bon de Fourmestraux donna cette relique à l'église de Sainte-Catherine, où elle fut conservée jusqu'à la Révolution. Elle est aujourd'hui à Notre-Dame de la Treille, avec toutes les pièces qui en garantissent l'authenticité.

1" Acte de l'archevêque de Palerme, superbe parchemin enluminé, offrant en miniature l'image de la sainte. Le sceau est dans une boîte de cuivre argenté, avec le même portrait gravé au milieu d'une couronne de roses. Un cadre en bois sculpté renferme le parchemin et son sceau.

2º Lettres de François Vilain de Gand, évêque de Tournay. reconnaissant cette relique, 3 janvier 1654.

3º Acte par lequel Bon de Fourmestraux la donne à l'église de Sainte-Catherine.

4º Pièces modernes de Mgr Belmas et de Mgr Régnier.

IV. — RELIQUES MOINS IMPORTANTES.

La basilique possède une multitude de reliques consistant en simples parcelles, qui toutefois ont un grand prix, puisque le plus minime fragment rappelle un corps animé jadis par un saint, par un élu de Dieu, qui aujourd'hui règne dans sa gloire et peut nous aider par son intercession. En voici la liste :

Les *Saints* Antoine de Padoue, Augustin, docteur de l'Église ; Benoît-Joseph Labre, Blaise, Côme et Damien, Crépin, François d'Assise, François de Sales, Grégoire, pape et docteur de l'Église ; Guibert de Gembloux, Ives, Laurent, diacre et martyr ; Longin, Louis de Gonzague, Marcou, Nicolas, Paul de la Croix, Pie V, pape ; Pierre d'Alcantara, Sébastien, Victor, Vincent de Paul, Zénon.

Les *Saintes* Apolline, Catherine, Cécile, Claire d'Assise, Clotilde, reine ; Colette, Françoise Romaine, Germaine Cousin, Marguerite-Marie, Marie-Madeleine ; Marie-Madeleine de Pazzi, Monique, Rose de Lima, Scolastique, Thérèse, Theudosie.

Beaucoup de nos reliques, les plus remarquables surtout, et celles qui se rattachent aux vieux souvenirs de la Collégiale, sont dues au zèle infatigable, à l'activité toujours en éveil, aux démarches incessantes de M. Bernard. Telles sont les reliques insignes de la Vraie Croix et de la Sainte Couronne d'épines, celles de S. Eubert, des quatre pèlerins, etc., etc.

Le trésor sacré de la basilique doit beaucoup aussi à M. l'abbé Félix Gennevoise, maintenant Chartreux ; au chapelain qui depuis plus d'un quart de siècle se dévoue à l'œuvre de Notre-Dame de la Treille ; à l'un de ses collègues qui le seconde activement dans cette tâche, à divers ecclésiastiques de Lille ou du diocèse.

Enfin, nous savons que des reliques importantes sont tenues en réserve pour être données au temps voulu, entre autres un corporal provenant des Chartreux de Valenciennes, que Simon Le Boucq (*Hist. eccl.*, p. 141), signale en ces termes : « Partie d'un corporal béneit estant teint du sang du Rédempteur. » Ce linge sacré se rattache sans doute au miracle célèbre de Bois-Seigneur-Isaac (1405), reconnu en 1411 par l'autorité de Pierre d'Ailly, évêque de Cambrai. (Guillaume Gazet, *Histoire ecclésiastique des Pays-Bas*, p. 100-107.)

Le parchemin qui accompagne la relique porte : « Notum sit omnibus hoc frustum corporalis benedicti fuisse intinctum parte, et parte perstillatum sanguinis Christi. Anno Domini Nostri Jesu Christi millesimo CCCC undecimo. Pax Domini sit semper vobiscum. »

Appendice D.

INDULGENCES ET PRIVILÈGES SPIRITUELS

I. — Tous les jours de l'année.

1. Une fois seulement chaque jour, à ceux qui visitent Notre-Dame de la Treille et y prient aux intentions du Souverain Pontife, 300 jours. (Pie IX, 23 juillet 1861.)
2. A ceux qui assistent à un office en l'honneur de la Très-Sainte Vierge, dans la basilique, 300 jours. (Léon XIII, 29 janvier 1895.)
3. Chaque fois que l'on baise dévotement le pied de la statue de S. Pierre, 50 jours. (Pie IX, 28 novembre 1871.)
4. Un jour au choix dans l'année, indulgence plénière aux conditions ordinaires, confession, communion, visite de la basilique. (Pie IX, 9 mai 1871.)

II. — Indulgences plénières a certaines fêtes.

1. Le premier dimanche de juillet, comme anniversaire du jubilé de 1854. L'indulgence peut être gagnée du samedi, veille du dernier dimanche de juin, au lundi, lendemain du 1er dimanche de juillet. (Pie IX, 25 juillet 1861.)
2. Le premier février, fête de S. Eubert. (Pie IX, 26 novembre 1872.)
3. Le 19 mars, fête principale de S. Joseph, et le 3e dimanche après Pâques, fête du Patronage. (Pie IX, 25 juillet 1861.)
4. Le 18 janvier, fête de la Chaire de S. Pierre à Rome; le 29 juin, fête des SS. apôtres Pierre et Paul; le 18 novembre, dédicace de leurs basiliques. (Pie IX, 8 mai 1860.)

5. Le 5 avril, fête de S. Vincent Ferrier ; le 20 août, fête de S. Bernard ; le 25 août, fête de S. Louis ; le 29 décembre, fête de S. Thomas de Cantorbéry. (Pie IX, 26 novembre 1872.) Conditions ordinaires. La visite à la basilique peut être faite à partir des premières vêpres.

III. — INDULGENCES PARTIELLES A CERTAINS JOURS.

1. Sept ans et sept quarantaines, le dimanche dans l'octave de l'Ascension. (Pie IX, 8 mai 1860.)
2. Et aussi, quand on n'est pas dans les conditions voulues pour gagner l'indulgence plénière,
Aux fêtes de S. Vincent Ferrier, S. Bernard, S. Louis, S. Thomas de Cantorbéry. (Pie IX, 8 mai 1860.)
Les conditions sont de visiter la basilique et d'y prier aux intentions du Souverain Pontife.

IV. — INDULGENCES RÉSERVÉES AUX MEMBRES DE L'ARCHICONFRÉRIE.

Les confrères et consœurs peuvent gagner une indulgence plénière :
1. Le jour de leur entrée dans la confrérie. (Grégoire XVI, 1er avril 1844.)
2. Le jour anniversaire de leur baptême, chaque année. (Léon XIII, 26 mars 1878.)
3. A l'article de la mort, en invoquant de cœur, s'ils ne peuvent le faire autrement, le saint nom de Jésus. (Grégoire XVI, 1er avril 1844.)
4. Le dernier dimanche d'octobre, solennité de Notre-Dame de la Treille, fête principale de l'Archiconfrérie. (Léon XIII, 26 septembre 1891.)
5. Le 14 juin, fête des Miracles de Notre-Dame de la Treille. (Léon XIII, 26 septembre 1891.)
6. Le 21 juin, anniversaire du Couronnement de Notre-Dame de la Treille. (Léon XIII, 26 mars 1878.)
7. Le vendredi qui suit le dimanche de la Passion et le 3e dimanche de septembre, fêtes de Notre-Dame des Sept-Douleurs. (Léon XIII, 26 mars 1878.)
Outre ces indulgences plénières, une indulgence de sept ans et sept quarantaines est accordée aux fêtes de la Visitation, de

l'Assomption, de la Nativité, ainsi que le jour de la solennité de l'Immaculée Conception. — De plus, indulgence de soixante jours pour toute bonne œuvre. (Rescrit du 7 juillet 1876, confirmant les indulgences octroyées à la confrérie le 1er avril 1844).

V. — AUTEL GRÉGORIEN.

En vertu d'un bref du 26 novembre 1872, l'autel de Notre-Dame de la Treille était privilégié.

Cette faveur est devenue sans objet, par suite de la concession d'un privilège plus élevé et plus étendu, celui de l'autel grégorien. (V. ci-dessus, p. 287.)

Le bref de Léon XIII (25 février 1895) qui accorde cette grâce à perpétuité s'exprime dans les termes suivants :

« Appuyé sur la miséricorde du Dieu tout-puissant, de l'autorité des saints apôtres Pierre et Paul, nous accordons par les présentes lettres ce privilège que les messes célébrées par quelque prêtre que ce soit, — séculier ou appartenant à un ordre, une congrégation on un institut régulier, — à l'autel de Notre-Dame de la Treille, dans la basilique de ce nom, située dans la ville de Lille, au diocèse de Cambrai, favoriseront l'âme ou les âmes pour lesquelles la messe est offerte, des mêmes suffrages que si elles étaient dites à l'autel de S. Grégoire le Grand, dans l'église appelée de S. Grégoire au mont Célius. »

VI. — PRIVILÈGES LITURGIQUES.

1. Fête de Notre-Dame de la Treille, patronne de Lille, fixée au dernier dimanche d'octobre. Double de 1re classe, avec octave, pour toute la ville. Office propre. (Décret de la S. C. des Rites, 30 juin 1887. V. ci-dessus, p. 268-271).

2. Fête des Miracles de Notre-Dame de la Treille, 14 juin. Double-majeur pour la ville, de 2e classe pour la basilique.

3. S. Eubert, évêque, patron de Lille, 1er février. Double de 1re classe sans octave.

4. Le B. Jean de Warneton, évêque, 6 mars. Double. *Dans la basilique seulement*.

5. Le B Pierre de Luxembourg, évêque, 7 juillet. Double. *Dans la basilique seulement*.

6. Un bref apostolique du 23 septembre 1887 permet à tout prêtre qui célèbre à l'autel de Notre-Dame de la Treille de dire,

more votive. la messe propre de Notre-Dame de la Treille, tous les jours de l'année, à l'exception des fêtes doubles de 1re et de 2e classes, des fêtes de la T.-S. Vierge, des féries, vigiles et octaves privilégiées.

7. Deux fois par semaine on peut dans la basilique célébrer des messes de *Requiem*, en dehors des fêtes doubles de 1re et de 2e classe, des féries, vigiles ou octaves privilégiées.

Appendice E.

DOCUMENTS DIVERS

I. — Carmen sæculare ad Virginem Matrem, insularum patronam, pro urbis felicitate.

1754

Diva, risorum procul hinc profanum
Arceas vulgus : nihil hic dicaci
Cœtus obtrectet malesanus ore
    Sacra perosus.

Huc ades Virgo, placidosque tuto
Hac legens calles, niveas quadrigas
Insulam flectas comitata Divûm
    Agmine læto.

Lenis invisas tibi dedicata
Mœnia : exaudi facilis clientes,
Et piis turbæ precibus benigno
    Annue vultu.

Cernis ut certent populi frequentes
Hanc tibi festam celebrare lucem,
Quemque sol, centum modo pervolutis,
    Rettulit annum ?

Cernis, ut voces per inane tollant
Supplices, gaudensque sono coronæ
Æthra solemnis resonet, probetque
    Gaudia plebis ?

Mutuo, o præses! studio repende
Gentis addictæ studium, tuusque
Largius compenset amorem amor; spem
    Munera vincant.

Insulas serva bene gloriantes
De tua cura. Decus adde nostris
Rebus, ornatumque novum, ordinesque
    Respice cunctos.

Respice altaris placido ministros
Lumine, immunesque levare sursum
Da manus : da Relligione, castisque
    Ignibus uri.

Quosque rectores (Patriæ parentes
Verius dicas) sibi nacta plaudit
Civitas, serves, studiosa tantum
    Pectora recti.

Tu metum legum populo ac amorem
Inde, concordesque animos, et uno
Æmulos tantum studio, cui sit
    Plurima virtus.

Artibus mentes, studiisque honestis
Applica, græca melior Minerva :
Quod deest unum decus affer urbi
    Cætera claræ.

Pelle civiles procul urbe turbas;
Pelle et armorum strepitus, minasque
Hostium diras, tribuasque longa
    Crescere pace.

Usque tu nostris abigas ab oris
Flebiles casus et iniqua fata;
Ulla, te custode, pericla ne ausit
    Lilla timere.

Cæteras quantum superabit urbes
Copia, tantum pietate vincat,
Se in dies major meliorque tam almæ
    Sacra parenti.

    Vidit et permisit Le Comte Dubus.
Venit Insulis apud Van Costenople, bibliopolam, 1754.

TRADUCTION

CHANT SÉCULAIRE A LA VIERGE MÈRE, PATRONNE DE LILLE, EN FAVEUR DE LA CITÉ.

1754

O sainte Mère, éloignez la tourbe profane des contempteurs ; qu'ici ne retentissent point les propos des pervers dont la haine poursuit les choses saintes.

Venez près de nous, Auguste Vierge : dans une marche tranquille et majestueuse, dirigez vers Lille vos coursiers blancs comme la neige, avec la triomphante escorte des saints.

Douce patronne, visitez les murs qui vous sont consacrés : prêtez à vos clients une oreille facile, agréez d'un sourire bienveillant leurs ardentes prières.

Voyez-vous les foules qui s'empressent pour célébrer cette fête en votre honneur, ce jour que le soleil dans sa course ramène après cent années ?

Voyez-vous ces suppliants dont la voix traverse les airs, ce peuple dont les clameurs joyeuses font résonner la voûte du Ciel, y portant l'expression de leur sainte allégresse ?

O Reine, que votre protection récompense le zèle de vos serviteurs ; que votre amour déborde sur le leur, que vos dons surpassent leurs espérances.

Gardez cette ville qui se glorifie d'être à vous ; augmentez sa splendeur, donnez-lui des gloires nouvelles ; que votre regard plane sur tous les ordres des citoyens.

Voyez d'un œil propice les ministres de l'autel : que par vous ils lèvent vers le Ciel des mains pures ; que la Religion les anime, que le saint amour les embrase de ses feux.

Gardez les chefs dont la Cité est heureuse et fière, ceux que l'on peut appeler vraiment les pères de la patrie ; que le zèle de la justice règne constamment dans leurs cœurs.

Donnez au peuple le respect et l'amour des lois, la concorde des esprits ; faites régner parmi nous la seule émulation des vertus.

Mieux que la Minerve antique, appliquez les intelligences au culte du beau dans les arts et les lettres ; donnez à cette ville illustre par ailleurs, la gloire unique dont elle est privée.

Chassez bien loin les discordes civiles, éloignez le bruit des armes et les cruelles menaces de l'ennemi ; donnez-nous les prospérités d'une longue paix.

Eloignez de nos régions les tristes accidents et les malheurs publics : que sous votre garde Lille n'ait à redouter aucun péril.

Autant elle surpasse en richesse les autres villes, autant puisse-t-elle vaincre par la piété; que de jour en jour elle devienne et plus grande et meilleure, grâce à son auguste patronne.

II. — Procès-verbal du couronnement de la statue miraculeuse de Notre-Dame de la Treille.

ANTONIUS CATALDI, SANCTISSIMI DOMINI NOSTRI PAPÆ AB INTIMO CUBICULO, APOSTOLICARUM CÆREMONIARUM ANTISTES, PROTONOTARIUS APOSTOLICUS, VICARIUS GENERALIS PRÆCEPTORIÆ S. SPIRITUS IN SAXIA ET NOSOCOMIORUM URBIS, SS. RITUUM ET CÆREMONIALIS CONGREGATIONUM CONSULTOR, SS. PATRIARCHALIS BASILICÆ VATICANÆ PRESBYTER BENEFICIARIUS, ETC.

Universis et singulis hoc publicum instrumentum inspecturis, notum facimus ac testamur, quod anno a Nativitate Dominica millesimo octingentesimo septuagesimo quarto, die vero vicesima prima mensis junii, Pontificatus SS. in Christo Patris et Domini Nostri Domini Pii, divina Providentia Papæ Noni, anno vicesimo nono, indictione Romana II, ejusdem SS. Domini Nostri Papæ faustissimo Coronationis anniversario recurrente, Eminentissimus et Reverendissimus DD. Renatus Franciscus tituli SS. Trinitatis in Monte Pincio S. R. E. presbyter Cardinalis Regnier, Metropolitanæ Ecclesiæ Cameracensis Archiepiscopus, a Summo Pontifice per Apostolicas litteras in forma brevis delegatus, Coronationis solemnia pervetustæ Imaginis Dominæ Nostræ Cœlorum Reginæ Cancellatæ, Insularum civitatis in Gallia Augustissimæ Patronæ et ex benignitate SS. DD. NN. Papæ Gratiæ Matris titulo novissime decoratæ, splendidissimo cæremoniarum apparatu, pientissime explevit. Quamobrem, horis pomeridianis prædictæ diei, solemni indicta supplicatione omnium ordinum tam clericorum quam laïcorum, necnon piarum tum feminarum et puellarum cum virorum et puerorum sodalitatum mira varietate dispositarum, et in continuatas acies e Basilica Cancellatæ Virginis ditissimis ornamentis, phrygio opere aulæis et variopictis vexillis circumquaque splendescentes, inter confluentis populi tum incolarum cum advenarum frequentissimas turmas procedentes, ac venerandum Cancellatæ Virginis Mariæ simulacrum devotissime circumferentes, omnibus idcirco suis in locis compositis, Eminentissimus Apostolicus Delegatus, deposita cappa cardinalitia, sacra assumpsit pontificalia indumenta albi coloris, et assistentibus sibi RR. DD. PP. Fruchaud, Turonensi archiepiscopo, Gignoux Bellovacensi, Duquesnay Lemovicensi, Lequette Atrebatensi, Freppel Andegavensi, Bataille Ambianensi, Dumont Tornacensi, de Marguerye olim Augustodunensi, Mermillod Hebronensi et vicario generali Genevensi, Monnier Lyddensi et Cameracensis archiepiscopi auxiliario, antistibus, RR. DD. Faraud diœceseos vulgo dicti Annemour vicario Apostolico, RR. PP. abbatibus infulatis Nostræ Dominæ de Monte, Portus de Salute et S. Michaelis, necnon RR. DD. Scott, Ariensi decano, Nameche, Lovaniensi magnifico Rectore, Paulo Bastide, Thoma Capel et Julio Duplessis, domus Pontificalis præsulibus, et nonnullis civilibus militaribusque Auctoritatibus, sacras Coronas statuto ritu benedixit, et ascendens super paratos gradus ac recepta a me, infrascripto SS. DD. NN. Papæ cæremoniarum magistro, altera e coronis, caput Imaginis infantis Jesu insignivit, alteroque diademate pariter a me recepto caput Augustissimæ Matris Gratiæ, Pontificio Nomine et vice, religiosissime coronavit, musicis interea instrumentis personantibus, clero antiphonam Regina Cœli modulatis vocibus concinente, ac frequentissimo populo Insularum Patronam celsissimam et Summum Pontificem conclamante; quibus rite peractis juxta cæremonialis Romani præscriptum Pontificalem benedictionem circumstantibus impertivit. De quibus omnibus et singulis, ego infrascriptus SS. DD. Papæ et Sacri Œcumenici Vaticani Concilii cæremoniarum magister, Apostolicæ Sedis protonotarius, ex officio rogatus, hoc publicum instrumentum mea manu signatum, meoque sigillo munitum, confeci. Acta fuerunt hæc Insulis die, mense et anno prout supra, præsentibus ibidem et ad prædicta testibus adhibitis et rogatis perillustribus viris dynasta Le Guay, status a conciliis et borealis provinciæ præside, Catel-Beghin, Civitatis Majore.

CATEL-BÉGHIN. B. LE GUAY.

Ita est. ANTONIUS CATALDI, SS. D. N. Papæ et S. Œcumenici Vaticani Concilii Cæremoniarum magister ac Protonotarius Apostolicus.

TRADUCTION

ANTOINE CATALDI, CAMÉRIER SECRET DE NOTRE TRÈS-SAINT PÈRE LE PAPE, MAÎTRE DES CÉRÉMONIES APOSTOLIQUES, PROTONOTAIRE APOSTOLIQUE, VICAIRE-GÉNÉRAL DE LA COMMANDERIE DU SAINT-ESPRIT ET DES HÔPITAUX DE ROME, CONSULTEUR DE LA CONGRÉGATION DES RITES ET DES CÉRÉMONIES, PRÊTRE BÉNÉFICIER DE LA BASILIQUE PATRIARCALE DU VATICAN, ETC.

A tous ceux qui verront cet acte public, nous déclarons et attestons que l'an de la Nativité de Notre-Seigneur mil huit cent soixante-quatorze, le vingt et unième jour du mois de juin, la vingt-neuvième année du Pontificat de Notre Très-Saint Père en Jésus-Christ et Seigneur Pie IX, Pape par la Miséricorde divine, la deuxième année de l'Indiction romaine, l'heureux jour anniversaire du Couronnement de Notre Très-Saint Père le Pape, l'Eminentissime et Révérendissime Seigneur René François Régnier, Cardinal-Prêtre de la sainte Église romaine, du titre de la très-sainte Trinité au Mont Pincio, archevêque de l'Église métropolitaine de Cambrai, délégué du Souverain-Pontife par lettres en forme de Bref, a accompli régulièrement, au milieu des cérémonies les plus splendides, la solennité du Couronnement de l'antique Image de la Reine des Cieux, Notre-Dame de la Treille, auguste Patronne de la ville de Lille en France, récemment décorée du titre de Mère de Grâce, par la bienveillance de Notre Très-Saint Père le Pape.

A cet effet, dans l'après-midi du jour indiqué, à la suite d'une procession solennelle, — composée d'innombrables cortèges de clercs et de laïcs, de dames pieuses et de jeunes vierges, d'associations d'hommes et de jeunes gens, se succédant en groupes sans fin dont tous admiraient la variété, les splendides ornements et les riches bannières brodées de soie et resplendissant des couleurs les plus brillantes, — procession qui sortit de la Basilique de la Vierge à la Treille, et porta, à travers les flots de la population et des étrangers qui se pressaient pieusement de toutes parts, la Statue vénérée de la Vierge Marie à la Treille, chacun se trouvant à la place qui lui avait été assignée;

L'Eminentissime Délégué du Souverain-Pontife, ayant déposé sa chape cardinalice, se revêtit des ornements pontificaux de couleur blanche, et assisté des Révérendissimes Seigneurs et Pères Fruchaud, archevêque de Tours ; Gignoux, évêque de Beauvais ; Duquesnay, évêque de Limoges ; Lequette, évêque d'Arras ; Freppel, évêque d'Angers ; Bataille, évêque d'Amiens ; Dumont, évêque de Tournai ; de Marguerie, ancien évêque d'Autun ; Mermillod, évêque d'Hébron et vicaire-général de Genève ; Monnier, évêque de Lydda et auxiliaire de l'archevêque de Cambrai ; du Révérendissime Seigneur Faraud, vicaire apostolique du diocèse d'Annemour ; des RR. PP. abbés mitrés de Notre-Dame du Mont, du Port-du-Salut et de Saint-Michel ; des Révérendissimes Seigneurs Scott, doyen d'Aire ; Namèche, recteur magnifique de Louvain ; Paul Bastide, Thomas Capel et Jules Duplessis, prélats de la maison du Saint-Père, et des autorités civiles et militaires ;

A béni, d'après le rite prescrit, les Couronnes sacrées, et, gravissant les degrés préparés à cet effet, a reçu de la main du Maître des Cérémonies de Notre Très-Saint Père le Pape, soussigné, l'une des Couronnes qu'il a placée sur le front de l'Enfant-Jésus ; et ensuite l'autre diadème dont il a religieusement couronné, au nom et lieu du Souverain-Pontife, la tête de l'Auguste Mère de Grâce, pendant que retentissaient les instruments de musique, le clergé chantant en chœur l'Antienne *Regina Cœli*, et un peuple innombrable ne cessant d'acclamer l'insigne Patronne de Lille et le Souverain-Pontife.

Et tout étant accompli conformément aux prescriptions du cérémonial romain, l'Éminentissime Cardinal délégué a donné aux assistants la Bénédiction Pontificale.

En attestation de toutes ces choses, moi soussigné, Maître des Cérémonies de Notre Très-Saint Père le Pape et du Saint Concile Œcuménique du Vatican, protonotaire apostolique, requis d'agir en cette qualité, ai rédigé cet acte public signé de ma main et muni de mon sceau.

Le présent acte fait à Lille, les jours, mois et an précités, en présence des personnages de haute distinction demandés comme témoins : le baron Le Guay, Membre du Conseil d'État, Préfet du département du Nord, et Catel-Béghin, Maire de la ville.

CATEL-BÉGHIN.   LE GUAY.

ANTOINE CATALDI,
Maître des cérémonies de N. T.-S. P. le Pape
et du S. Concile Œcuménique du Vatican,
protonotaire apostolique.

III. — OFFICE DE NOTRE-DAME DE LA TREILLE.

Les Vêpres sont celles de la Sainte Vierge, avec le verset, l'antienne et l'oraison propres qui suivent.

℣. Ave Maria, gratia plena.
℟. Dominus tecum.

℣. Je vous salue, Marie, pleine de grâce.
℟. Le Seigneur est avec vous.

A *Magnificat*.

ANT. — O beata Virgo Maria : tu veniæ vena, tu gratiæ Mater, tu spes mundi, exaudi filios tuos clamantes ad te.

ANT. — O bienheureuse Vierge Marie, vous qui êtes la source du pardon, la mère de grâce, l'espérance du monde, exaucez vos enfants qui crient vers vous.

Oratio.	Oraison.
Deus, qui humano generi beatæ Mariæ virginitate fœcunda reparationis gratiam contulisti; concede : ut quam gratiæ Matrem appellamus in terris, ejus felici consortio perenniter perfruamur in cœlis. Per Dominum.	O Dieu qui, par la féconde virginité de Marie, avez conféré au genre humain la grâce de la réparation, accordez-nous le bonheur d'être perpétuellement unis dans les Cieux à celle qu'ici-bas nous appelons Mère de grâce. Par Jésus-Christ Notre-Seigneur.

La messe est celle du Saint Nom de Marie, au dimanche dans l'octave de la Nativité de la Sainte Vierge, avec l'oraison ci-dessus.

A ces parties de l'office qui intéressent la piété des fidèles, nous croyons devoir joindre la leçon historique de Matines.

Leçon.

A toute époque les Lillois ont recouru avec une tendre et vive dévotion à ce trône de gloire et de miséricorde que Dieu a fondé en Marie, et d'où les bénédictions les plus abondantes se sont répandues sur eux.

Comme témoignage de leur piété, on peut voir les sanctuaires érigés en l'honneur de la très-sainte Vierge dans l'intérieur de la ville ou près de ses murs, et surtout le temple auguste où se conserve l'image de Notre-Dame de la Treille, que tant de miracles ont illustrée, que tant de générations depuis les origines de Lille ont entourée de leur amour et des hommages de leur vénération. Cette église, fondée en 1854 par les souscriptions des fidèles, en remplace une autre que Baudouin, dit de Lille, comte de Flandre, avait érigée huit siècles auparavant, en l'honneur de saint Pierre, et qu'il avait ornée d'un Chapitre insigne de chanoines.

Mais le principal trésor de l'antique sanctuaire était l'image de la Vierge entourée d'un treillis à travers lequel cette très douce Mère répandait sur la foule de ses clients les rayons de sa bénignité. En son honneur, une confrérie fut instituée dans laquelle voulurent se faire inscrire les princes, les prélats, les nobles et les citoyens de tout rang. Une procession solennelle avait lieu chaque année depuis le XIIIe siècle, et tous ceux que tenaient éloignés soit la crainte de leurs créanciers, soit une sentence de bannissement, pouvaient s'y rendre sans redouter aucun préjudice. Philippe le Bon, comte de Flandre et duc de Bourgogne, bâtit à grands frais dans l'église même, pour la sainte image, une chapelle magnifique.

Enfin ce que les plus intimes sentiments de tous, ce qu'une tradition bien des fois séculaire avait dès longtemps décrété, à savoir que les habitants de Lille se considéraient comme les sujets tout dévoués de Notre-Dame de la Treille, patronne et reine de la Cité, le Magistrat voulut l'attester par un acte solennel [1]. Chaque année, le dernier dimanche d'octobre, cette consécration est renouvelée au nom de tous dans une cérémonie commémorative.

La piété des ancêtres ne s'est nullement refroidie chez les Lillois. Ce qui le prouve, c'est le concours qui se fait journellement près de la sainte image, ce sont les fêtes que l'on a coutume de célébrer; ce sont surtout les solennités qui eurent lieu quand le Souverain Pontife Pie IX décerna les honneurs du couronnement à Notre-Dame de la Treille, et lui donna le titre de Mère de grâce.

IV. — Acte de consécration a Notre-Dame de la Treille, que prononcent MM. les curés, au nom de leurs paroissiens, au jour de leur pèlerinage.

O Marie ! Mère de Dieu et notre Mère, nous voici réunis devant vous, aux pieds de votre sainte image que tant de générations ont vénérée, que tant de miracles ont illustrée, que le grand et saint Pontife Pie IX a couronnée. Nous venons de notre libre et pleine volonté renouveler, avec tout l'amour de notre cœur, l'acte par lequel nos pères nous ont placés sous votre auguste patronage, et ratifier la promesse qu'ils ont faite en notre nom de nous montrer comme eux, toujours et en tout, vos pieux enfants et vos humbles serviteurs.

Vous n'avez point failli, ô Notre-Dame de la Treille, à la promesse de protection faite à notre ville dès sa naissance, et que vos miracles des XIIIe, XVIe et XVIIe siècles ont si glorieusement confirmée. A travers tant de vicissitudes et au milieu de tant d'erreurs, vous avez conservé à notre cité la foi catholique, vous lui avez accordé une prospérité inespérée ; vous avez maintenu dans nos familles la tradition des mœurs chrétiennes et des saintes pratiques de la religion.

Ne cessez jamais, ô bonne Mère, de nous être favorable. Nous, de notre côté, nous voulons vous aimer de tout notre cœur durant toute notre vie, mettre en vous toute notre confiance, employer tout notre zèle à vous faire connaître et honorer. Oh ! que nous

---

1. Le 28 octobre 1634.

voudrions voir tous les habitants de Lille ici prosternés à vos pieds pour vous rendre hommage, et tous les cœurs embrasés de votre amour !

Nous le savons, ô Marie, de même que personne ne va au Père s'il n'est attiré par Jésus-Christ, ainsi l'on ne va à Jésus-Christ, votre divin Fils, si l'on n'est attiré par vous. Attirez-nous donc tous, ô Mère de grâce, par la tendresse de votre amour et par la puissance de votre intercession. Pour nous, nous nous jetons dans le sein de votre miséricorde, comme l'ont fait nos pères ; nous demandons à être admis dans votre cœur, refuge de tous les chrétiens, justes ou pécheurs ; nous nous remettons tous et tout entiers entre vos mains, vous confiant nos corps et nos âmes, nos pensées et nos paroles, nos désirs et nos volontés, nos affections et nos œuvres, afin que, par votre assistance, tout ce qui est de nous et en nous tende toujours au bien, selon votre volonté et celle de votre bien-aimé Fils, Jésus-Christ Notre-Seigneur. Ainsi soit-il.

V. — ACTE DE CONSÉCRATION A NOTRE-DAME DE LA TREILLE, COMPOSÉ PAR FEU M. HENRI BERNARD ET PRONONCÉ CHAQUE ANNÉE AU NOM DE LA CITÉ TOUT ENTIÈRE, PAR M. LE PRÉSIDENT DU CONSEIL D'ADMINISTRATION DE L'ŒUVRE DE LA BASILIQUE.

O Marie, Vierge immaculée, Notre-Dame de la Treille, Mère de grâce, nous vous remercions d'avoir inspiré à nos pères l'idée de vous consacrer leur ville, qui tant de fois a ressenti les effets de votre protection. Nous voici prosternés devant votre image miraculeuse, pour vous renouveler cet acte de consécration et protester de notre amour.

Nous vous confions nos intérêts temporels et spirituels, nos corps et nos âmes, nos familles et notre patrie.

O Marie, notre Reine et notre Mère, veillez sur tous les habitants de cette cité, qui se glorifie de vous appartenir. Répandez vos bénédictions sur le clergé, sur les communautés religieuses, sur les magistrats, sur les riches et les pauvres, les patrons et les ouvriers. Protégez les paroisses, protégez toutes les œuvres, et en particulier l'Université catholique, espoir de l'Eglise et de la France. Accordez aussi votre puissant concours à l'Œuvre qui a pour but la construction de cette basilique, érigée en votre honneur. Enfin, donnez-nous tous à votre divin Fils, Notre-Seigneur Jésus-Christ, qui est la voie, la vérité et la vie. Ainsi soit-il.

TABLE ANALYTIQUE

CHAPITRE I. — LES ORIGINES. — LA LÉGENDE ET L'HISTOIRE. . .   1
Vision d'Ermengarde. Lydéric et Phinart. La collégiale de Saint-Pierre. Notre-Dame de Réconciliation. Notre-Dame près la Salle, dite Notre-Dame de Lille. Notre-Dame de la Treille : premiers miracles, confrérie. Le légat Raoul de Chevrières accorde une indulgence.

CHAPITRE II. — LA GRANDE PROCESSION. — LE CHEVALIER ROUGE.   8
Procession annuelle fondée en 1270. Itinéraire. Cavalcade la veille. Le cortège, les châsses, la Bonne Fierte. La neuvaine. La Reposition des Fiertes. Garde d'honneur imposée par sentence au sire de Cysoing : le chevalier rouge.

CHAPITRE III. — LARGESSES ET LIBÉRALITÉS. — FONDATIONS, CHAPELLENIES, SÉPULTURES A NOTRE-DAME DE LA TREILLE . . .   15
Dons pour la reconstruction de l'église collégiale. Legs de Jean Makiel, Marie de Courrières, la comtesse Marguerite. Offrandes du magistrat de Lille, des Gantois, de la châtelaine Guiote. Chapellenies de la *Fierte du précieux lait*, de *Turlurette*, des *Pommes pourries*. Autres fondations: les chapellenies royales, deux messes quotidiennes des morts, messes chantées des lundis et des vigiles des fêtes de la Vierge. Coutume des dons testamentaires. Sépultures de Louis de Male, Godefroid de Baralle, Pierre Van der Zippe, etc.

CHAPITRE IV. — CONSTRUCTION D'UN NOUVEAU SANCTUAIRE. — PHILIPPE-LE-BON ET LE TOMBEAU DE LOUIS DE MALE   21
Sanctuaire de Notre-Dame de la Treille dans l'église reconstruite au XIVe siècle. Il est remplacé bientôt par une chapelle plus splendide. Jean Le Baille. Philippe le Bon. La tombe de Louis de Male. L'autel de Notre-Dame. La Mère de Douleurs. Libéralités de la confrérie. Embellissements de la chapelle.

CHAPITRE V. — LA PROCESSION DE LILLE AU XVe SIÈCLE. — GROUPES ET SCÈNES HISTORIQUES   27
La solennité de Notre-Dame et l'évêque des fous. Représentations dramatiques à l'occasion de la grande fête de Lille. Groupes

et représentations dans le cortège processionnel. Prix octroyés par le prélat des fous. Subsides de la ville et du chapitre. Hector de Mailly, Valentin de Bersées. L'évêque des fols « rué jus » : abolition des spectacles qu'il dirigeait.

CHAPITRE VI. — Essor imprimé au culte de Notre-Dame de la Treille. — Fête et stations de Notre-Dame des Sept-Douleurs.   33

Chapitre de la Toison d'Or. — Indulgences concédées par le cardinal de Sainte-Croix et le pape Eugène IV. Réveil de la confrérie. Les évêques de Tournai Jean Chevrot, Guillaume Fillastre, Ferry de Clugny. Les bannièrettes. Le culte de Notre-Dame des Sept-Douleurs. La Fête. Les Stations. Messe hebdomadaire.

CHAPITRE VII. — Miracles du XVIe siècle. Wallerand de Crudenare   40

Miracles obtenus de 1519 à 1527. Faits nombreux de possession. Barbe Waymel, Jacqueline Dubois, Catherine Devos, etc. Traits rapportés par Vincart. Hernies. Une résurrection temporaire. Aveugle guérie. Les chanoines Gérard du Château et Hugues de la Cambre. Aventures extraordinaires de Jean Noblet et de Wallerand de Crudenare.

CHAPITRE VIII. — Après les troubles. — Nouvelles faveurs pontificales   47

Lille sauvée des fureurs de la guerre. Renaissance religieuse. Nouvelle organisation de la confrérie. Indulgences de Clément VIII et de Paul V. Les médailles de Notre-Dame de la Treille. La procession, son parcours abrégé. Concours des fidèles. Mesures prises pour favoriser leur dévotion.

CHAPITRE IX. — Consécration de Lille à Notre-Dame de la Treille. — Donations, ex-voto   54

Nouveaux administrateurs de la confrérie. Autel de Sainte-Anne. Construction d'une sacristie. Ornementation de la chapelle et de l'autel de Notre-Dame. Jeanne Ricart. La sainte image portée en procession. Consécration officielle de la ville, 28 octobre 1634. Fondations. Marguerite de Meteren. Le chantre Jacques Manare (messe hebdomadaire de *Missus*). Testaments en faveur de Notre-Dame de la Treille. Splendeur du sanctuaire.

CHAPITRE X. — Miracles juridiquement constatés en 1634 et 1638   61

Marie de l'Escurie. Possession prouvée par des signes certains. Exorcismes. L'ennemi vaincu. Ses aveux et sa fuite. Information juridique et sentence de l'évêque de Tournai. Guérison du peintre Jean Thauler, certifiée de la même façon.

CHAPITRE XI. — Consécration de l'évêque et du diocèse de Tournai. — Hommage de l'empereur Ferdinand et de la famille impériale   68

Maximilien de Gand à Notre-Dame de la Treille. L'empereur Ferdinand II, l'impératrice, les princes leurs enfants offrent des tables votives et se font inscrire dans la confrérie. Solennités à cette occasion. La noblesse du pays imite leur exemple. Autres grands personnages.

CHAPITRE XII.— PÈLERINAGES COLLECTIFS.— LA VILLE DE TOURNAI. 75

Aire-sur-la-Lys, Douai et son université inaugurent ces démonstrations. Tournai fonde une confrérie de pèlerins de Notre-Dame de la Treille et organise un vaste pèlerinage. Récit de la marche. Réception et cérémonies à Lille. Hommage offert à la Madone.

CHAPITRE XIII. — LILLE RENDUE A LA FRANCE. LE SIÈGE DE 1708 ET LA PROCESSION DE 1713. 83

Conquêtes de Louis XIV dans les Pays-Pas. Il assiège Lille en personne. Capitulation. Le Roi à Saint-Pierre et devant Notre-Dame de la Treille. Siège de 1708. L'occupation hollandaise. Retour définitif à la France. Fêtes de 1713. Funérailles de Louis XIV.

CHAPITRE XIV. — TRAVAUX DANS LA CHAPELLE DE NOTRE-DAME. — LE JUBILÉ DE 1754 89

Transformation intérieure suivant le goût de l'époque. Nouvelles faveurs obtenues du Saint-Siège : l'autel privilégié, les sept autels. Le cinquième centenaire de Notre-Dame de la Treille. Grande marche historique.

CHAPITRE XV. — LA PROCESSION AU XVIII° SIÈCLE. — ABUS CORRIGÉS PAR LE CHAPITRE 94

Critiques de Montlinot, de l'*Encyclopédie*, de deux anonymes. Réponse du prévôt Paul de Valori. Explications intéressantes. L'incident Gouriot. Le chapitre veut réformer les abus. Le magistrat temporise et tient perpétuellement les choses en suspens.

CHAPITRE XVI. — DIFFICULTÉS AVEC LE MAGISTRAT. — ARBITRAGE DE L'ÉVÊQUE ET ORDONNANCE DE RÉFORME. 103

Nouvelles temporisations. Conférences provoquées par le Chapitre. Son attitude à la fois énergique et conciliante. L'arbitrage de l'évêque est accepté. Le magistrat se dérobe après coup. Sentence de l'évêque. Ordonnance de réforme publiée par le Chapitre.

CHAPITRE XVII. — LA PERSÉCUTION RÉVOLUTIONNAIRE. — OPPRESSION ET RUINES. 110

Les débuts de la Révolution. Bénédiction des drapeaux. Fête de la Fédération. Confiscations révolutionnaires. Suppression du chapitre, puis de la paroisse : fermeture de l'église. Dernière procession de Notre-Dame de la Treille. Vente et destruction de la collégiale. La Sainte Image sauvée.

CHAPITRE XVIII. — NOTRE-DAME DE LA TREILLE A SAINTE-CATHERINE. — SON CULTE RENOUVELÉ 124

Restitution de la statue miraculeuse. M. Bernard, curé de Sainte-Catherine, réveille l'antique dévotion, rétablit les pratiques oubliées. La confrérie. Les pèlerinages. Consécration de Mgr Giraud. Les Sœurs de la Treille.

CHAPITRE XIX. — TRAVAUX DE RECONSTITUTION HISTORIQUE. — UN PROJET GRANDIOSE 133

Ouvrages du P. Vitse et de Mathilde Froment. Publications de M. Bernard. Réimpression des livres du P. Vincart. Essai de

M. Desplanques. *Cartulaire, Documents, Histoire* de Saint-Pierre de Lille. Bref de Pie IX et don d'un corps saint. Construction décidée d'une église monumentale.

CHAPITRE XX. — LE SIXIÈME CENTENAIRE. — JUBILÉ, FÊTES, MANIFESTATIONS PIEUSES. 142

Préparatifs du centenaire. Prédications de Mgr l'Archevêque. La châsse monumentale. Les prélats invités. L'ambassadeur d'Espagne. Lettre pastorale de Mgr Régnier. L'octave jubilaire : prédications, pèlerinages, solennités, riches offrandes.

CHAPITRE XXI. — LA PROCESSION DU 2 JUILLET 1854. — TRIOMPHE DE NOTRE-DAME DE LA TREILLE 153

Splendeur de la fête. Décoration des rues et des maisons. Le cortège, les groupes, les châsses des saints. Station sur la place. Discours de Mgr Dufêtre. Le banquet et les toasts. L'illumination.

CHAPITRE XXII. — POSE DE LA PREMIÈRE PIERRE DE L'ÉGLISE PATRONALE. — EMPLACEMENT CHOISI POUR L'ÉDIFICE ET SES ANNEXES 164

Acquisition des terrains du Cirque. Souvenirs qu'ils rappellent. Difficultés heureusement et rapidement surmontées. Imposante cérémonie pour l'inauguration des travaux de la Basilique. Discours du Préfet. Allocution du P. Lavigne. Choix de l'emplacement justifié.

CHAPITRE XXIII. — ORGANISATION DE L'ŒUVRE. — LES PLANS DE L'ÉGLISE MIS AU CONCOURS. 177

Deux commissions instituées, l'une de dames pour la propagande, l'autre d'hommes pour l'action. Le concours décidé : programme, jury composé de sommités artistiques de divers pays. Comment l'annonce du concours est accueillie.

CHAPITRE XXIV. — EXPOSITION DES PLANS. — DÉCISIONS DU JURY. 183

Six cents dessins exposés dans la Halle aux Sucres. Concours de visiteurs, étrangers et français. Clôture de l'exposition. Discours de MM. de Contencin et Kolb-Bernard. Rapport de M. Le Maistre d'Anstaing. Les lauréats. Appréciation des plans primés.

CHAPITRE XXV. — COMMENCEMENT DES TRAVAUX. — CE QUE SERA LA BASILIQUE DE NOTRE-DAME DE LA TREILLE ET SAINT-PIERRE . 196

Plan définitif. Les idées du R. P. Martin. Travail considérable de M. Leroy. L'œuvre commencée. La crypte. La maquette. Jugement sur l'ensemble du projet et les parties réalisées.

CHAPITRE XXVI. — L'ÉGLISE PROVISOIRE. — PRISE DE POSSESSION DE LA CRYPTE ET DE L'ÉGLISE SUPÉRIEURE. 206

Appui officiel et concours acquis. Souscriptions, titres de fondateurs. Chapelle provisoire inaugurée en 1857. Visite de Mgr Régnier en 1858. Inauguration de la crypte en 1859. Inscriptions funéraires. Les offices, la festivité, la neuvaine. Reliques et souvenirs pieux. Inauguration de l'église supérieure en 1869.

CHAPITRE XXVII. — TRANSLATION DE LA SAINTE IMAGE. — NOTRE-DAME DE LA TREILLE ET NOTRE-DAME DE LOURDES 218

Pèlerinages en 1870. Guérison de Sophie Druon. La sainte Image est transférée sans pompe dans la basilique, le 21 septembre 1872. La bannière de Notre-Dame de la Treille au grand pèlerinage national de Lourdes. Sacre de Mgr Delannoy. Sa visite et sa première consécration, renouvelée vingt-cinq ans plus tard.

CHAPITRE XXVIII. — LE COURONNEMENT. — FÊTES ET PÈLERINAGES. 226

Bref octroyant le couronnement de N.-D. de la Treille sous le titre de Mère de Grâce. Préparatifs. La fête du 21 juin 1874 : procession, couronnement. Grandioses solennités. Pèlerinages. Audition des chants du XIIIe siècle

CHAPITRE XXIX. — EXPOSITION D'OBJETS D'ART RELIGIEUX. — CONCOURS DE POÉSIE ET DE MUSIQUE. 235

Exposition en l'honneur de Notre-Dame de la Treille, 14 juin-13 juillet 1874. Concours de poésie et de musique. Nombre et valeur des œuvres envoyées. Les lauréats.

CHAPITRE XXX. — L'ORGUE ET LA SONNERIE DE LA BASILIQUE. — BÉNÉDICTION DES CLOCHES 244

Orgue construit par Cavaillé-Coll, donné par une famille comme témoignage de reconnaissance. Six cloches offertes à Notre-Dame. Le nom de Pie IX attribué à la première. Horloge monumentale. Ornements des cloches. Beauté de la sonnerie. Bénédiction par Mgr Delannoy.

CHAPITRE XXXI. — QUESTION DE L'ÉVÊCHÉ. — L'UNIVERSITÉ CATHOLIQUE ET NOTRE-DAME DE LA TREILLE 256

Nécessité d'établir un évêque à Lille. Projet de créer le titre comme premier jalon. Fondation de l'Université catholique. Consécration à Notre-Dame de la Treille. Inauguration dans la basilique. Fête annuelle et cérémonies diverses dans le même sanctuaire.

CHAPITRE XXXII. — L'ARCHICONFRÉRIE. — FÊTES ET OFFICES CONCÉDÉS A LA BASILIQUE. 265

La confrérie transférée dans la basilique. Elle est érigée en archiconfrérie. Fête solennelle de Notre-Dame de la Treille. Office et messe approuvés par le Saint-Siège. Fête commémorative des premiers miracles. S. Eubert, le B. Jean de Warneton, le B. Pierre de Luxembourg. Petit office de Notre-Dame de la Treille.

CHAPITRE XXXIII. — ÉTABLISSEMENT D'UNE MAITRISE. — FONDATIONS PIEUSES, DÉVOTIONS, PÈLERINAGES A NOTRE-DAME DE LA TREILLE 274

Souvenirs des anciens choraux. La nouvelle maîtrise, son organisation, ses succès. Chant du petit office de Notre-Dame de la Treille et du chapelet. Fondations pour le pain et le vin du sacrifice, le luminaire, les fêtes. Pèlerinages d'octobre. Consécration des enfants. Bénédiction des fleurs. Visites nombreuses. Messe du départ.

CHAPITRE XXXIV. — REPRISE DES TRAVAUX. — ACHÈVEMENT DE LA CHAPELLE ABSIDALE 283

Société anonyme de Notre-Dame de la Treille. Elle régularise la situation au point de vue de la propriété et reprend les travaux. La chapelle absidale. Le maître de l'œuvre et ses collaborateurs. L'autel grégorien. Inauguration de la Sainte Chapelle. Stations des Sept-Douleurs.

CHAPITRE XXXV. — DESCRIPTION DE LA SAINTE CHAPELLE. — TRAVAUX EN COURS ET PROJETS D'AVENIR 290

Merveilleuse beauté de la chapelle. Grille en fer forgé. Mosaïque formant tapis. Décoration des murs. Les quinze fenêtres. Mosaïque des quatre fausses baies. Vitraux de Didron. L'habitacle. L'autel. La construction des quatre chapelles absidales est décidée et commencée. Travaux qui doivent suivre. Espérances.

APPENDICE A. — Inscriptions funéraires de la crypte 301

APPENDICE B. — Ornements des cloches. Figurines, armoiries, inscriptions. 319

APPENDICE C. — Trésor sacré de Notre-Dame de la Treille et Saint-Pierre. 331

APPENDICE D. — Indulgences et privilèges spirituels. 337

APPENDICE E. — Documents divers. 341

TABLE DES PLANCHES

Planche I.   Frontispice. Sainte Image . . . . Titre
—   II. Plan de la Basilique. 200
—   III. Façade de la Basilique 204
—   IV. Côté méridional de la Basilique 204
—   V.   Plan de la crypte 301

www.ingramcontent.com/pod-product-compliance
Lightning Source LLC
Chambersburg PA
CBHW050307170426
43202CB00011B/1803